2024年北京经济管理职业学院优质教材遴选培育与建设

新编21世纪高等职业教育精品教材 · 旅游大类

生态旅游资源开发

马媛媛　苑　鑫　王　杨　编著

中国人民大学出版社

·北京·

图书在版编目（CIP）数据

生态旅游资源开发 / 马媛媛，苑鑫，王杨编著.
北京 ：中国人民大学出版社，2025.8. --（新编 21 世纪
高等职业教育精品教材）. -- ISBN 978-7-300-33719-7
Ⅰ. F590.75
中国国家版本馆 CIP 数据核字第 2025JX5573 号

2024 年北京经济管理职业学院优质教材遴选培育与建设
新编 21 世纪高等职业教育精品教材・旅游大类
生态旅游资源开发
马媛媛　苑　鑫　王　杨　编著
Shengtai Lüyou Ziyuan Kaifa

出版发行	中国人民大学出版社		
社　　址	北京中关村大街 31 号	**邮政编码**	100080
电　　话	010－62511242（总编室）		010－62511770（质管部）
	010－82501766（邮购部）		010－62514148（门市部）
	010－62511173（发行公司）		010－62515275（盗版举报）
网　　址	http://www.crup.com.cn		
经　　销	新华书店		
印　　刷	北京七色印务有限公司		
开　　本	787 mm×1092 mm　1/16	**版　　次**	2025 年 8 月第 1 版
印　　张	12	**印　　次**	2025 年 8 月第 1 次印刷
字　　数	275 000	**定　　价**	39.00 元

前 言

生态旅游作为当今旅游业的重要分支，不仅为人们提供了休闲度假的机会，更承载着对自然环境的保护责任。随着生态环境保护观念日益深入人心和可持续发展战略的实施，生态旅游在我国获得了长足的发展。党中央、国务院高度重视生态旅游发展，在《中共中央　国务院关于加快推进生态文明建设的意见》《国务院关于促进旅游业改革发展的若干意见》中对发展生态旅游提出了明确要求，国家发展和改革委员会联合国家旅游局（现文化和旅游部）印发了《全国生态旅游发展规划（2016—2025 年）》，为发展生态旅游指明了方向。

2024 年 3 月 15 日，由国家文化和旅游部、中国科学院地理科学与资源研究所起草，国家市场监督管理总局、国家标准化管理委员会发布的《国家级生态旅游区运营管理规范》（GB/T 26362 - 2024），进一步明确了生态旅游是以可持续发展为理念，以实现人与自然和谐为准则，以保护生态环境为前提，依托良好的自然生态环境和与之共生的人文生态系统，开展生态体验、生态认知、生态教育并获得身心愉悦的旅游方式。因此，生态旅游是生态文明的重要载体，是可持续发展理念在旅游业中的具体体现。

近年来，我国生态旅游目的地体系不断丰富，已建成三江源国家公园、大熊猫国家公园、东北虎豹国家公园、海南热带雨林国家公园、武夷山国家公园等 5 个国家公园，以及各类国家级自然保护地 3 000 余处，为发展生态旅游奠定了坚实的资源基础。通过发展生态旅游，人们的生态保护意识明显提高，促进了“绿水青山就是金山银山”的发展理念成为共识。

本教材将生态旅游的基本理论与生态旅游资源的开发实践相结合，紧扣最新的政策、标准，充分考虑旅游管理专业的教学需求，从培养学生生态旅游资源开发的实际操作能力和旅游专业人才的基本素质入手，以技能需求及实际工作任务为导向，以新颖、实用、够用并有发展延伸为原则，帮助学生全面了解生态旅游领域的重要内容。

本教材由北京经济管理职业学院马媛媛、苑鑫、王杨三位老师合作完成。马媛媛负责总体设计、统稿，并撰写项目一、项目二、项目三、项目五、项目十；苑鑫负责撰写项目四、项目六、项目八、项目九；王杨负责撰写项目七、项目十一、项目十二。教材配套的微课视频资源来自北京经济管理职业学院 2024 年校级精品课项目，由马媛媛、苑鑫、王杨三位老师录制完成，读者可根据需要扫码线上学习。

在编写本教材的过程中，我们借鉴了众多专家学者的研究成果和实践经验，力求呈现一部权威、全面的生态旅游教材。希望本教材能够成为广大学生、生态旅游从业人员以及对生态旅游感兴趣的读者的学习指南和参考资料，激发大家对生态旅游的热爱和责任感。

由于时间和水平有限，书中难免有不尽完善之处，恳请读者批评指正。

编者

目 录

项目一 认识生态旅游

项目二 生态旅游与生态文明建设

项目三 认识生态旅游资源

项目四　森林生态旅游资源

项目五　湿地生态旅游资源

项目六　草原生态旅游资源

项目七　荒漠生态旅游资源

项目八　山地生态旅游资源

项目九　海洋生态旅游资源

项目十　国家公园

项目十一　生态旅游资源调查与评价

项目十二　生态旅游资源开发流程

项目一 认识生态旅游

项目导读

本项目通过三个任务对生态旅游的内涵、兴起、发展以及理论基础进行深入探讨。任务一辨析生态旅游的概念，探讨其定义、特点和功能；任务二追溯生态旅游的发展历程，分析其兴起背景和发展趋势；任务三深入探讨生态旅游的理论基础，包括人与自然关系理论、可持续发展理论和生态美理论。通过本项目的学习，学生将系统学习生态旅游知识，提升分析问题和实践能力，并培养环保素养。

学习目标

知识目标	1. 掌握生态旅游的定义、特点、功能，并能够区分生态旅游与传统大众旅游； 2. 了解生态旅游的发展历程，包括生态旅游的兴起背景、历史阶段和发展趋势； 3. 掌握人与自然关系理论、可持续发展理论和生态美理论，并理解它们在生态旅游中的应用。
能力目标	1. 能够分析生态旅游案例，评估生态旅游对环境、经济和文化的影响； 2. 能够设计和实施生态旅游项目，包括规划、管理和评估； 3. 能够评估生态旅游的发展趋势，提出改进建议。
素养目标	1. 培养对自然环境的尊重和保护意识； 2. 理解可持续发展的三个维度，并在旅游活动中践行可持续发展的理念； 3. 培养对自然美和文化美的欣赏能力，通过生态旅游体验自然美和文化美。

案例引入

国家林业和草原局、文化和旅游部联合推出 14 条特色生态旅游线路

为深入贯彻党的二十大精神，践行“绿水青山就是金山银山”的理念，丰富优质生态旅游产品和服务供给，更好满足人民群众日益增长的户外游憩需求，按照国务院办公厅《关于释放旅游消费潜力推动旅游业高质量发展的若干措施》有关要求，国家林业和草原局、文化和旅游部联合发布 14 条特色生态旅游线路。

1. 河北坝上森林草原生态旅游线路
2. 辽宁魅力辽东·山海有情生态旅游线路
3. 江苏滨海湿地生态旅游线路
4. 浙江“两山”共富生态旅游线路
5. 安徽皖南人文山水生态旅游线路
6. 福建红土绿韵生态旅游线路
7. 湖南世界奇观生态旅游线路
8. 广东绿游广府—探秘森林城市群里的世外桃源生态旅游线路
9. 四川大熊猫寻踪生态旅游线路
10. 贵州世界自然遗产地风光生态旅游线路
11. 西藏国道 318 生态旅游线路
12. 陕西中华祖脉·大美秦岭生态旅游线路
13. 新疆阿勒泰千里画廊生态旅游线路
14. 大兴安岭神州·北极遇见 53°生态旅游线路

以上 14 条线路不包括相关自然保护地的核心区、缓冲区等禁止人类活动区域。

资料来源：中华人民共和国文化和旅游部资源开发司．国家林业和草原局　文化和旅游部联合推出　14 条特色生态旅游线路．(2024－09－30)[2025－01－12]. https://www.mct.gov.cn/whzx/bnsj/zykfs/202409/t20240930_955565.html.

思考：

1. 什么是生态旅游？
2. 生态旅游与传统大众旅游有何异同点？

任务一　生态旅游概述

一、生态旅游的概念与内涵

1983 年，世界自然保护联盟（IUCN）首次提出“生态旅游”的概念。1993 年国际生态旅游协会将其定义为：具有保护自然环境和维护当地人民生活双重责任的旅游活动。但至今生态旅游的定义并未统一，生态旅游的内涵随着其兴起、发展及各国开发实

践而不断丰富和发展。

随着生态环保观念日益深入人心和可持续发展战略的实施，生态旅游在我国获得了长足的发展。2024年3月15日，由国家文化和旅游部、中国科学院地理科学与资源研究所起草，国家市场监督管理总局、国家标准化管理委员会发布的《国家级生态旅游区运营管理规范》（GB/T 26362－2024）中明确了生态旅游的概念：以可持续发展为理念，以实现人与自然和谐为准则，以保护生态环境为前提，依托良好的自然生态环境和与之共生的人文生态系统，开展生态体验、生态认知、生态教育并获得身心愉悦的旅游方式。

生态旅游的概念辨析

从旅游者的角度看，生态旅游是指旅游者基于回归自然、保护生态环境、体验原生态文化、保健疗养、度假休憩、科普求知等动机，在保护生态环境的前提下，有序进入特定的生态系统，开展的一种有别于传统大众旅游的新型可持续旅游活动。生态旅游依赖当地原生、和谐的生态系统，贯彻生态旅游开发和经营的理念，强调保护当地的生态环境、旅游资源和社会利益，促进当地生态、社会、经济效益同步协调发展。

从旅游者参与生态旅游活动的目的和动机看，生态旅游的动机是回归自然、保护生态环境、体验原生态文化，并进行观光、度假、保健、疗养、运动、求知等活动。生态旅游的目的是认识自然、了解自然、享受自然、保护自然。

从生态旅游的载体看，生态旅游的载体是特定生态系统。生态系统是指在自然界的一定的空间内，生物群落与无机环境构成的统一整体，在这个统一整体中，生物与环境之间相互影响、相互制约，并在一定时期内处于相对稳定的动态平衡状态。生态系统的范围可大可小，相互交错，可以划分为自然生态系统和人工生态系统，自然生态系统又包括森林生态系统、草原生态系统、海洋生态系统、湿地生态系统等。人类主要生活在以城市和农田为主的人工生态系统中。

从生态旅游的吸引物角度看，生态旅游资源的最大吸引物是景观独特、生物资源丰富、空气清新、水体清洁、负离子浓度高、气候舒适、无噪声、无辐射等。具备这些条件的生态环境是人们追求的目标，具备良好环境的生态旅游区是人类生存的理想空间。

从生态旅游的形式看，生态旅游是一种有别于传统大众旅游的、新型的可持续旅游活动。传统大众旅游通常以人流密集、景点集中、消费高和环境负担重为特征，往往对自然环境和当地文化造成负面影响。而生态旅游则倡导低影响、高参与度和可持续性，注重旅游者在自然生态系统中的体验与互动，强调对环境的保护与恢复。

二、生态旅游的特点

（一）自然性和保护性

自然性指生态旅游环境的原始自然性。旅游者所到的生态旅游区域不仅有独特的、相对原始的自然生态风光，当地的生活和文化也保留自然原始的特有状态，在此基础上设计的旅游产品要符合生态环境特征，并让旅游者有与众不同的体验。

保护性体现在生态旅游的诸多方面：旅游开发规划者应在遵循自然生态规律和人与自然和谐统一的原则下设计旅游产品；旅游开发者应充分认识旅游资源的经济价值，将资源的价值纳入成本核算，谋求持续的投资效益；旅游管理者应在资源环境容量范围内开发利用，谋求可持续的三大效益（环境、经济、社会效益）协调发展；旅游者应提高环境保护意识和自身的素质，把保护旅游资源及环境作为一种自觉行为。

（二）可持续性和限制性

可持续性体现在生态旅游要求旅游各利益主体对生态环境有高度责任感，符合可持续发展的要求。开发者、经营者在开发利用旅游资源时，必须按可持续发展的要求，既满足当代人的需要，又不对后代人满足其需要的能力造成危害；旅游者要有生态环境保护的意识，把享受自然风光、人文文化与保护生态环境结合起来。

限制性体现在对游客量和接待建筑设施的限制。生态旅游是在特定的时空范围内开展的少数人的旅游活动，并应尽量保持其自然属性，这些选择决定了生态旅游区的建设总规模，参与者可以获得传统大众旅游无法比拟的康体空间，神秘感、刺激性更强。

（三）参与性和多样性

生态旅游的参与性主要表现在两个方面：一方面，旅游者可以通过生态旅游参与到自然与文化生态系统之中；另一方面，生态旅游是旅游者、旅游地居民、旅游经营者和政府、社团组织及研究人员广泛参与的一种旅游活动。

多样性体现在生态旅游活动的形式是多种多样的。在发达国家和地区，生态旅游的多样性已表现出来，除了传统大众旅游的观光、度假、娱乐等旅游活动方式外，根据现代人的精神需求出现了如观鸟、徒步、滑雪、探险、科考等一系列生态旅游方式。另外，一些逆境生态景观同样对生态旅游者具有较强的吸引力，如徒步穿越腾格里沙漠探险、乘坐古老羊皮筏的黄河漂流以及沙坡头治沙生态环保之旅等。

（四）高品位性和普及性

高品位性是生态旅游发展的归宿。生态旅游以回归自然、追求原汁原味的自然情调和真实的历史文化遗产为内容，追求“天人合一”的完美意境，把生态体验、生态感知和生态享受作为旅游的主旋律。

普及性体现在生态旅游发展的过程中，是生态旅游发展的趋势。在生态旅游开展的早期，生态旅游的参与者多为特定人群，一般来说是具有较高的教育背景或文化素养的人，但随着社会的发展，生态旅游正在朝着普及化的方向发展，越来越多的普通的工人、职员、学生等都加入到生态旅游者的队伍中。随着社会经济的发展，生态旅游者的队伍还将不断扩大，生态旅游将成为一种势不可挡的全球性旅游时尚。

（五）专业性和精品性

生态旅游的专业性，首先源于旅游者的旅游需求。生态旅游产品应使旅游者享受大自然并自觉地保护大自然，这需要生态旅游的各方参与者都具有专业知识。同时，生态旅游活动的管理也要有专业性。

生态旅游的精品性主要体现在生态旅游活动的开展上。生态旅游活动的具体开展要以使旅游者融入环境的自然方式分散地进行，以免因旅游者活动过于集中而对生态环境造成破坏。因此，生态旅游活动一般是精品的、小规模的。

三、生态旅游的功能

生态旅游的功能主要有保护功能、旅游功能、教育功能和经济功能。

（一）保护功能

发展生态旅游必须依赖一定的生态环境，良好的生态环境是生态旅游发展的基础和前提。保护功能是生态旅游的基本功能，在发展生态旅游过程中应始终坚持“保护第一”的原则，开发服从保护，开发促进保护。只有充分发挥生态旅游的保护功能，有效保护和持续利用生态环境资源，生态旅游才能够真正成为可持续发展的旅游模式。

（二）旅游功能

旅游功能来源于生态旅游的本质。生态旅游与其他旅游形式一样，具有满足旅游者食、住、行、游、购、娱等基本需求的共性，所不同的是，它不主张一味地满足旅游者的需求。生态旅游的吸引力和生命力在于生态系统的独特性，在于生态旅游区的科学性。作为一种特殊旅游形式，生态旅游以特殊设计的产品满足旅游者的需求，让旅游者在获得高层次审美享受的同时，不会损害生态旅游资源和自然环境，强调了解自然、欣赏自然、研究自然，并为保护生态环境做出贡献。

（三）教育功能

生态旅游提供的是以教育、引导为主，寓教于乐的旅游活动，生态旅游区是良好的科普教育和科学考察场所，因此，生态旅游具有环境教育功能。生态旅游的教育功能具体表现在三个方面：一是教育对象的扩大，对所有旅游受益者（如开发者、决策者、管理者等）均有教育功能；二是教育手段的提高，生态旅游充分利用现代科学、技术、艺术等手段展示自然，使旅游者能够更为直观、形象地接受教育，教育的效果大大提高；三是教育意义更大，个人环境素养的提高固然重要，而全民环境素养的提高则是人类解决生存环境危机的希望所在。

（四）经济功能

经济功能体现在通过地区参与生态旅游，增加当地的就业机会，从而增加当地的经济收入。生态旅游资源富集的地区通常也是社会文化和经济相对落后的地区，生态环境往往因为自然条件的限制而得以完整保护，这些地区同时又是生态系统极为脆弱的地区。资源的丰富、社会经济的相对落后和生态环境的脆弱，使其在发展区域经济时，可以将生态旅游作为首选产业来发展。如福建武夷山国家级自然保护区通过严格保护和有序开发，使森林覆盖率达到 96.3%，生态环境保持优良，由此促进了生态旅游快速发展，当地居民旅游收入不断增加，生活条件不断改善，取得了经济效益和生态效益的有机统一。

四、生态旅游与传统大众旅游的比较

生态旅游与传统大众旅游在多个方面存在显著区别，这些差异不仅反映了两种旅游理念的不同，也揭示了它们对环境、文化和社会的不同影响。

（一）目标与动机差异

生态旅游的核心目标是实现人与自然的和谐共生，旅游者的动机不仅仅限于欣赏自然风光，更包括对生态保护和可持续发展的关注。生态旅游者往往寻求更深层次的体验，如参与环保活动、学习当地文化和历史，甚至直接参与生态保护项目。这种动机使得生态旅游者在欣赏美景的同时，也积极承担起保护环境的责任。

生态旅游与传统大众旅游的比较

传统大众旅游则主要侧重于休闲和消费，旅游者的动机以放松、娱乐和购物为主。传统大众旅游的旅游者往往关注的是短期的享乐体验，而忽视了对自然和文化的长期影响。

（二）活动形式差异

生态旅游活动通常以小规模和低影响的形式展开，重视旅游者的参与感和互动性。常见的活动包括徒步、观鸟、自然摄影和文化体验等，这些活动不仅让旅游者深入自然，还促进了旅游者对生态环境的理解和尊重。

相较之下，传统大众旅游往往集中于热门景点，旅游者数量众多，导致人流密集和资源过度开发。此类旅游形式容易造成对景区的环境负担，破坏自然景观和文化遗产。

（三）环境影响差异

在环境影响方面，生态旅游强调可持续性，鼓励旅游者采取低影响的旅行方式，尽量减少对生态系统的干扰。通过提供环保教育和参与式活动，生态旅游旨在增强旅游者的环保意识，从而实现对生态环境的有效保护。

而传统大众旅游则可能导致严重的环境负担，包括自然资源的过度消耗、生态系统的破坏以及生物多样性的减少。由于缺乏有效的管理和规划，传统大众旅游往往对生态环境造成不可逆转的伤害。

（四）开发与管理差异

生态旅游的开发和管理强调遵循自然生态规律，注重对当地生态和文化的保护。在开发过程中，各利益相关者，包括当地社区、政府和非政府组织，通常会参与到规划和决策中，以确保旅游发展与环境保护之间的平衡。

相比之下，传统大众旅游往往优先考虑经济利益，开发过程缺乏对生态和文化的全面评估。这种以营利为主导的开发模式，可能会导致对生态和文化遗产的破坏，甚至引发社区矛盾。

（五）旅游者素养差异

生态旅游要求旅游者具备较高的环保意识和责任感，鼓励他们在享受旅游体验的同时，自觉参与到环境保护中。这种高素质的旅游者群体，通常更愿意为可持续旅游贡献力量。

而在传统大众旅游中，大多数旅游者的环保意识较弱，很多旅游者将注意力集中在个人消费和体验上，忽视了旅游活动对环境和社会的影响。这种态度不仅影响了旅游的可持续性，也阻碍了环保理念的传播。

（六）经济模式差异

生态旅游强调资源的可持续利用，关注当地的经济发展，通过支持生态保护项目和文化传承来承担社会责任。而这种经济模式通常与当地环境和社会的长远利益相一致，有助于实现经济、社会和环境的协调发展。

反之，传统大众旅游则主要追求短期经济利益，往往通过集中开发热门景点来获取收益。然而，这种经济模式的结果可能是对当地环境的长期损害和文化的稀释，最终导致经济利益的不可持续。

综上，生态旅游与传统大众旅游在理念、目标、影响等方面存在显著差异。生态旅游不仅是一种新型的旅游模式，更是一种可持续发展的生活方式。随着人们环保意识的提升，生态旅游正逐渐成为越来越多人的选择，这标志着旅游行业向更为负责任和可持续的方向发展。

任务二　生态旅游的兴起和发展

一、生态旅游的兴起

生态旅游是旅游市场需求结构变化和旅游业发展到一定阶段的产物，是一种特殊的旅游形式，其兴起具有深刻的时代背景。

（一）“人地矛盾”的激化和人类生态意识的觉醒是生态旅游兴起的社会背景

人类社会历经狩猎文明、农业文明、工业文明时代，正在向生态文明时代过渡。工业文明时代，工业化、城镇化迅速发展，物质财富和精神财富得到空前积累，但人类与自然的关系却被严重扭曲。人类在大肆索取资源的同时，资源枯竭、气候变化、环境恶化、生态失衡等全球危机频发，“人地矛盾”日益激化。在此背景下，人类生态意识觉醒，生态环保的绿色浪潮席卷全球，生态旅游这种可持续旅游的典型代表逐渐兴起。从这个角度看，生态旅游是人类生态意识觉醒、发展并达到一定水平的必然产物。①

生态旅游的兴起与发展

（二）“无烟”神话的破灭和旅游业对环境影响的再认识是生态旅游兴起的产业背景

旅游业诞生于19世纪中叶，曾一度被认为是“无烟工业”“无污染工业”“朝阳产业”，被世界各国追捧而得到空前发展。传统旅游业在空前繁荣的同时，也对环境产生了严重的负面影响。如随着旅游业的发展，法国、西班牙、意大利等国家的部分沿海地区城市农业取代了原有的大海、阳光、沙滩、绿树和村落，破坏了原有的自然景观。再比如我国张家界景区因人工修建索道、户外巨型电梯、鬼谷栈道等大型建筑，使当地原本就比较脆弱的石英砂岩地质结构受到一定程度的破坏。由此看来，旅游业也会产生各

① 陈玲玲，等. 生态旅游：理论与实践. 上海：复旦大学出版社，2012.

种废弃物，影响人类健康，也能产生“旅游公害”，破坏生态环境，并非“无污染工业”。“无烟工业”神话的破灭和旅游业对环境影响的再认识，促使旅游业必须从“资源掠夺型”向“可持续型”发展模式转变，生态旅游这种可持续发展模式必然兴起。

（三）可持续发展思想的形成和旅游业可持续发展需求是生态旅游兴起的内在动力

从 20 世纪 60 年代开始，人类开始深刻总结生态环境与经济发展相互影响的经验和教训，在生态环境日益恶化和传统发展模式弊端逐渐显露的背景下，可持续发展思想逐渐成为主旋律。1995 年 4 月，联合国教科文组织、联合国环境规划署和世界旅游组织在西班牙召开了可持续旅游发展世界会议，通过了《可持续旅游发展宪章》和《可持续旅游发展行动计划》两个纲领性文件。《可持续旅游发展宪章》强调在世界范围内实现经济和社会发展相结合，改变旅游消费模式，在旅游价格制定中增加生态环境费用，保证资源的可持续利用等。可持续发展的思想为旅游业指明了正确的发展道路，旅游业可持续发展需求使生态旅游作为可持续旅游的一种发展模式日益得到理论界和实践界的重视。

（四）旅游供给和需求的变化是生态旅游兴起的外部原因

旅游供给方面，以发展中国家为代表，强调自然保护和经济开发的一体化，比如自然保护区的经济开发价值。旅游需求方面，旅游者越来越看重旅游环境质量，追求积极、自主、参与性的旅游体验，在旅游过程中越来越关心自然生态和环境保护。生态旅游正符合这种变化趋势，现已成为世界旅游发展的趋势和潮流。

二、生态旅游的发展历程

从生态旅游萌芽到生态旅游概念首次提出，再到生态旅游的全面发展，生态旅游主要经历了萌芽兴起、起步成长、蓬勃发展三个阶段。

（一）萌芽兴起阶段：20 世纪 60 年代到 80 年代初

20 世纪 60 年代，生态旅游在第一次世界环境保护运动的大背景中开始萌芽。这个时期，旅游业随着欧美各国经济的发展也大规模发展，传统大众旅游带来的生态危机进入公众及学者视野，针对传统大众旅游的缺点而对自然观光活动进行修正的调整性观光活动被提出，这种新型旅游方式以自然取向为特点，是小规模、低密度的活动，参与者的教育背景或收入较高，虽然不是实质意义的生态旅游，但已非常接近。这个阶段的旅游活动主要是传统大众旅游与调整性观光旅游并存，到 80 年代初，生态旅游初具雏形并逐渐兴起。

（二）起步成长阶段：20 世纪 80 年代初到 90 年代中叶

1983 年世界自然保护联盟提出“生态旅游”的概念后，就受到各国旅游界和自然保护界的认同。一些经济欠发达国家，如肯尼亚和哥斯达黎加开始将生态旅游作为实现环境保护和经济发展的手段，并取得成功。美国、日本、澳大利亚、新西兰和欧洲等经济发达国家和地区也进行了诸多成效明显的生态旅游实践，生态旅游逐步发展完善。1990 年国际生态旅游协会（TIES）成立。我国的生态旅游也在这一阶段起步成长。1982 年国务院批准建立了第一批国家级风景名胜区，建立了第一个国家森林公园——张家界国家森林公园，我国生态旅游理念兴起。1995 年中国首届生态旅游研讨会在西双版纳召开，1999 年国家旅游局推出“生态环境游”主题活动，生态旅游在我国受到普遍重视并快速发展。

（三）蓬勃发展阶段：20 世纪 90 年代中叶至今

随着生态旅游受重视程度的提高，20 世纪 90 年代中叶以后，全球范围内的生态旅游发展迅速。2002 年被联合国定为“国际生态旅游年”，同年 5 月，联合国环境规划署和世界旅游组织共同发起的世界生态旅游峰会在加拿大魁北克召开，会议上发布了旨在积极促进生态旅游发展的《魁北克生态旅游宣言》，这标志着生态旅游正式进入了全面蓬勃发展的阶段。

我国生态旅游虽然起步晚，但发展势头非常迅猛。这一阶段，生态旅游已在我国全面开花。2001 年全国旅游发展会议提出建立一批“国家生态旅游示范区”。2002 年首届“中国生态旅游发展论坛”举行，生态旅游成为我国 21 世纪的旅游主题。2009 年被确定为“中国生态旅游年”，我国生态旅游蓬勃发展。

近年来，生态旅游在中国的发展愈发引人注目。2016 年，国家发改委和国家旅游局发布了《全国生态旅游发展规划（2016—2025 年）》，进一步明确了生态旅游发展的方向和目标。规划强调要以保护生态环境为前提，推动生态旅游与乡村振兴、脱贫攻坚的深度融合。2024 年 3 月 15 日，国家市场监督管理总局、国家标准化管理委员会发布《国家级生态旅游区运营管理规范》（GB/T 26362－2024），这一标准的实施不仅为生态旅游的规范化提供了指导，也为推动我国生态文明建设、实现可持续发展目标奠定了基础。

专栏 1-1

《国家级生态旅游区运营管理规范》

2024 年 3 月 15 日，国家市场监督管理总局、国家标准化管理委员会发布了由国家文化和旅游部、中国科学院地理科学与资源研究所起草的《国家级生态旅游区运营管理规范》（GB/T 26362－2024），自 2024 年 7 月 1 日起正式实施。该规范在原有标准的基础上，进一步强化了生态保护、社区参与、生态教育和品牌传播等核心要求，旨在增强国家级生态旅游区的示范引领作用，推动各地经济、社会、环境和文化的协调进步。

1. 生态旅游区定义：国家级生态旅游区被定义为体现全国生态旅游先进水平，对全国生态旅游发展具有示范、引领作用的区域。这些区域需具备丰富的生态资源，并符合规模、独特性、完整性等多项标准。

2. 资源分区与利用：规范要求实施“分区利用”，对区内资源的使用进行梯级控制，确保各功能区合理布局、功能明确，同时避免在生态环境低敏感区域建设旅游相关设施，以保护生态环境。

3. 文化保护与传承：强调在文化保护方面，国家级生态旅游区应制定保护方案，合理布局建筑，确保与自然环境和文化氛围的协调，使用环保材料，并加强人文生态系统的保护。

4. 生态教育与品牌传播：规范要求建立生态教育场馆和互动式科普教育基地，提供专业的生态教育服务，确保导游和讲解员经过专门培训，以有效传递生态文化和生物多样性保护的理念。

5. 社区参与机制：明确社区参与的重要性，要求生态旅游区设立协调机构，优先向社区居民提供商业和就业机会，使用本地产品，支持社区参与决策和生态旅游建设，提升居民的生态旅游技能。

通过这一规范的实施，国家级生态旅游区将更好地实现生态保护与旅游发展的协调，促进可持续发展，提升公众的生态意识，并推动地方经济的健康发展。该规范不仅为生态旅游区的管理提供了科学依据，也为生态文明建设奠定了基础。

任务三　生态旅游的理论基础

一、人与自然关系理论

生态旅游的理论基础

人与自然关系理论探讨人类与自然环境之间的相互作用、依存关系及其伦理基础。

（一）人与自然关系的发展历程

1. 人类是自然演化的产物

在早期人类历史中，人类被视为自然界中的一种生物，其生存完全依赖于自然环境。这一阶段，人类以狩猎和采集为主要生计方式，生活方式与自然密切相关。人类在此阶段不仅是自然资源的使用者，也是生态系统的一部分，尊重和依赖自然的规律。由于人类对环境的直接依赖，生态平衡得以维持，人类的活动对自然界的影响相对较小。这一阶段反映了人类与自然和谐共存的状态，显示了人类对自然的敬畏与依赖。

2. 人类对自然的依附和适应阶段

随着农业革命的出现，人类逐渐从游牧生活转向定居，开始对自然环境进行更为主动的利用。在这一阶段，人类学会了驯化动物和种植农作物，逐步形成了相对稳定的社会结构和经济模式。尽管人类对自然资源的使用变得更加高效，但对自然的依赖仍然很强。人类努力适应自然条件，以确保粮食供应和生存安全。在此阶段，人类与自然之间的互动开始发生变化，人类对环境的适应性提高，但同时也为后续的环境改造埋下了伏笔。

3. 人类改造自然阶段

随着工业革命的到来，人类进入一个大规模改造自然的阶段。技术的快速发展和生产力的提高使人类能够在更大范围内开发和利用自然资源。这一时期，人类中心主义盛行，自然常常被视为无限制的资源，生态环境遭受到严重的破坏和污染。城市化进程加速，许多自然生态系统面临着前所未有的压力。面对日益严峻的环境问题，人类开始反思人与自然的关系，意识到大规模改造的后果，进而推动了环境保护意识的觉醒和可持续发展理念的形成，强调了人与自然和谐共生的重要性。

（二）人与自然关系的学说

1. 人类中心论

人类中心论主张人类是世界的中心，认为其他生物和自然环境的价值主要在于其对人类的服务。这一观点在历史上占据主导地位，尤其是在工业革命之后，技术的进步和经济的发展使人类对自然资源的开发和利用达到空前的规模。人类中心论的优势在于推动了科学技术的发展和社会进步，但也导致了环境的严重破坏和生态失衡。人类对自然的过度开发与利用，常常忽视了生态系统的健康与稳定，从而引发了气候变化、生物多样性减少等全球性问题。面对这些挑战，单纯的人类中心论显然已无法有效指导人与自然的和谐共生。

2. 人与自然协调论

人与自然协调论强调人类与自然环境之间的相互依存关系，倡导尊重自然、维护生态平衡。这一理论反映了对自然规律的认知，认为人类的发展应与自然相协调，关注生态系统的健康和可持续性。此理论推动了环境保护意识的提升和可持续发展的实践，强调在经济活动中应考虑环境影响，提倡资源的合理利用与保护。通过协调发展，人类不仅能满足当前的需求，还能为未来的可持续发展奠定基础。人与自然协调论为环境政策的制定和生态治理提供了理论支持，使得人类活动能够在尊重和保护自然的前提下进行。

3. 生态文明建设理论

生态文明建设理论是近年来对人与自然关系的深刻反思后形成的理论，强调构建人与自然和谐共生的社会。该理论不仅关注经济发展和环境保护，还强调社会文化、生态伦理的综合作用。生态文明建设理论倡导全社会共同参与环境保护，推动形成绿色生产和消费方式，强调尊重生态价值和生态伦理。在这一框架下，人类被视为自然的一部分，强调可持续发展的重要性，以及生态系统的整体健康与稳定。生态文明建设理论引导人们在经济、社会和环境之间寻求平衡，实现全面协调可持续发展。

（三）人与自然关系理论的生态旅游价值

1. 增强生态意识

人与自然关系理论强调人类对自然环境的责任与义务。生态旅游通过教育和体验提升旅游者的生态意识，促进人们对自然环境的尊重和保护，鼓励人们积极参与生态保护行动。

2. 促进当地经济发展

人与自然关系理论强调经济发展与生态保护的协调。生态旅游为地方经济提供新的增长点，通过吸引旅游者，促进地方特产和文化的展示与销售，实现经济与生态的双赢。

3. 保护生物多样性

保护生物多样性也是这一理论的重要价值，强调生态系统的完整性与生物多样性的重要性。生态旅游在设计时通常考虑到保护区域的生态特征，通过合理的旅游规划，维护当地的自然景观和生物多样性。

4. 促进文化传承与发展

人与自然关系理论促进了文化传承与发展，强调人类文化与自然的互动，生态旅游往往会结合地方文化，促进地方文化的传承与发展，增强社区对自然和文化遗产的认同感。

5. 提升社区参与感

人与自然关系理论还强调人与自然的互动和社区的角色，倡导环境管理的公众参与。生态旅游鼓励当地社区参与旅游管理和决策，增强其对生态环境保护的责任感和参与感，从而实现社区与自然的和谐发展。

二、可持续发展理论

（一）可持续发展理论的形成

可持续发展理论的形成经历了一个长期的历史过程，其思想是人类社会发展的产物，体现了对人类自身进步与自然环境关系的深刻反思。这种反思既反映了人类对以往发展道路的怀疑和抛弃，也体现了对未来发展道路和发展目标的憧憬和向往。人们逐渐认识到，过去的发展模式是不可持续的，或至少是持续不够的，因此不可取。唯一可供选择的道路是走可持续发展之路。

可持续发展理论的形成可以追溯到 20 世纪 50 年代至 60 年代，当时人们在经济增长、城市化、人口、资源等环境压力下，对“增长＝发展”的模式产生怀疑并展开讨论。1962 年，美国海洋生物学家蕾切尔·卡逊（Rachel Carson）发表了环境科普著作《寂静的春天》，引发了关于发展观念的全球争论。

1987 年，世界环境与发展委员会（WCED）发表了《我们共同的未来》报告，正式提出“可持续发展”的定义，即“既能满足当代人的需要，又不对后代人满足其需要的能力构成危害的发展”。这一定义旨在维持经济进步和环境保护的平衡，为整合环境政策和发展战略提供了框架。

1992 年，联合国环境与发展会议（又称地球峰会）在巴西里约热内卢举行，这次会议是全球环境和可持续发展领域的一个重要里程碑。会议期间，各国代表就环境与发展问题进行了深入讨论，并达成了多项重要共识和成果。在这次大会上，通过了《关于环境与发展的里约热内卢宣言》（又称《地球宪章》），该宣言包含了 27 项原则，强调了环境保护与经济发展的紧密联系，以及全球合作的重要性。这些原则涵盖了公平性、持续性和共同性等核心概念，为后续的可持续发展行动提供了指导。此外，会议还通过了《21 世纪议程》，提出了一系列行动建议，涉及教育、自然资源保护、经济可持续发展等多个领域，强调在全球化背景下实现可持续发展的紧迫性和挑战。会议还取得了其他重要成果，包括通过了《联合国气候变化框架公约》和《联合国生物多样性公约》，以及达成了《关于森林问题的原则声明》。这些公约和文件为保护全球环境和资源提供了法律框架，并促进了国际社会在环境问题上的合作。这次会议的成功在于促进了各国政府将宽泛的政策目标转化为具体的行动，并在通过经济的、行政的以及制度的手段管理环境上作出了初步的尝试。

（二）可持续发展理论的内容

在具体内容方面，可持续发展涉及可持续经济、可持续生态和可持续社会三个方面的协调统一，要求在发展中讲究经济效率、关注生态和谐和追求社会公平，最终达到人的全面发展。这表明，可持续发展虽然缘起于环境保护问题，但作为一个指导人类走向21世纪的发展理论，它已经超越了单纯的环境保护，它将环境问题与发展问题有机地结合起来，已经成为一个有关社会经济发展的全面性战略。

1. 经济可持续发展

可持续发展鼓励经济增长，并强调经济发展是国家实力和社会财富的基础，但它不仅关注经济增长的数量，更重视经济增长的质量。可持续发展要求改变传统的“高投入、高消耗、高污染”的生产和消费模式，推动清洁生产和文明消费，从而提高经济效益、节约资源和减少废物。因此，集约型的经济增长方式可以被视为可持续发展的经济体现。

2. 生态可持续发展

可持续发展要求经济建设和社会发展与自然承载能力相协调。在推动经济和社会发展的同时，必须保护和改善生态环境，确保以可持续的方式利用自然资源和环境成本，保持人类发展在地球承载能力之内。因此，可持续发展强调发展是有条件的，缺乏限制将导致发展的不持续。生态可持续发展同样重视环境保护，但不同于以往将环境保护与社会发展对立的做法，它要求通过转变发展模式，从根本上解决环境问题，推动人类发展的根源性变革。

3. 社会可持续发展

可持续发展强调社会公平是实现环境保护的重要机制和目标。虽然各国的发展阶段和具体目标可能不同，但其本质应包括改善人们的生活质量、提升健康水平，以及创造一个保障平等、自由、人权和安全的社会环境。这意味着，在可持续发展的体系中，生态可持续是基础，经济可持续是条件，而社会可持续则是最终目的。未来，全球应共同追求以人为本的自然、经济和社会复合系统的持续、稳定和健康发展。

（三）可持续发展理论与生态旅游

1. 资源的合理利用

可持续发展理论强调在利用自然资源时应考虑其可再生性，以确保资源不会在短期内被耗尽。在实践中，包括使用可再生能源（如太阳能、风能）、实施节水和节能措施等，旨在满足当前需求的同时保护环境，确保未来世代也能享有这些资源。这一理念在生态旅游中得到了充分体现，鼓励旅游者在享受自然之美的同时，积极参与环境保护，以实现资源的可持续利用。

2. 经济、社会与环境的协调

可持续发展理论认为经济发展、社会公平和环境保护三者应当相辅相成，而不是对立。通过制定政策和采取行动，促进绿色经济、社会包容性和环境可持续性。在可持续发展理念的指导下，生态旅游不仅关注经济收益，更注重社会公平和环境保护。通过推动当地经济的发展，创造就业机会，生态旅游为当地带来了实实在在的利益，同时也提高了当地居民的环境保护意识。

3. 公众参与和透明决策

可持续发展理论还强调让各利益相关方（包括政府、企业、社区和个人）参与决策过程，确保政策的透明性和公正性。通过公众咨询、社区会议和信息共享平台，鼓励公众参与环境政策的制定，并对政策的执行情况予以反馈，提升政策的合法性和可接受性，从而促进可持续发展目标的实现。这一原则在生态旅游中表现为与当地社区的紧密合作。通过组织社区参与生态旅游和开展教育活动，生态旅游不仅增强了旅游者的环保责任感，也使当地居民在保护自然和文化遗产的过程中，拥有更多的发言权，参与感更强。

三、生态美理论

（一）生态美的概念

生态美是指自然环境与人类和谐相处、相互促进的美。在人与自然的关系中，人理解和体验自然的内在价值与美感，强调生态系统的和谐与平衡。随着全球生态危机的加剧，生态美逐渐成为美学研究的重要领域，体现了美学的生态转型。

生态美理论强调自然不仅是审美的客体，更是具有内在价值的生命共同体。它反对现代主体性美学对客体的忽视，主张人与自然应建立深厚的情感连接，体现对生态环境的尊重与保护。生态美理论不仅关注自然的形态美与色彩美，还强调生态系统的完整性和生物多样性的价值。

生态美为可持续发展提供了理论支持，倡导人们在日常生活和经济活动中关注生态保护，以创造和维护一个美丽而和谐的自然环境。通过提升公众的生态意识和审美体验，生态美推动了公众对环境问题的关注和行动，促进了人与自然的和谐共生。

（二）生态美的特点

1. 内在价值

生态美强调自然界及其生态系统的内在价值，认为自然不仅是审美的对象，更具备自我存在的意义和目的。这种观点反对将自然视为仅为人类服务的资源，强调每种生命和生态结构都应得到尊重。

2. 和谐与平衡

生态美注重生态系统的和谐与动态平衡，强调生物多样性和生态完整性。美不仅来自自然的外观，更源于生态过程的平衡与协调。这种和谐关系是生态美的核心，体现在人与自然的互动中。

3. 情感连接

生态美强调人与自然之间的情感连接，提倡通过直接的自然体验来感知美。这种情感连接促使人们对自然产生尊重与保护意识，增强人们对生态环境的责任感。

4. 可持续性

生态美与可持续发展密切相关，倡导在经济和社会活动中融入生态美学的理念。它提倡绿色生活方式，强调人类活动应在不破坏自然环境的前提下进行，确保生态系统的长期健康。

5. 文化内涵

生态美还强调文化与自然的互动，认为不同文化对自然的理解和表达构成了生态美的多样性。这种文化背景使得人们在欣赏自然美的同时，也能反思人类对自然的责任。

6. 体验性

生态美强调个人在自然中的直接体验，提倡通过观察、感受和参与来领悟自然的美。这样的体验能够激发人们对自然的热爱和保护意识，从而形成更深层次的生态意识。

（三）生态美理论与生态旅游

生态美理论为生态旅游提供了美学视角和伦理支持，强调人与自然的和谐共生。在生态旅游活动中，旅游者不仅能够欣赏自然之美，还能在实践中提升生态意识，助力可持续发展。

1. 自然美的体验

生态美理论强调自然的内在美和和谐，这为生态旅游提供了深厚的美学基础。生态旅游鼓励旅游者通过亲身体验自然，感受生态系统的美丽与复杂性。这种体验不仅是视觉上的欣赏，更是对生态价值的深刻理解和认同。

2. 可持续发展

生态美理论与生态旅游都强调可持续发展。在旅游活动中，生态旅游提倡合理利用自然资源，减少对生态环境的破坏，确保生态系统的健康和稳定。这种可持续的旅游方式不仅有助于保护自然景观，也能为当地带来经济收益。

3. 文化与生态的结合

生态美理论关注文化与自然之间的关系，生态旅游为这种结合提供了实践平台。生态旅游常常融入当地文化，通过展示传统生态知识和地方特色，增强旅游者对自然的理解和欣赏。这种文化与生态的交融，丰富了旅游者的旅游体验，也促进了文化传承。

4. 促进生态恢复

生态旅游为生态美理论提供了实践应用的机会。在一些受到破坏的生态区域，通过生态旅游的规划与管理，可以实施生态恢复项目，促进自然环境的恢复和改善。这种生态修复不仅提升了自然美的价值，也为旅游者提供了独特的旅游体验。

项目小结

本项目通过对生态旅游的概念、特点、发展历程和理论基础的探讨，提供了对该领域全面的认识。任务一明确了生态旅游的定义和内涵；任务二回顾了生态旅游的发展脉络；任务三从理论层面深化了对生态旅游的理解。这些知识为实践中的应用和理论研究提供了坚实的基础。

思考题

1. 生态旅游与传统大众旅游在目标、动机和环境影响方面存在哪些主要差异？

2. 简述生态旅游的兴起背景，并分析生态旅游在全球和中国的发展现状。

3. 从人与自然关系理论的视角，讨论生态旅游对于生物多样性保护和可持续发展的贡献。

4. 可持续发展理论对生态旅游规划和管理有哪些影响？请举例说明。

5. 结合生态美理论，探讨生态旅游中如何平衡自然美的体验与生态恢复。

6. 如何确保当地社区能够公平地从生态旅游发展中获益？

7. 生态旅游如何在促进地方经济发展的同时，减少对生态环境的负面影响？

8. 讨论：生态旅游作为一种教育工具，如何提升公众对环境问题的认识？

项目二 生态旅游与生态文明建设

项目导读

本项目深入探讨生态旅游与生态文明建设的紧密联系。通过分析祁连山等案例，揭示了生态文明建设的重要性和紧迫性，同时展示了中国在生态文明建设方面取得的成就。本项目内容涵盖生态文明的概念、特点、发展历程，以及生态旅游如何推动生态文明建设，提升国民环保意识，促进经济增长和可持续发展。通过本项目的学习，学生将掌握生态旅游知识，提升分析问题和实践能力，并培养环保素养，为实现人与自然和谐共生的可持续发展目标贡献力量。

学习目标

知识目标	1. 掌握生态文明的定义、内涵和特点，了解生态文明发展历程； 2. 了解工业革命以来人类面临的环境问题，包括环境污染、气候变化、生态系统遭到破坏和能源供应紧张； 3. 掌握中国生态文明建设的背景、发展历程、核心任务和取得的成就； 4. 理解生态旅游对生态文明建设的推动作用，以及生态文明建设如何促进生态旅游的发展。
能力目标	1. 能够评估生态文明建设对环境、经济和文化的影响； 2. 能够批判性地评估生态文明建设的发展趋势，提出改进建议； 3. 能够在生态旅游项目中与不同利益相关者进行有效沟通。
素养目标	1. 提升对生态环境保护的认识，提高实践环保行为的主动性和责任感； 2. 提升对全球环境问题的认识，增强个人对这些全球性挑战的理解； 3. 培养国际视野下的合作精神，积极参与全球环境治理，为共同应对气候变化、保护生物多样性等全球性环境问题贡献力量。

案例引入

祁连山"底色之变"

祁连山是我国西部重要的生态安全屏障，是黄河流域重要的水源产流地，也是我国生物多样性保护优先区域。

一段时间内，祁连山遭遇过度开发，局部生态受破坏严重。针对祁连山局部生态破坏问题，习近平总书记多次作出重要指示批示，要求抓紧解决突出问题，抓好环境违法整治，推进祁连山环境保护与修复。

在习近平总书记的关切下，祁连山"猛药去疴"。截至目前，祁连山生态环境问题整改任务按期完成。保护区内 144 宗矿业权全部分类退出，42 座水电站全部分类处置，25 个旅游设施项目全面完成整改，核心区农牧民全部搬迁。祁连山保护区内人为破坏基本禁绝，受损的生态系统得以休养生息，多年难觅踪迹的珍稀物种频繁现身。

2019 年习近平总书记在甘肃考察时，对祁连山生态环境修复和保护工作的阶段性成果给予肯定："这些年来祁连山生态保护由乱到治，大见成效。甘肃生态保护工作体现了新发展理念的要求，希望继续向前推进。"

在生态环境突出问题整改整治进程中，祁连山完成了生态"应急修复"，偿还了多年的生态欠账，沿线地方也凝聚起绿色发展的宝贵共识，在"绿色之变"中寻求"富足之变"。

问责一地，警示全国。其后，秦岭、贺兰山、长江等大山大河纷纷启动整治，山水林田湖草沙冰系统治理的理念逐步落地，以国家公园为主体的自然保护地体系加速建立。

甘肃因整改整治倒逼出的科学治理、协同管护、系统修复的经验和实践，为其他地区的生态环境突出问题整治提供了借鉴和参照。然而甘肃生态地位极其重要，生态环境极其脆弱，从"深绿"到"常绿"依然任重道远。

党的十八大以来，以习近平同志为核心的党中央把生态文明建设和生态环境保护摆在治国理政的重要位置。以祁连山为标志的生态环境突出问题的铁腕治理，彰显着中国致力保护家园、共建美丽地球的坚定决心。对生态文明的认识由知到行，代表中国人民对更高品质美好生活的不懈追求。守牢深绿底色，将碳达峰、碳中和纳入生态文明建设整体布局，全面推行绿色低碳循环经济发展，是中国的主动选择。

如今的中国，绿色发展理念正日益深入人心，努力将一个清洁美丽的世界留给子孙后代。

资料来源：任卫东，王博，何问. 祁连山"底色之变". 瞭望，2021（34）.

思考：

1. 为什么我国如此重视生态文明建设？
2. 谈一谈你对祁连山生态破坏事件的看法。

任务一　认识生态文明

一、生态文明的概念和内涵

（一）生态文明的概念

从字面理解，生态文明是“生态”与“文明”的有机结合。“生态”是指生物之间以及生物与环境之间的相互关系和存在状态，“文明”是人类社会进步的标志。

认识生态文明

生态文明是指以尊重和维护自然为前提，以人与人、人与自然、人与社会和谐共生为宗旨，以建立可持续的生产方式和消费方式为内涵，以引导人们走上持续、和谐的发展道路为着眼点的一种全新的社会文明形态。

（二）生态文明的内涵

1. 人与自然和谐共生

生态文明强调人与自然的和谐关系，主张在发展经济的同时，尊重和保护自然生态系统，确保生态环境的健康与可持续性。人类的活动应在自然的承载能力之内，实现资源的合理利用和生态平衡。

2. 可持续发展

生态文明倡导可持续发展，即在满足当前需求的同时，不损害后代满足其需求的能力。这一理念要求经济、社会和环境三者之间的平衡，推动资源的高效利用和循环经济的实现。

3. 生态保护意识

生态文明强调增强公众的生态保护意识，倡导生态伦理和环保理念。通过教育和宣传，提高全社会对环境问题的认识，促进个体和集体在日常生活中自觉实施环保行为。

4. 绿色经济

生态文明支持绿色经济的发展，鼓励低碳、环保和可再生资源的使用；推动产业结构的优化升级，促进绿色科技的创新与应用，实现经济发展与环境保护的双赢。

5. 社会公平与参与

生态文明关注社会公平，强调在环境治理和资源分配中应保障不同群体的权益；提倡公众参与，鼓励社会各界在环境保护和生态建设中发挥积极作用，形成共建共享的良好局面。

6. 文化价值观念

生态文明还体现在文化层面，倡导人与自然的和谐共处和对自然的尊重。这种文化价值观念推动生态意识的普及，鼓励人们在日常生活中践行环保与可持续发展的理念。

7. 全球视野与合作

在全球化背景下，生态文明强调国际合作与全球治理。面对共同的生态挑战，各国应加强合作，共享技术与经验，推动全球范围内的可持续发展和生态保护。

二、生态文明的特点

（一）以生态优先为核心

生态文明的核心在于将生态环境保护置于首位，强调在经济、社会和文化发展中优先考虑生态因素。通过实施有效的生态保护措施，促进生态系统的健康与稳定，从而为人类的可持续发展提供基础。

（二）推动经济社会可持续发展

生态文明提倡经济社会发展必须遵循自然规律，确保在追求经济增长的同时不破坏生态环境。这种发展模式强调经济、社会和生态环境的协调发展，以实现各方面的相互促进和可持续性。具体而言，通过绿色技术的推广和资源的高效利用，推动产业转型升级，形成绿色经济发展模式。

（三）倡导绿色生活方式

生态文明提倡采用绿色低碳的生活方式和消费观念，鼓励减少对环境的负面影响，倡导使用可再生资源、节约能源、减少废弃物和环境有害物排放，提高资源利用效率，实现人与自然的和谐共生。这不仅涉及个人行为的改变，也需要在社会、企业和政策层面共同推动。

（四）强调生态伦理和生态文化建设

生态文明重视人与自然的和谐共生，强调尊重自然和保护自然的重要性，倡导建立与自然和谐相处的道德观念和行为准则，促使人们自觉维护生态环境。同时，强调保护和传承生态文化，弘扬尊重自然、崇尚自然、融入自然的文化精神和价值观念，以形成全社会的生态意识。

（五）全球视野

生态文明具有全球视野，强调人类的共同责任，倡导跨国界、跨文化、跨时空的合作，以共同应对全球性的生态环境问题。这种视野体现在国际合作机制的建立、技术交流与资源共享上，强调全球生态治理的必要性与紧迫性。通过共同努力，各国能够有效应对气候变化、生物多样性丧失等全球性挑战，实现更为广泛的生态安全与可持续发展。

三、生态文明的发展

生态文明是原始文明、农业文明、工业文明在纵向上的延续。

（一）原始文明阶段

原始文明阶段是人类社会发展的最早期阶段，大约从公元前 1 万年至公元前 3 000 年。在这个阶段，人类开始从狩猎采集生活方式转变为农业生产方式，开始建立最早的定居点和社会组织形式。人类开始使用简单的工具和器具，发展出最早的文字和图画，建立了最早的宗教信仰和社会规范。

（二）农业文明阶段

农业文明阶段是人类社会发展的重要阶段，大约从公元前 3 000 年至公元前 18 世纪。在这个阶段，人类开始大规模的农业生产，建立了最早的国家和政权，发展出了更加复杂的社会组织形式和文化制度。人类开始使用铁器和陶器，建立了复杂的城市和建筑，发展了丰富的文化和艺术。

（三）工业文明阶段

工业文明阶段是人类社会发展的现代阶段，从 18 世纪至 20 世纪。在这个阶段，人类开始大规模的工业生产，发展了科学技术和现代化产业，建立了现代国家和全球化经济体系。人类开始使用电子技术，建立了更加复杂的城市和交通系统，发展了更加丰富的文化和娱乐形式。

（四）生态文明阶段

生态文明阶段是人类社会发展的新阶段，从 20 世纪至今。在这个阶段，人类开始意识到环境保护和可持续发展的重要性，发展了更加环保和节能的生产方式和生活方式，建立了更加和谐的人与自然关系。人类开始重视生态环境和生物多样性保护，发展了更加健康和可持续的社会和文化形式。

任务二　生态文明建设的背景

工业革命以来，人类创造了历史上从未有过的经济奇迹，积累了巨大的物质财富。“但是我们不要过分陶醉于我们人类对自然界的胜利。对于每一次这样的胜利，自然界都对我们进行报复。”① 人类在创造和享受现代文明的同时，也饱尝了高增长带来的苦果。

生态文明
建设的背景

一、人类生存环境恶化

随着工业化和城市化进程的加快，大量的污染物排放和资源消耗导致了生态环境的恶化，给人类生存和健康带来了严重的威胁。

互动讨论：

1. 你印象深刻的环境污染有哪些？
2. 生态环境问题是发展中国家独有的吗？发达国家是否也有环境问题？

（一）美国多诺拉烟雾事件

1948 年 10 月 26 日—31 日，在美国宾夕法尼亚州的多诺拉镇，由于大部分地区受

① 马克思，恩格斯. 马克思恩格斯选集：第 3 卷. 3 版. 北京：人民出版社，2012：998.

逆温控制，加上持续有雾，导致大气污染物在近地层积累。大量的二氧化硫及其氧化作用的产物与大气中金属化合物反应生成致害硫酸铵，导致全镇约 6 000 人出现了眼痛、喉痛、流鼻涕、干咳、头痛、肢体酸乏、呕吐、腹泻等症状，死亡 20 人。这是美国第一起致人死亡的空气污染事件。

专栏 2-1

美国多诺拉烟雾事件

多诺拉烟雾事件是美国历史上最严重的空气污染灾难。它开启了美国环境和公共卫生领域，引起了美国政府对工业监管需求的关注，并就污染的影响展开了全国性的对话。

在致命的烟雾事件之后，美国于 1950 年召开了第一次全国空气污染大会，1963 年通过《清洁空气法》，1970 年成立了国家环境保护署。

20 世纪 90 年代，为了更好地应对环境空气污染的新变化，美国相继修订了《清洁空气法》等法律，并把 PM2.5 纳入环境监测中，针对臭氧污染不断恶化，美国 20 多个州和加拿大东部省份联合成立了“臭氧传输协会”，监督落实臭氧减排计划的实施，取得了很好的效果。美国环保署还根据地理和经济因素，把全美分成 10 个环境治理区域，并充分赋予各个区域环境立法、执法权。

（二）伦敦烟雾事件

1952 年 12 月 5 日—9 日，英国伦敦市全境被浓雾覆盖，许多市民出现胸闷、窒息等不适感，发病率和死亡率急剧增加，5 天中死亡人数达 4 000 多人。事后英国政府调查发现，空气中烟尘浓度太高是悲剧发生的主要原因。

专栏 2-2

伦敦烟雾事件

英国是世界上最早进行工业革命的国家，也是最先受到空气污染侵袭的国家之一。工业革命快速发展，煤炭资源消耗量激增，大量的颗粒物和有害气体没有经过处理就直接排到空气中，伦敦城一年将近有 90 天的时间沉浸在烟雾中，“雾都”的称号也由此而来。

1952 年发生的举世瞩目的伦敦烟雾事件导致 4 000 多人因呼吸道疾病等原因死亡，10 万人致病。事件发生后，英国政府终于下定决心治理空气污染。

首先是制定相关法律法规。世界上首部空气污染防治法律《清洁空气法》于 1956 年在英国出台。该法律要求关闭伦敦市内所有的燃煤发电厂，同时在一些地方建立了无烟区，不允许使用任何产生烟雾的燃料。政府积极鼓励重工业和发电厂进行搬迁改造，开展大气污染的综合治理，严格监督实施，同时大力实施冬季集中供暖，取缔了传统的炉灶。

经过近 20 年的努力，到了 20 世纪 80 年代初，伦敦的雾霾天气下降到每年 10 天左右。2007 年英国政府在《环境空气质量战略》中对 PM2.5 进行了硬性约束，要求 2020 年前控制在每立方米 0.025mg 之内。

在调整能源结构、绿化城市的同时，英国还加强了机动车污染防治。1980 年以后，汽车尾气排放成为影响伦敦空气质量的首要因素。随着汽车保有量的持续增加，为了有效遏制汽车尾气的污染，英国政府在 1993 年要求新车必须安装尾气净化装置，控制氮氧化物的排放。通过提高停车费和高额的进城费用，减少进城的私家车辆；通过建设自行车专用车道、改善公共交通环境等措施来满足人们日常出行的需要；通过减免停车费用和汽车使用税以及高额的返利，大力推动新能源汽车的使用，有效控制了机动车尾气污染。

（三）日本“痛痛病”事件

日本“痛痛病”事件，是指 1955—1977 年发生在日本富山县神通川流域的公害事件。日本富山县神通川流域沿岸的锌、铅冶炼厂等排放的含镉废水污染了神通川水体，两岸居民利用河水灌溉农田，使稻米和饮用水受到污染。居民食用和饮用后导致骨骼软化及肾功能衰竭，最终在“疼痛”的呼喊声中死亡。

1955 年，在神通川流域河岸出现一种怪病，患者一开始是腰、手、脚等各关节疼痛，几年之后，身体各部位神经痛和全身骨痛，不能行动，以至呼吸都带来难以忍受的痛苦，最后骨骼软化萎缩，自然骨折，一直到饮食不进，在衰弱、疼痛中死去。截至 1968 年 5 月，共确诊患者 258 例，其中死亡 128 例；到 1977 年 12 月，又死亡 79 例。

专栏 2-3

日本“痛痛病”事件的启示

在整个“痛痛病”事件的过程中，从科学家们对病因的努力探索并最终形成一条严谨的证据链，到当地患者为争取自己权利的反抗与团结，都给人们留下了深刻印象。无论是最早只有 3 名病人起诉，到最后胜诉时原告人数达 506 人、辩护律师达 345 名，还是媒体舆论及时的监督与配合，以及事后受害者自发成立的协议会，都为所有“痛痛病”患者赢得最后的胜诉做出了巨大贡献，同时，也掀起了环保运动在日本兴起的序幕。从一定程度上说，促进了 1971 年日本环境省的成立，也使日本政府意识到：与经济发展相比，阻断环境污染的可能性无疑更为重要。

总结“痛痛病”事件的历史教训时不难发现，政府的及时介入、解决问题的态度和方式，对整个公害事件的解决起到了不可或缺的作用。因此，面对环境污染问题，政府要做到及时介入并制止可能引起公害的污染事件。

二、全球气候变化

全球气候变化是指由于自然因素和人为活动的影响，全球平均气温升高、海平面上升，以及其他气候系统的变化。这种变化在过去的几十年里变得尤为显著，对人类社会和自然生态系统产生了深远的影响。极端天气事件的频发是气候变化最直接、最明显的后果之一，包括台风、洪水、干旱、热浪等，这些事件给人类社会和生态系统带来了巨大的挑战。

（一）对人类社会的影响

1. 经济损失

极端天气事件直接导致巨大的经济损失。例如，台风和洪水可能导致基础设施损毁，如道路、桥梁、电网等，需要大量资金重建。农业生产亦受到严重影响，干旱和洪水使粮食产量减少，食品价格上涨。

2. 健康风险

极端天气事件还可能引发健康危机。热浪增加了中暑和与高温相关的疾病的风险；洪水之后，霍乱和登革热等疾病的传播风险增加；空气质量下降，加剧了呼吸系统疾病的风险。

3. 社会不稳定

自然灾害导致的经济损失和资源短缺可能会加剧社会不平等，引发社会矛盾和冲突。例如，资源的稀缺可能加剧农村和城市之间的矛盾，或者引发因食物短缺而导致的地区冲突。

（二）对生态系统的影响

1. 生物多样性丧失

极端天气事件可能导致生物栖息地的破坏，如洪水冲刷、干旱导致的土地退化，这些都威胁到野生动植物的生存，导致生物多样性的丧失。

2. 生态系统服务功能下降

生态系统为人类提供了许多必不可少的服务，如净化空气和水、调节气候、提供食物等。极端天气事件破坏了这些生态系统，降低了生态系统的服务功能，进一步影响人类福祉。

3. 物种迁移和入侵

随着气候的变化，某些物种可能会向较冷的地区迁移，这不仅改变了当地的生态平衡，还可能引入入侵物种，威胁到本地物种的生存。

全球气候变化引发的极端天气事件对人类社会和生态系统构成了严峻挑战。这要求国际社会、政府、企业和个人采取积极和有力的措施来减少温室气体排放，加强气候适应能力，以减轻气候变化的影响。同时，保护和恢复生态系统，增强生态系统的韧性，对于应对气候变化带来的挑战至关重要。

三、生态系统遭到破坏

人类大规模的开发土地、砍伐森林和开垦湿地等活动对生态系统造成了严重的破坏，导致了生物多样性的丧失和生态平衡的破坏。

（一）生物多样性丧失

1. 砍伐森林

森林是地球上最丰富的生物多样性的栖息地之一，砍伐森林导致了大量植物和动物栖息地的丧失，使许多物种失去了生存的环境，甚至使有些物种灭绝。

2. 开垦湿地

湿地是许多珍稀物种的栖息地，开垦湿地破坏了湿地生态系统，导致了许多湿地特有物种的灭绝，影响了整个生态系统的稳定性。

3. 开发土地

大规模的土地开发活动破坏了原有的生态系统结构，破坏了许多植被类型，导致了生物多样性的减少，使得许多物种失去了生存的空间。

（二）生态平衡被破坏

1. 生态链条被破坏

生态系统中的各种生物之间存在着复杂的相互作用关系，一旦某些物种消失或数量减少，可能导致整个生态链条的破坏，影响其他物种的生存和繁衍。

2. 生态服务功能丧失

生态系统提供了许多重要的生态服务，如水源涵养、土壤保持、气候调节等，破坏生态系统会导致这些生态服务功能丧失，影响人类的生存和发展。

3. 生态系统崩溃

大规模的破坏使得生态系统失去平衡和稳定性，可能导致整个生态系统的崩溃，对人类社会和自然环境造成灾难性的影响。

（三）气候变化加剧

森林、湿地等生态系统在吸收和固定大气中的二氧化碳方面发挥着重要作用，它们的破坏导致了二氧化碳排放增加，加剧了全球气候变化的速度和程度。

综上所述，大规模的开发土地、砍伐森林和开垦湿地等活动对生态系统造成了严重破坏，导致了生物多样性的丧失和生态平衡的破坏。为了保护生态系统，应减少这些破坏行为，并采取有效的保护和恢复措施，促进人与自然和谐共生。

四、能源供应紧张

随着人口的增长和经济的发展，人类社会对化石燃料等能源的需求不断增加，导致石油、天然气和煤等化石能源资源消耗过度，能源供应不足。

（一）影响经济增长

1. 生产成本上升

能源供应紧张导致能源价格上涨，企业生产和运营成本增加，影响企业盈利能力。

2. 经济增长放缓

能源供应紧张会限制经济的发展，导致经济增长放缓甚至停滞。

3. 行业结构调整

受到能源供应不稳定的影响，一些能源密集型产业可能面临转型和调整。

（二）影响社会稳定

1. 生活成本增加

能源价格上涨会直接影响居民的生活成本，加重家庭负担。

2. 就业压力增大

一些对能源依赖度高的行业可能面临裁员或停产，社会就业压力增大。

3. 社会不稳定

能源供应紧张可能引发人们的不满情绪，甚至引发社会动荡和冲突。

（三）影响生态环境

1. 环境污染加剧

为了满足能源需求，可能会采取不环保的方式开采和利用能源，导致环境污染加剧。

2. 气候变化加剧

能源供应紧张可能会导致更多的化石燃料的使用，加剧全球气候变化问题。

3. 生态系统破坏

一些能源开采活动可能会导致生态系统受损，影响生物多样性和生态平衡。

（四）影响国家安全

1. 影响能源供应安全

能源供应紧张可能会导致国家能源供应不稳定，影响国家安全和经济发展。

2. 地缘政治风险

对进口能源依赖过高的国家，容易受到国际地缘政治风险的影响，增加国家的地缘政治风险。

五、人们环境意识觉醒

环境意识觉醒指的是人们对环境问题的认识和关注程度不断提高，意识到环境保护对于人类生存和发展的重要性。

（一）认识环境问题

随着工业化、城市化进程的加快，人们对环境污染、资源枯竭、生态破坏等问题的认识逐渐加深。频繁的空气污染、水质污染、土壤污染事件引起了社会广泛的关注，促使人们意识到环境问题的严重性。

（二）关注健康影响

环境问题直接关系到人类的健康和生存。人们开始关注环境污染对健康的影响，如空气污染导致呼吸道疾病增加、水质污染引发胃肠道疾病等，进而意识到环境保护与健康息息相关。

（三）重视生态平衡

人们逐渐意识到生态平衡是维持地球生态系统稳定运行的基础。破坏生态平衡会导致生物多样性减少、生态系统崩溃，影响到人类的生存环境和资源供给。

（四）形成可持续发展观念

环境意识觉醒促使人们形成了可持续发展的观念。人们开始意识到资源的有限性和环境的脆弱性，追求经济、社会和环境的协调发展，以满足当前需求，同时不损害后代利益。

（五）形成社会共识

环境问题已经成为全球性挑战，各国政府、企业和民众都在积极探索环境保护的途径。社会共识逐渐形成，推动各界合力推动生态文明建设，实现可持续发展目标。

任务三　我国的生态文明建设

一、我国生态文明建设提出的背景

（一）生态环境恶化

1. 工业化与城市化进程加速导致环境污染问题突出

自改革开放以来，中国进入了工业化和城市化的高速发展阶段，大规模的城市建设、工业生产和能源消耗，使得环境污染日益严重，特别是大气污染和水污染。

我国的生态文明建设

（1）大气污染方面。作为主要能源的煤炭，在燃烧过程中排放大量二氧化硫、氮氧化物等污染物，导致空气质量严重下降，尤其是在北方城市，雾霾问题成为社会关注的焦点。

（2）水污染方面。工业废水、农业化肥和农药的流失等原因，导致水体污染问题突出，特别是一些大河流域的水质恶化，甚至出现水源枯竭现象。

（3）垃圾污染方面。随着城市化进程的加快，城市固体废物问题愈发严峻，垃圾分类和处理能力滞后，垃圾填埋场和焚烧场对环境造成的压力逐渐增大。

2. 资源过度开发与浪费导致资源枯竭

（1）能源消耗。中国长期以来将煤炭作为主要能源，这不仅加剧了环境污染，也使能源结构极度不平衡。煤炭的过度开采对土地、地下水以及生态环境造成了巨大压力。

（2）矿产资源过度开采。过度开采矿产资源导致了一些地区资源的枯竭，生态系统遭到破坏，土壤质量下降，水资源供给也受到影响。

3. 生态系统退化，生物多样性受到威胁

（1）森林遭砍伐与土地退化。在追求经济发展的过程中，大规模的砍伐森林与开垦土地，导致了生态系统的严重退化。森林面积减少，水土流失严重。

（2）生物多样性丧失。过度开发、污染和栖息地被破坏导致一些物种数量锐减，甚至面临灭绝的风险。我国的一部分珍稀物种，如大熊猫、东北虎等，面临栖息地被破坏和食物链紊乱等生存困境。

（二）生态文明理念的形成

1. 20 世纪 90 年代提出可持续发展战略

1992 年，中国参加了联合国环境与发展大会，并签署《里约环境与发展宣言》。会

议第一次把经济发展与环境保护结合起来进行认识，提出了可持续发展战略。同年，党中央、国务院发布《中国关于环境与发展问题的十大对策》，把实施可持续发展确立为国家战略。《中国 21 世纪议程》（1994）提出，要采取可持续发展路径，在保障经济增长的同时，注重环境保护和资源的节约利用。

2. 党的十六大报告首次提出建设生态文明

党的十六大报告首次提出建设生态文明，指出经济增长与生态环境保护应统筹兼顾。此时，生态文明作为发展理念逐渐被纳入党和国家的战略目标中，成为中国特色社会主义发展道路的一部分。

生态文明的提出标志着中国发展理念的转型，从单纯追求 GDP 增长，向重视环境、资源与社会可持续发展的方向转变。

（三）国际环境压力

1. 全球气候变化与生物多样性减少

近年来，全球气候变化成为影响国际政治、经济和社会的重要问题。温室气体排放的增加导致全球变暖，极端气候事件增多，对全球生态系统和人类生存环境带来严重影响。

生物多样性减少也是全球面临的严峻问题。联合国等国际组织和各国政府都在推动全球范围内的生态保护，提出了“全球环境可持续性”的理念，中国在这种背景下必须加强生态文明建设，走绿色发展道路。

2. 联合国等国际组织对可持续发展的要求

2015 年在联合国大会第七十届会议上通过的《2030 年可持续发展议程》明确提出，要实现经济增长与环境保护的平衡，并要求所有国家采取绿色、低碳、包容性的发展模式。中国在参与全球气候治理和可持续发展目标实现的过程中，积极承诺并实施相关政策。

二、我国生态文明建设发展历程①

（一）1949—1978 年，环境保护理念初步形成

我国环境保护事业自新中国成立以后开始孕育萌芽。1956 年，我国建立第一个自然保护区，即广东肇庆鼎湖山国家级自然保护区。1973 年，国务院召开第一次全国环境保护会议，揭开了中国环境保护事业的序幕，会议审议通过《关于保护和改善环境的若干规定（试行草案）》，将环境保护治理工作纳入各级政府的职能范围，这是我国环境保护事业的重要里程碑。1978 年，首次将“国家保护环境和自然资源，防治污染和其他公害”写入宪法，为我国环境法治建设和环境保护事业的发展奠定了基础。

（二）1979—2012 年，环境保护政策和制度体系持续发展

1979 年，我国第一部环境保护单项法律《中华人民共和国环境保护法（试行）》颁布。“六五”时期，环境保护首次被纳入国民经济和社会发展计划。1983 年，第二次全国环境保护会议正式把环境保护确定为基本国策。“七五”时期，我国发布首个五年环

① 生态环境质量持续改善 美丽中国建设全面推进：新中国 75 年经济社会发展成就系列报告之十四.（2024-09-19）[2024-11-01]. https://www.gov.cn/lianbo/bumen/202409/content_6975529.htm.

境规划《“七五”时期国家环境保护计划》，环境保护成为国民经济和社会发展计划的重要组成部分。“八五”时期，我国提出环境与发展十大对策，将可持续发展提升至国家战略。“九五”时期，国务院相继发布《关于环境保护若干问题的决定》《污染物排放总量控制计划》《跨世纪绿色工程规划》。“十五”时期，党中央提出树立科学发展观，颁布一系列环境保护方面的法律法规和规范性文件。“十一五”时期，主要污染物排放总量和单位 GDP 能源消耗下降比例作为约束性指标，建立节能降耗和污染减排统计监测及考核体系和相关制度。

（三）党的十八大以来，生态文明建设制度体系日臻完善

党的十八大以来，以习近平同志为核心的党中央从中华民族永续发展的高度出发，深刻把握生态文明建设在新时代中国特色社会主义事业中的重要地位和战略意义，大力推动生态文明理论创新、实践创新、制度创新，创造性提出一系列新理念新思想新战略，形成习近平生态文明思想。习近平生态文明思想是新时代我国生态文明建设的根本遵循和行动指南。

在习近平生态文明思想指引下，国家将“美丽中国”纳入社会主义现代化强国目标，对生态文明建设作出一系列重大战略安排。党的十八大首次提出建设美丽中国的战略目标。党的十九大进一步将“坚持人与自然和谐共生”作为新时代坚持和发展中国特色社会主义的十四条基本方略之一，作出加快生态文明体制改革、建设美丽中国的战略部署。党的二十大对推动绿色发展、促进人与自然和谐共生作出重大决策部署，提出我国发展的总体目标之一是到 2035 年，广泛形成绿色生产生活方式，碳排放达峰后稳中有降，生态环境根本好转，美丽中国目标基本实现。

拓展视频：

改革开放专题纪录片：《中国改革镜像——40 年倾力护生态》

三、我国生态文明建设的成就

党的十八大以来，以习近平同志为核心的党中央把生态文明建设作为关系中华民族永续发展的根本大计，开展了一系列根本性、开创性、长远性的工作，决心之大、力度之大、成效之大前所未有，生态文明建设从理论到实践都发生了历史性、转折性、全局性变化，美丽中国建设迈出重大步伐。经过顽强努力，我国在环境质量、生态保护、绿色转型、制度体系、全球贡献等方面都取得重大成就、发生巨大变化，祖国天更蓝、地更绿、水更清，万里河山更加多姿多彩。新时代生态文明建设的成就举世瞩目，成为新时代党和国家事业取得历史性成就、发生历史性变革的显著标志。

（一）生态环境质量明显改善

国务院《关于 2024 年度环境状况和环境保护目标完成情况的报告》显示，2024 年，全国生态环境质量持续改善。全国空气质量稳中向好，重污染天气明显减少。地级及以上城市细颗粒物（PM2.5）平均浓度为 29.3 微克/立方米，同比下降 2.7%；空气

质量优良天数比率为87.2%，同比上升1.7个百分点；重污染天数比率为0.9%，同比下降0.7个百分点。重点区域空气质量稳定改善，达标城市数量稳步提升。全国空气质量达标城市共222个，同比增加19个城市。全国地表水环境质量继续改善，地表水Ⅰ至Ⅲ类水质断面比例为90.4%，同比上升1.0个百分点，首次超过90%；劣Ⅴ类水质断面比例为0.6%，同比下降0.1个百分点。地下水水质保持稳定。同时，我国管辖海域海水水质基本稳定。全国土壤环境风险得到基本管控，土壤重点风险监控点重金属含量整体呈下降趋势，土壤污染加重趋势得到初步遏制。全国自然生态状况总体稳定。

（二）生态保护成效显著

党的十八大以来的十年中，全国累计完成防沙治沙2.82亿亩、种草改良6亿亩，在世界上率先实现荒漠化土地和沙化土地面积“双减少”。自然保护地和陆域生态保护红线面积分别占全国陆域国土面积的18%和30%。[①] 2024年8月，国家林草局发布的数据显示，党的十八大以来，我国累计完成造林10.2亿亩。森林覆盖率提高到24.02%，成为全球森林资源增长最多最快和人工造林面积最大的国家，人工林保存面积达到13.14亿亩，森林面积和森林蓄积连续30多年保持“双增长”。设立首批5个国家公园，建成首个国家植物园、种子库。300多种珍稀濒危野生动植物野外种群数量稳中有升。

（三）绿色转型稳步推进

党的十八大以来，我国以年均3%的能源消费增速支撑了年均超过6%的经济增长，能耗强度累计下降26.4%，是全球能耗强度降低最快的国家之一；碳排放强度累计下降超过35%，扭转了二氧化碳排放快速增长的态势。建成全球规模最大的碳市场和清洁发电体系。煤炭占能源消费比重由2012年的68.5%下降至2023年的55.3%，清洁能源消费比重增长到26.4%，可再生能源装机占全国发电总装机的57.3%，超过全国煤电装机容量，水电、风电、太阳能发电、生物质发电装机都稳居世界第一。新能源汽车产销量连续9年稳居世界第一。[②]

（四）制度体系日臻完善

党的十八大以来，我国制定了几十项涉及生态文明建设的改革方案，生态文明“四梁八柱”性质的制度体系基本形成。建立健全生态文明建设目标评价考核制度、河湖长制、排污许可制度、生态保护红线制度、生态环境保护“党政同责”“一岗双责”等制度。较真碰硬开展两轮中央生态环境保护督察，成为推动地方党委和政府及其相关部门落实生态环境保护责任的硬招实招。《宪法修正案》将生态文明写入宪法，《民法典》确立民事活动的“绿色原则”，《刑法修正案》完善“污染环境罪”等相关规定，形成“1+N+4”中国特色社会主义生态环境保护法律制度体系，相关法律达30余部。[③]

（五）全球贡献世人瞩目

站在对人类文明负责的高度，我国提出共建地球生命共同体，共建清洁美丽世界。推动《巴黎协定》达成并生效实施，作出碳达峰碳中和的庄严承诺。作为主席国，成功举办《生物多样性公约》第十五次缔约方大会（COP15），达成兼具雄心又务实平衡的

---

① 数据来源于中国生态保护红线蓝皮书（2023）。

② 是说新语．四个方面看我国绿色发展奇迹．(2024-11-08)[2025-01-12]．求是网．

③ 是说新语．生态文明建设取得举世瞩目的巨大成就．(2023-08-13)[2024-12-26]．求是网．

“昆明-蒙特利尔全球生物多样性框架”，得到国际社会广泛赞誉。建设“一带一路”绿色发展国际联盟，与31个共建国家共同发起“一带一路”绿色发展伙伴关系倡议。积极开展应对气候变化南南合作。①

任务四　生态旅游与生态文明建设的关系

一、生态旅游对生态文明建设的推动

发展生态旅游对推动生态文明建设、提升生态素质、促进经济发展、传承文明智慧以及促进全球生态共建具有深远的意义，是实现可持续发展目标的重要途径。

（一）展示生态文明和美丽中国建设成就

生态旅游作为展示国家或地区生态文明建设成果的重要手段，通过自然风光的展示和生态保护措施的宣传，提升了国家或地区的形象。它不仅吸引了更多旅游者的关注，也增强了公众对生态文明建设的支持和认同，从而推动更大范围的生态保护行动。此外，生态旅游能够成为国家或地区软实力的一部分，促进国际友好交流与合作。

（二）提升国民环保意识与生态素质

生态旅游为旅游者提供了学习和体验生态环境保护知识的机会，增强了公众的生态素质和环保意识。通过参与各种生态活动，旅游者能够直接感受到生态环境的重要性，从而激发他们的环保热情。这种教育效应不仅影响旅游者，还通过他们的传播，促进更广泛的社会群体对生态文明的认同与支持。

（三）推动经济增长与可持续发展

发展生态旅游可以有效带动当地经济增长，促进相关产业的发展，包括农业、手工业和服务业等。这种可持续的经济模式创造了大量就业机会，引导消费者向环保和可持续的方向转变，形成绿色消费趋势。此外，生态旅游的兴起还推动了基础设施的改善和公共服务的提升，促进地方经济的多元化发展。

（四）保护传统文化，倡导可持续生活方式

生态旅游在保护和展示当地自然与文化资源的同时，有助于传承和弘扬生态文明的智慧及独特的生产和生活方式。这种旅游形式鼓励传统文化的保护与创新，使对生态友好的生产和生活方式得以推广。例如，通过农事体验活动，旅游者不仅能学习传统农业知识，还能够亲身参与当地的生态保护实践。

（五）构建全球生态命运共同体

生态旅游为国家之间共享和交流生态文明成果提供了重要平台，推动了各国在生态保护与可持续发展方面的合作。通过国际生态旅游合作，国家之间可以相互学习生态保

---

① 是说新语. 生态文明建设取得举世瞩目的巨大成就. (2023-08-13)[2024-12-26]. 求是网.

护经验，共同探讨可持续发展战略，促进全球环境保护和生态文明的共建。这种跨国界的合作不仅增强了各国间的互信，也为应对全球性生态挑战提供了合作的基础。

二、生态文明建设对生态旅游的保障和促进

生态文明建设为生态旅游的发展提供了多方面的保障，尤其是在政策引导、资源保护、法律法规、基础设施建设等方面，提供了支撑和保障，从而确保生态旅游能够持续、健康地发展，并发挥其推动可持续发展的作用。

（一）政策和法规保障

1. 生态保护区的设立和管理

生态文明建设强调生态保护，很多自然资源丰富、景观优美的地区成为生态保护区或自然保护区，这为生态旅游的发展提供了明确的框架和保障。这些保护区在法律上被严格保护，防止资源过度开发，为生态旅游提供了独特的自然资源和环境。

2. 绿色旅游政策的出台

政府对生态旅游的鼓励政策，如税收减免、绿色认证等，促进了生态旅游产业的发展。同时，生态文明建设的推动也促使政府对传统旅游模式进行转型，推动旅游业走向可持续发展的道路。

3. 环境保护法律法规

随着生态文明建设的推进，各类环保法律和规定得以强化和执行。例如，相关法规要求旅游企业遵守环境保护的要求，限制大规模、破坏性的开发，推动开展对生态友好的旅游活动。

（二）生态环境的保护与修复

1. 生态修复与保护

生态文明建设推动了大规模的生态修复与保护工作，如植被恢复、水土保持、野生动物保护等。这些生态保护项目提升了自然景区的生态品质，为生态旅游提供了丰富的自然资源，同时减少了过度开发对生态环境的负面影响。

2. 生物多样性的保护

生态文明建设加强了对生物多样性的保护，许多珍稀动植物的栖息地得到保护，为生态旅游提供了独特的观赏资源，增强了生态旅游的吸引力。此外，生物多样性的保护有助于提升旅游活动的生态价值，旅游者在享受自然景观的同时，也能够理解生物多样性保护的重要性并参与生物多样性保护活动。

（三）基础设施建设与绿色发展

1. 绿色交通和低碳旅游

随着生态文明建设的推进，绿色交通模式得到了更多的推广，如低碳交通工具、环保车辆、绿色公共交通等。这些绿色出行方式不仅减少了旅游活动的碳排放，也提高了旅游者在生态旅游中体验自然的质量。

2. 环保设施和绿色住宿

许多生态旅游景区配备了环保设施，如节水节能的厕所、垃圾分类系统、太阳能等

绿色能源设备，确保旅游活动不会对生态环境造成额外负担。此外，许多生态旅游地还提供绿色认证的住宿服务，倡导低碳、环保的住宿体验。

（四）生态文明理念的推广和教育

1. 生态教育与意识提升

生态文明建设推动了生态教育的普及，许多生态旅游景区通过导游讲解、环境教育活动等形式，向旅游者传递生态文明的理念，提高旅游者对自然环境保护的认知。这种教育作用不仅使旅游者能够更好地理解生态环境保护的重要性，也有助于旅游者形成环保的行为习惯。

2. 文化传承与旅游结合

生态文明建设强调人与自然的和谐共生，这种理念往往通过生态旅游的形式得到传播。许多地区在发展生态旅游的同时，还注重传统文化和自然环境的结合，通过讲述当地的故事、历史传说等，让旅游者在享受自然景观的美的同时，感受到文化的深度和生态文明的精神。

（五）促进可持续的地方经济发展

1. 地方经济的绿色转型

生态旅游能够带动当地及周边地区的绿色产业发展，如有机农产品的推广、绿色手工艺品的销售等。这些绿色产业能够为地方提供持续的经济收益，同时保持生态环境的可持续性。

2. 社区参与和共享收益

生态文明建设强调社会公平和共享发展，生态旅游的发展为当地社区居民提供了参与旅游经营的机会，如民宿经营、导游服务、手工艺品制作与销售等，推动了地方经济的多元化发展。当地居民通过参与生态旅游，能够享受到生态保护带来的经济利益，从而增强生态保护的意识和积极性。

三、生态旅游与生态文明协同发展的路径

（一）加强生态旅游的规划与管理

生态旅游需要科学规划和有效管理，以确保生态保护与旅游开发之间的平衡。在生态文明建设的框架下，应制定明确的生态旅游发展规划，避免过度开发和破坏环境。

1. 合理划定生态保护区域

确保生态保护区和生态旅游区的合理划定与管理，使其既能够保护生态环境，又能提供独特的旅游体验。

2. 旅游者容量控制与分流

采取旅游者数量限制、分时预约等措施，避免旅游者过多导致的环境压力，确保生态环境不受损害。

（二）推动绿色技术和创新应用

在生态旅游中，可以引入绿色技术，如环保型建筑、节能设施、绿色交通工具等，减少旅游活动对生态环境的负面影响。同时，推动生态旅游产品的创新，如绿色

消费、生态旅游体验、生态农场游等，满足旅游者的多元需求，并推动绿色经济的发展。

（三）提升生态旅游的教育功能

生态旅游不仅是休闲娱乐的方式，更应成为环保教育的重要载体。通过环保教育项目、生态知识讲解、互动体验等形式，提升旅游者的环保意识，让他们在旅游中理解生态文明的核心理念，进而积极参与到生态保护活动中。因此，生态旅游能提升旅游者的环境责任感，成为传播生态文明的重要渠道。

（四）鼓励地方社区的参与和共享

生态旅游的发展应当促进地方社区的共同参与和利益共享。通过发展生态旅游，当地社区不仅能够获得经济利益，还能提高居民的生态保护意识，促进当地居民成为生态保护的参与者和受益者。例如，鼓励当地居民参与民宿经营、手工艺品制作与销售、导游服务等，共享生态旅游的经济收益。

项目小结

本项目深入探讨了生态文明的内涵、意义以及中国在生态文明建设方面的实践与成就。本项目强调了生态旅游在推动环境保护、提升公众环保意识、促进绿色经济发展和传承文化中的重要作用，旨在培养学生的环保素养，增强学生对可持续发展的认识，并激励他们在未来的职业生涯中为推动生态文明建设做出贡献。

思考题

1. 生态文明的概念、内涵和特点是什么？生态文明发展经历了哪几个历程？
2. 为什么我国如此重视生态文明建设？请结合本项目内容和实际案例，讨论生态文明建设对国家和社会的长远影响。
3. 面对全球性的环境问题，如气候变化和生物多样性减少，为什么国际合作至关重要？请讨论全球合作在生态文明建设中的作用。
4. 生态旅游在生态文明建设中扮演什么角色？请分析生态旅游如何促进环境保护、经济发展和社会进步。
5. 中国在生态文明建设方面有哪些成就和经验可以与世界分享？请讨论如何通过国际传播提升中国在全球环境治理中的影响力。

项目三 认识生态旅游资源

项目导读

本项目旨在深入理解生态旅游资源的概念、内涵与特点，引导学生熟悉生态旅游资源的形成因素，理解生态旅游资源在生态旅游中的地位和重要性。通过本项目的学习，学生能够掌握生态旅游资源的分类方法，并了解中国不同生态旅游片区的特点和发展方向。

学习目标

知识目标	1. 理解生态旅游资源的概念和内涵； 2. 掌握生态旅游资源的特点； 3. 了解生态旅游资源的形成因素，认识生态旅游资源的重要性； 4. 掌握生态旅游资源的分类方法。
能力目标	1. 能够根据生态旅游资源的特点和属性进行分类； 2. 能够分析不同生态旅游资源的形成因素和区域特色； 3. 理解不同生态旅游片区的发展方向，为生态旅游资源的合理开发和利用提供建议。
素养目标	1. 增强对生态旅游资源保护的重要性的认识； 2. 理解生态旅游资源中的人文景观对文化传承的价值； 3. 认识到生态旅游资源的合理开发对于地方经济和环境的双重效益。

案例引入

生态好底色涵养大美青海好“气色”

地处世界屋脊，坐拥三江之源，独特的地域环境孕育出青海独有的自然奇观与地质风貌，使其成为全国乃至全球至关重要的生态屏障，享有“中华水塔”的美誉。

青海与生态的相互成就，让冰川雪峰、森林草甸、湖泊湿地与野生动物在此和谐共生，这些冠绝华夏的生态瑰宝共同托举“山宗水源·大美青海”的盛名。

青海是中国版图上的一方生态要地，冰雪融水成股向远，众多河流在大地上纵横交错，因孕育发源了长江、黄河、澜沧江而变得更加壮阔。

三江源是青海的生态名片，也为青海打造国际生态旅游目的地扬起了声名。而今，三江源成为中国首批、全国最大的国家公园，世界自然遗产地可可西里为藏羚羊等野生动物栖息生存提供了良好的环境。人们因向往三江源而来到青海，青海也正在重点打造三江源、青海湖、祁连山、清清黄河等世界级生态旅游资源品牌。

位居“中国最美五大湖泊”之首的青海湖，在一次次战略“红利”叠加释放中，实现迭代升级，如今正以创建国家公园为契机统筹国际生态旅游目的地青海湖示范区建设。地处青海湖畔，海北藏族自治州海晏县依托丰富的绿色资源，在生态环境高水平保护和高质量发展的平衡中“破题”，从顶层布局发力，围绕资源特色，做好生态保护的“加法”和改革发展的“乘法”，因地制宜建立联农带农机制，让老百姓切实享受发展成果并从中受益。

海东市互助土族自治县东和乡麻吉村油嘴湾生态文化景区，把生态优势转化为发展优势，漫山的花海迎来一拨又一拨游客，“花海经济”也带动着村民们在家门口致富，成为第三产业的从业者。从油嘴湾“花海”看向全省，这些年，“追花游”成为青海生态旅游的一种主打方式。每年春天，从贵德梨花到化隆杏花再到民和桃花，文旅经济一路生“花”，以生态观光为主的乡村旅游产业蓬勃发展，挖掘“土特产”的生态内涵和文旅价值，养殖业不断升级，种植业更加多元，生态＋文旅＋农牧契合出发展的最大“公约数”。

从烂漫春花到炫彩夏花再到冷峻“雪花”，位于海北藏族自治州门源回族自治县境内的岗什卡雪峰成为青海生态旅游中新晋的网红打卡地，“冰雪”旅游让冷产业有了“热度”。

综观一切，正是生态为文旅产业发展造就了机遇。

今天的青海，实施“山宗水源·大美青海”文化旅游品牌提升行动，打造高原湖泊、盐湖风光、草原花海等生态旅游打卡地，开发高原康养、生态研学、自然教育等特色旅游线路和产品，打造国际生态旅游目的地，正以生态好底色涵养大美青海好“气色”。

资料来源：宋明慧．生态好底色涵养大美青海好“气色”．青海日报，2025－05－19.

思考：

1. 哪些资源可以成为生态旅游资源？
2. 生态旅游资源形成因素和区域特色有哪些？

任务一　了解生态旅游资源

一、生态旅游资源的概念与特点

（一）生态旅游资源的概念

生态旅游资源，通俗来说是指在生态旅游活动中，可以吸引旅游者并且具备生态、环境和文化价值的自然资源和人文资源的总和。这些资源通常具有独特的生态、景观、文化和生物多样性特征，能够为旅游者提供教育、娱乐和体验机会，同时又能得到有效保护，避免因过度开发而破坏生态环境。生态旅游资源既包括自然景观，也包括与之相关的人文资源，二者相辅相成，共同构成了生态旅游的核心内容。

了解生态旅游资源

本书认为吴章文等人在《生态旅游学》（2015）中对生态旅游资源所下的定义根据旅游资源的概念并结合了生态旅游的特性，是比较科学的定义：生态旅游资源是以生态旅游环境为基础、以生态旅游景观为主体，能够对旅游者产生吸引力，为旅游业所利用并产生效益的各种物质和因素的总和。

（二）生态旅游资源的特点

生态旅游资源是生态旅游开发的基石，是吸引旅游者的客体。生态旅游资源具有原生性、脆弱性、综合性、系统性、季节性和不可移植性等特征。

1. 原生性

原生性是生态旅游资源最为重要的特征之一，它指的是这些资源源自自然，不受人为干预或影响，保持了自然的状态。例如，原生森林、未被开发的山地、原始草原、荒漠、戈壁、自然海滩等，都是自然界经过漫长的演化过程形成的自然景观。这些景观不仅具有原始的美感，还能够为旅游者提供最纯粹、最贴近自然的体验。原生性体现了生态旅游资源的独特性，它们能够吸引旅游者来到这些地方，享受远离现代化喧嚣的自然宁静，并感受到地球上尚未被过度开发的原始生态之美。因此，原生性的生态旅游资源对人类而言，具有不可替代的文化和生态价值，是现代生态旅游的核心吸引力之一。

2. 脆弱性

脆弱性是指生态旅游资源的承载能力有限，它强调这些资源在承受外界干扰和旅游活动压力时具有较低的耐受性。每一片自然景观、每一个生态系统都有其内在的生态平衡，当外界活动（如旅游者的过度进入、开发建设、环境污染等）超过其自然承载能力时，生态旅游资源就可能会遭受破坏，导致生态环境退化。例如，过度的旅游者流量可能会破坏湿地生态，砍伐森林资源，或污染水源，甚至改变某些动植物的栖息环境。生态旅游资源的脆弱性意味着，旅游开发者和管理者需要非常谨慎地进行规划和管理，了解这些资源的生态容量和承载限度，采取适当的措施，确保生态环境的保护不被忽视，防止不可逆的生态损害。因此，合理的资源开发和环境保护是生态旅游成功的关键。

3. 综合性

综合性是指生态旅游资源是由多个自然因子相互交织、相互作用形成的一个复杂的整体。生态系统包括地形、地貌、气候、植被、水文条件、动物种类等多重因素，它们之间相互联系、共同作用，形成了一个有机的自然环境。例如，一片森林的生态旅游资源不仅包括森林中的树木和植被，还包括其中的水源、动物、气候、土壤，甚至是地形地貌。旅游者在体验生态旅游时，往往是感受到自然景观和生态系统的整体美，而非仅仅感知单一的自然景观元素。例如，在一个自然保护区中，旅游者不仅可以看到独特的植物，还可以观察到生活在其中的动物，体验到特定气候和水文条件对生态的影响。综合性使得旅游者对生态旅游资源的体验更加丰富、立体，也增加了旅游者对自然环境保护的深刻理解。

4. 系统性

系统性是指生态旅游资源的各个组成部分之间存在着相互依存、相互联系的关系，它们共同组成一个有机的、相互作用的系统。生态系统内部的元素（如植物、动物、土壤、水源等）通过物质循环、能量流动和信息交流，保持着生态平衡。旅游者作为外来者的一部分，他们的活动和行为也会在一定程度上影响这个生态系统的平衡。因此，生态旅游不仅仅是旅游者与单一景点的互动，而是旅游者参与到一个复杂的生态系统中，旅游者的行为可能会对生态系统产生影响，同时，生态系统的健康也会反过来影响旅游者的体验。例如，在一个自然保护区，旅游者的行为（如喂食野生动物、破坏植被、过度开采自然资源等）可能会直接干扰生态系统的正常运作。系统性提醒我们，在开发和利用生态旅游资源时，必须考虑到各个自然因子之间的关系与相互依赖，采取全面的保护措施，确保生态系统的稳定性。

5. 季节性

季节性是生态旅游资源的一个重要特征，指的是随着四季变化，生态资源的景观和生态状态会发生明显的变化。季节变化不仅影响植物的生长周期，还决定了动物的迁徙、繁殖和觅食模式。在不同季节的生态旅游中，旅游者的体验也大不相同。例如，在春天，旅游者可以欣赏到花卉盛开和草木复苏的景象；夏季适合进行水上活动，如观瀑布、漂流；秋季则是赏红叶、体验丰收季节的最佳时机；冬季适合滑雪、观赏雪景或泡温泉。季节性使得生态旅游活动具有灵活性和变化性，能够满足不同旅游者在不同季节的需求。季节性还为生态旅游的可持续发展提供了依据，即每个季节的生态旅游资源都有其独特的保护和利用价值。管理者可以根据季节变化进行科学规划，避免资源的过度开发和旅游者的过度集中，从而实现生态旅游资源的可持续利用。

6. 不可移植性

不可移植性是指生态旅游资源的地域特征和民族特异性使得这些资源无法被简单地“移植”到其他地方。每一片生态景观或自然资源都有其独特的地理位置、气候条件、生态环境、物种种类等，这些都使得某地的生态资源无法在其他地方复制。例如，亚马逊雨林的生态环境和物种特征在地理和气候条件上是不可复制的，它们无法简单地被移植到其他地区。阿拉斯加的冰川景观、东南亚的热带雨林和澳大利亚的大堡礁，都因为其独特的地理和生态条件而无法在其他地方找到相同的替代资源。此外，特定地方的民族文化和生活方式也是不可复制的，某些生态旅游资源与当地居民的生活方式和传统文化紧密相连，成为生态旅游的一部分。不可移植性表明，生态旅游资源具有地域性和独特性，它们在地理空间和文化背景中的特殊性决定了其在全球范围内的唯一性和不可替代性。

二、生态旅游资源的形成

生态旅游资源的形成是一个自然和人文因素长期作用的结果。

（一）自然因素

1. 地质地貌

地质地貌是生态旅游资源最基础的自然要素之一，它决定了一个地区的自然景观特征。不同的地质活动和地貌类型，塑造了千姿百态的自然景观，也为生态旅游提供了丰富的视觉享受和探索机会。

（1）地壳运动与地质演化。

地壳运动、岩浆喷发、地震、风化等地质过程，造就了不同类型的地貌，如山脉、峡谷、洞穴，还包括火山、冰川、沙漠等。这些地貌不仅具有视觉震撼力，也为生物的栖息和繁衍提供了不同的生态环境。例如，黄山以其奇松、怪石、云海、温泉和冬雪“五绝”著称，是中国著名的地质公园，是亿万年地质变化的产物，吸引着成千上万的游客。张家界的石柱群和峡谷也是由复杂的地质过程所形成的，成为世界著名的生态旅游胜地。

（2）地貌特征与生态多样性。

不同的地貌类型不仅影响着自然景观的形成，还直接影响生态系统的建立和发展。例如，高山地带往往拥有丰富的植被和独特的动植物物种，而低洼地区则可能形成湿地生态系统，支持多样的鸟类和水生物种。美国的科罗拉多大峡谷，通过亿万年的风化作用，形成了层峦叠嶂的峡谷景观，成为游客和自然爱好者的重要目的地。

2. 气候条件

气候条件对生态旅游资源的形成和吸引力有重要影响。气候决定了一个地区的温度、降水、湿度、风力等，从而影响到植物和动物的分布、生态系统的类型及功能。不同的气候条件孕育了不同的生态系统和景观，如热带雨林、温带森林、寒带苔原等。

（1）温度与湿度。

气候的温湿条件直接影响植被类型的分布，进而影响生态系统的种类和多样性。热带雨林、沙漠、温带森林、寒带苔原等不同的生态系统，正是由不同气候区的温湿条件共同塑造的。例如，亚马逊雨林位于赤道附近，受热带气候影响，降水丰沛、温暖湿润，孕育了地球上最丰富的物种和生态环境。撒哈拉沙漠则是因干旱少雨的沙漠气候而形成，拥有独特的沙丘景观和耐旱的动植物。

（2）气候带与生物群落。

全球不同的气候带，孕育了各具特色的生物群落。例如，热带气候带下的森林和湿地，温带气候带下的草原和森林，寒带气候带下的苔原和冻土，都成为不同生态系统和生态旅游资源的发源地。我国的九寨沟，因受温带气候影响，形成了独特的森林、湖泊、瀑布等自然景观，四季特征分明，吸引着大量游客；我国海南岛的热带海洋性气候使其成为理想的滨海度假胜地，吸引了大量游客前往享受阳光、沙滩和海水。

3. 水文条件

水文条件包括降水、地表水体、地下水、湿地等因素，对生态旅游资源的形成至关重要。水源的丰富与分布直接影响植物的生长、动物的栖息以及生态环境的维持。

（1）河流与湖泊。

河流、湖泊等水体不仅在地貌上创造了丰富的景观，还滋养了多样的生态系统。水体在调节气候、补充水源、支持物种多样性等方面起着重要作用。例如，我国长江流域的丰富水系孕育了多样的水生生物，形成了重要的湿地生态系统，也成为生态旅游的重要资源。又如，九寨沟的五彩池以其绚丽的色彩和清澈的水质而闻名，是九寨沟风景名胜区的重要景点之一。

（2）湿地与水生生态。

湿地是水生生物栖息和繁殖的理想场所，也是生物多样性的重要组成部分。湿地的生态系统为生态旅游提供了丰富的观鸟、观赏动植物的机会。例如，美国的佛罗里达大沼泽，不仅是一个典型的湿地生态区，还拥有丰富的野生动植物，吸引了大量的生态旅游者。

（3）水文变化对季节性旅游的影响。

水文条件也影响到生态旅游活动的季节性。某些景区的最佳观赏季节，与水位的变化、瀑布的水流量、湖泊的水面变化等因素相关。例如，尼亚加拉瀑布的旅游资源便依赖于水流量的季节性变化，旅游者可以在不同季节体验不同的水景和生态活动。

4. 生物多样性

生物多样性是生态旅游资源的重要组成部分，包括动植物种类的多样性及相互作用。生物多样性不仅塑造了独特的自然景观，吸引了大量旅游者，还为科学研究和生态保护提供了重要资源。

（1）物种丰富性与生态系统。

一个地区的物种多样性反映了其生态系统的复杂性和健康程度。生物多样性高的地区，通常会有更多的生态旅游资源，吸引着生态爱好者、摄影师和科学研究者。例如，我国云南的西双版纳热带雨林保护区是中国生物多样性最丰富的地区之一，拥有大量珍稀动植物。东南亚的热带雨林，如马来西亚和印度尼西亚的森林，拥有全球最多的动植物种类，成为生态旅游的热土，旅游者不仅能观赏到丰富的植物群落，还能观赏到珍稀的野生动物。

（2）物种保护与生态教育。

生物多样性不仅为生态旅游提供了观赏价值，还具有教育意义。通过参观生态保护区、野生动物保护区等，旅游者能够学到有关物种保护、生态平衡等方面的知识。例如我国的大熊猫保护区，作为世界自然遗产，因其丰富的动植物物种和高生物多样性而成为生态旅游的重要目的地。

（3）生态系统服务功能。

生态系统的生物多样性为人类提供了大量的生态服务，包括净化空气、水源保护、碳储存、土壤保持等。这些服务功能不但有助于自然环境的健康发展，也为生态旅游资源的持续性提供保障。

（二）人文因素

人文因素在生态旅游资源的形成、发展和可持续利用中起着至关重要的作用。与自然因素相辅相成，人文因素不仅为生态旅游资源增添了文化内涵，还能促进地方经济、提升旅游体验、增强保护意识。

1. 历史文化资源

历史文化资源是指人类社会在长期发展过程中形成的具有历史、文化、艺术等价值的遗产。这些资源往往不仅具有独特的景观价值，还承载着丰富的历史文化意义。历史文化资源为生态旅游注入了深厚的人文背景，能够增加旅游者的文化体验感。

（1）古建筑与历史遗址。

许多历史文化资源通过古建筑、历史遗址的形式传承下来。这些历史遗迹为旅游者提供了了解历史、艺术和建筑技术的机会。例如，中国的长城、故宫、大明宫等，不仅因其独特的建筑风格和历史价值吸引旅游者，更因其承载的文化象征意义和历史记忆成为旅游目的地的核心吸引力。旅游者通过参观这些古建筑、历史遗址，不仅可以欣赏美丽的景观，还能深入了解历史的变迁和文化的传承。

（2）传统工艺与艺术。

许多生态旅游资源与当地的传统手工艺、艺术形式密切相关。这些工艺和艺术不仅展示了当地居民的智慧和创造力，还体现了人与自然和谐相处的关系。例如，贵州的苗族银饰、云南的民族刺绣、西藏的唐卡艺术等，都是具有浓郁地方特色的文化资源。旅游者不仅可以欣赏到这些精美的传统工艺，还能在旅游过程中了解其背后的文化和历史故事。

（3）民俗文化与节庆活动。

民俗文化与节庆活动是当地社区文化的重要体现，也为生态旅游增添了独特的体验。许多民族的节庆活动、传统仪式、歌舞表演等成为旅游者了解和体验地方文化的窗口。例如，西藏的雪顿节、贵州的苗年节、内蒙古的那达慕大会等，每年吸引着大量的旅游者前来观赏和参与，这些活动不仅展示了丰富的民族文化，还增进了旅游者对生态与文化保护的认识。

2. 社会经济

社会经济因素对生态旅游资源的开发与利用起着直接且重要的作用。当地的经济水平、居民收入、产业结构等社会经济因素直接影响着生态旅游的开发模式、旅游者流量以及旅游目的地的可持续性。此外，生态旅游也能促进地方经济的发展，带动就业和社会福利改善，从而推动社会整体的可持续发展。

（1）农业生态区与乡村旅游。

许多生态旅游资源位于农村或农业生态区，这些地区通常拥有丰富的自然资源和乡土文化。例如，浙江的乌镇，作为一个典型的水乡古镇，不仅以保存完好的古镇风貌吸引旅游者，还展示了深厚的水乡文化。旅游者可以在这里体验传统的农耕文化、手工艺制作、民俗表演等，感受宁静的乡村生活方式。乌镇通过开发乡村旅游，不仅促进了当地旅游业的发展，还带动了农业、手工业等相关产业的兴旺，改善了当地居民的经济状况。

（2）旅游业对地方经济的推动作用。

生态旅游往往成为地方经济的重要支柱，特别是在一些自然资源丰富但经济相对落后的地区。生态旅游通过吸引旅游者、推动消费、增加就业等途径，促进地区经济的发展。例如，云南的香格里拉，作为一个拥有独特自然景观和丰富民族文化的地区，吸引了大量国内外旅游者。香格里拉通过发展生态旅游，不仅提升了地区的知名度，还推动了当地基础设施建设、服务业和小型企业的发展。浙江的乌镇以其保存完好的古镇风貌和丰富的水乡文化吸引了大量旅游者，带动了当地经济的发展。

3. 社区参与

社区参与是生态旅游可持续发展的关键要素之一。当地社区的积极参与和合作，能够确保生态旅游资源得到有效保护，同时也能让当地居民受益于旅游带来的经济和社会效益。通过社区参与，不仅可以提高生态旅游的保护意识，还能促进生态旅游与当地文化的融合，确保其长期可持续发展。

（1）居民参与的意义。

当地社区在生态旅游开发中的参与，能够帮助旅游项目更好地与地方文化、自然环境相适应，避免过度开发和资源浪费。同时，社区的参与能够增强当地居民的环保意识，促使他们更加关注生态环境的保护和可持续利用。通过社区的积极参与，生态旅游的开发不仅能够保护自然资源，还能增强地方的文化认同感。

（2）利益共享与经济发展。

社区参与能够确保生态旅游收益合理分配，避免经济效益集中于外部开发商手中。当地居民通过参与旅游服务、经营小型商店、手工艺品制作等活动，直接受益于生态旅游的经济效益。同时，社区也可以通过参与管理、监督和保护等方式，确保旅游活动不对环境造成破坏，形成一种良性循环。

（3）教育与意识提升。

通过社区参与，生态旅游还能够提升居民的环境保护和文化保护意识。参与者通过与旅游者的互动，增加了对生态环境和传统文化的理解，能够更积极地参与到生态保护和文化传承的工作中。这种教育作用使得生态旅游不仅仅是一种经济活动，也成为一种文化和环境教育的途径。

三、生态旅游资源的重要性

（一）生态旅游资源是生态旅游的客体

按照系统论的观点，生态旅游是一个特殊的系统，该系统包括主体、客体、媒体、载体四个要素。生态旅游系统的主体是生态旅游者，客体是生态旅游资源，媒体是生态旅游业，载体是生态旅游环境。生态旅游资源作为生态旅游的客体，通过生态旅游环境这个载体与生态旅游业这个媒体相互联系，构成生态旅游这个有机整体。

（二）生态旅游资源是生态旅游开发的基础

生态旅游资源是随生态旅游活动而出现的概念，是生态旅游活动的直接对象。生态旅游资源既是吸引生态旅游者“回归大自然”的客体，又是生态旅游活动得以实施和生态旅游项目得以开发的物质基础。

（三）生态旅游资源的保护有助于维护生物多样性

生态旅游资源通常位于生物多样性丰富的区域，如森林、湿地、草原和海洋等生态系统。这些地区拥有大量珍稀动植物种类，对于保护全球生物多样性具有重要意义。生态旅游通过促进对这些资源的关注和保护，可以减少非法捕猎、砍伐森林和污染等行为，从而有助于物种的保存和生态系统的稳定。

（四）生态旅游资源的开发可以有效促进地方经济发展

生态旅游资源是可持续经济发展的关键支撑。通过合理开发和利用生态旅游资源，不仅可以带动旅游业本身的发展，还能促进地方经济、增加就业机会和改善居民收入。

一方面，生态旅游能够为当地提供大量就业机会，特别是在偏远的农村和生态敏感区。当地居民可以通过参与旅游服务、导游、手工艺品制作、农业生态旅游等方式获得收入。这些收入不仅有助于提高当地居民的生活水平，还能推动基础设施建设和社会福利改善。

另一方面，生态旅游能够带动相关产业的发展，如交通、餐饮、住宿、娱乐等行业，形成“旅游＋”的多元化产业链。此外，生态旅游也能推动当地的特色农产品和文化产品（如地方美食、手工艺品等）的开发和市场化，增强当地经济的韧性和多样性。

任务二　生态旅游资源的类型划分

生态旅游资源是生态旅游活动的基础，对其分类有助于更加科学地开发与管理资源，推动生态旅游的可持续发展。根据不同的分类标准，生态旅游资源可以进行不同的分类。

生态旅游资源的类型划分

一、生态旅游资源的常见分类方法

（一）生态旅游资源的生成机理

根据生态旅游资源的生成过程和形成机制，可以将其分为不同类型。这种分类方式关注的是资源如何在自然界中通过不同的物理、化学和生物作用而形成。

1. 自然形成的资源

这类资源是通过自然的地质、气候、生物等作用自发形成的，包括各类自然景观，如山脉、河流、森林、湿地、草原、湖泊、海洋等自然环境资源。此类资源通常具有较高的原始性和生态价值，如黄石公园的间歇泉、亚马逊热带雨林等。

2. 人为与自然共同作用的资源

这类资源的形成既包含自然因素的作用，也包括人类的干预。比如，农田景观、人工湿地、生态恢复区等。这些资源往往表现为人类与自然环境相互作用的产物，能够提供独特的生态旅游体验。例如，通过水土保持或退耕还林等手段恢复的生态环境，成为生态旅游的一部分。

（二）生态旅游资源的空间属性

生态旅游资源的空间属性也就是空间分布和区域特色，如不同地理区域的自然景观和人文景观，这些资源在空间上的分布和组合形成了独特的生态旅游目的地。2016年，我国国家发改委和国家旅游局印发的《全国生态旅游发展规划（2016—2025年）》，将全国生态旅游发展划分为八大片区。

1. 东北平原漫岗生态旅游片区

片区包括大小兴安岭、长白山、辽东丘陵森林，三江平原和东北平原湿地，东北平原西部草甸草原，大兴安岭森林草原等生态区域。

重点发展方向是依托森林、湿地、草原及冰雪旅游资源，打造集森林观光度假、冰雪运动休闲、界江界湖界山观光、民俗体验于一体，辐射东北亚的生态旅游片区。

2. 黄河中下游生态旅游片区

片区包括燕山、太行山、山东丘陵、秦巴山地森林，黄土高原农业与草原，汾渭盆地与华北平原农业植被等生态区域。

重点发展方向是依托黄河沿线自然风光与民俗风情、太行山、燕山、秦岭、冀北草原等生态旅游资源，打造兼具黄河与黄土高原观光、山地观光度假、森林湿地休闲、滨海休闲度假等功能的生态旅游片区。

3. 北方荒漠与草原生态旅游片区

片区包括内蒙古高原东中部典型草原与荒漠草原，内蒙古高原西部山地荒漠，阿尔泰山、天山山地森林草原，柴达木盆地、准噶尔盆地、塔里木盆地荒漠，祁连山森林与高寒草原，帕米尔-昆仑山-阿尔金山高寒荒漠草原等生态区域。

重点发展方向是依托山岳、草原、森林、绿洲、沙漠戈壁、峡谷及冰雪生态旅游资源，打造具有山岳与戈壁观光探险、草原观光休闲、绿洲度假、雪域体验、少数民族文化体验、户外运动探险等特色的生态旅游片区。

4. 青藏高原生态旅游片区

片区包括藏东-川西山地森林，藏东南热带雨林季雨林，青海江河源区、甘南、藏南高寒草甸草原，藏北高原高寒荒漠草原，阿里山地温性干旱荒漠等生态区域。

重点发展方向是依托青藏高原高大山脉、江河源区、高寒草原大体量自然生态资源和神秘多姿的人文生态资源，打造具有高原生态观光与休闲、户外运动、文化生态体验、冰川科考、峡谷探险等特色的生态旅游片区。

5. 长江上中游生态旅游片区

片区包括武陵-雪峰山与滇中北山地森林，湘赣丘陵山地森林，黔中部喀斯特森林，长江中游平原湿地与农业植被，三峡水库等生态区域。

重点发展方向是依托大江大河、湖泊湿地、山地森林、特色地貌景观及苗族、彝族、侗族、哈尼族、傣族等少数民族生态旅游资源，打造具有长江及其支流观光、喀斯特与丹霞地貌观光、亚热带森林观光、山岳与湖泊休闲避暑度假、长江流域民俗体验等特色的生态旅游片区。

6. 东部平原丘陵生态旅游片区

片区包括浙闽山地丘陵森林，天目山-怀玉山山地森林，长江三角洲湿地与城郊森林等生态区域。

重点发展方向是依托江河、湖泊、山岳、湿地、滨海等生态旅游资源，打造世界自然遗产观赏、江南水乡人文生态体验、江河湖泊湿地观光、滨湖滨海休闲运动等特色的生态旅游片区。

7. 珠江流域生态旅游片区

片区包括桂粤山地丘陵森林，桂粤南部热带季雨林与雨林，珠江三角洲丘陵森林与农业植被等生态区域。

重点发展方向是依托喀斯特地貌资源、岭南山岳资源、江河湖泊资源、温泉资源和壮族、苗族、瑶族等少数民族人文生态资源，利用毗邻港澳、东南亚的区位优势，打造具有山水观光、湖泊山岳休闲度假、健康养生、中越边关探秘、人文生态体验等特色的生态旅游片区。

8. 海洋海岛生态旅游片区

片区位于我国东部与南部，涵盖我国领海及管辖海域、海岛（含海南岛），包括渤海、黄海、东海、南海等，拥有红树林、珊瑚礁、海草床等多种典型海洋生态系统及大于500平方米的岛屿6 900多个。

重点发展方向是依托丰富的海洋海岛资源和海上丝绸之路文化资源，打造具有海上观光、海上运动、滨海休闲度假、热带动植物观光等特色的海洋海岛生态旅游片区。

（三）旅游资源的分类结构

根据《旅游资源分类、调查与评价》（GB/T 18972－2017），旅游资源的分类结构分为“主类”、“亚类”和“基本类型”三个层次，每个层次的旅游资源类型都有相应的英文字母代号，可以为生态旅游资源分类提供借鉴和参考。

1. 主类（8个）

地文景观（A）
水域景观（B）
生物景观（C）
天象与气候景观（D）
建筑与设施（E）
历史遗迹（F）
旅游购品（G）
人文活动（H）

2. 亚类（23个）

（1）地文景观。
自然景观综合体（AA）
地质与构造形迹（AB）
地表形态（AC）
自然标记与自然现象（AD）

（2）水域景观。

河系（BA）

湖泊（BB）

地下水（BC）

冰雪地（BD）

海面（BE）

（3）生物景观。

植被景观（CA）

野生动物栖息地（CB）

（4）天象与气候景观。

天象景观（DA）

天气与气候现象（DB）

（5）建筑与设施。

人文景观综合体（EA）

实用建筑与核心设施（EB）

景观与小品建筑（EC）

（6）历史遗迹。

物质类文化遗存（FA）

非物质类文化遗存（FB）

（7）旅游购品。

农业产品（GA）

工业产品（GB）

手工工艺品（GC）

（8）人文活动。

人事活动记录（HA）

岁时节令（HB）

3. 基本类型（110 个）

在亚类的基础上进一步细分为基本类型。

（1）地文景观。

自然景观综合体（AA）：山丘型景观（AAA），台地型景观（AAB），沟谷型景观（AAC），滩地型景观（AAD）。

地质与构造形迹（AB）：断层景观（ABA），褶曲景观（ABB），地层剖面（ABC），生物化石点（ABD）。

地表形态（AC）：台丘状地景（ACA），峰柱状地景（ACB），垄岗状地景（ACC），沟壑与洞穴（ACD），奇特与象形山石（ACE），岩土圈灾变遗迹（ACF）。

自然标记与自然现象（AD）：奇异自然现象（ADA），自然标志地（ADB），垂直自然地带（ADC）。

（2）水域景观。

河系（BA）：游憩河段（BAA），瀑布（BAB），古河道段落（BAC）。

湖沼（BB）：游憩湖区（BBA），潭池（BBB），湿地（BBC）。

地下水（BC）：泉（BCA），埋藏水体（BCB）。

冰雪地（BD）：积雪地（BDA），现代冰川（BDB）。

海面（BE）：游憩海域（BEA），涌潮与击浪现象（BEB），小型岛礁（BEC）。

（3）生物景观。

植被景观（CA）：林地（CAA），独树与丛树（CAB），草地（CAC），花卉地（CAD）。

野生动物栖息地（CB）：水生动物栖息地（CBA），陆地动物栖息地（CBB），鸟类栖息地（CBC），蝶类栖息地（CBD）。

（4）天象与气候景观。

天象景观（DA）：太空景象观赏地（DAA），地表光现象（DAB）。

天气与气候现象（DB）：云雾多发区（DBA），极端与特殊气候显示地（DBB），物候景象（DBC）。

（5）建筑与设施。

人文景观综合体（EA）：社会与商贸活动场所（EAA），军事遗址与古战场（EAB），教学科研实验场所（EAC），建设工程与生产地（EAD），文化活动场所（EAE），康体游乐休闲度假地（EAF），宗教与祭祀活动场所（EAG），交通运输场站（EAH），纪念地与纪念活动场所（EAI）。

实用建筑与核心设施（EB）：特色街区（EBA），特色屋舍（EBB），独立厅、室、馆（EBC），独立场、所（EBD），桥梁（EBE），渠道、运河段落（EBF），堤坝段落（EBG），港口、渡口与码头（EBH），洞窟（EBI），陵墓（EBJ），景观农田（EBK），景观牧场（EBL），景观林场（EBM），景观养殖场（EBN），特色店铺（EBO），特色市场（EBP）。

景观与小品建筑（EC）：形象标志物（ECA），观景点（ECB），亭、台、楼、阁（ECC），书画作（ECD），雕塑（ECE），碑碣、碑林、经幡（ECF），牌坊牌楼、影壁（ECG），门廊、廊道（ECH），塔形建筑（ECI），景观步道、甬路（ECJ），花草坪（ECK），水井（ECL），喷泉（ECM），堆石（ECN）。

（6）历史遗迹。

物质类文化遗存（FA）：建筑遗迹（FAA），可移动文物（FAB）。

非物质类文化遗存（FB）：民间文学艺术（FBA），地方习俗（FBB），传统服饰装饰（FBC），传统演艺（FBD），传统医药（FBE），传统体育赛事（FBF）。

（7）旅游购物。

农业产品（GA）：种植业产品与制品（GAA），林业产品与制品（GAB），畜牧业产品与制品（GAC），水产品与制品（GAD），养殖业产品与制品（GAE）。

工业产品（GB）：日用工业品（GBA），旅游装备产品（GBB）。

手工工艺品（GC）：文房用品（GCA），织品、染织（GCB），家具（GCC），陶瓷

(GCD)，金石雕刻、雕塑制品（GCE），金石器（GCF），纸艺与灯艺（GCG），画作(GCH)。

（8）人文活动。

人事活动记录（HA）：地方人物（HAA），地方事件（HAB）。

岁时节令（HB）：宗教活动与庙会（HBA），农时节日（HBB），现代节庆（HBC）。

二、我国生态旅游资源的类型划分

我国生态旅游资源赋存丰富，品类繁多。《国家生态旅游示范区建设与运营规范》(GB/T 26362－2010）中将生态旅游示范区分为以下 7 种：

（1）山地型。以山地环境为主而建设的生态旅游区，适于开展科考、登山、探险、攀岩、观光、漂流、滑雪等活动。

（2）森林型。以森林植被及其生境为主而建设的生态旅游区，适于开展科考、野营、度假、温泉、疗养、科普、徒步等活动。

（3）草原型。以草原植被及其生境为主而建设的生态旅游区，也包括草甸类型。这类区域适于开展体育娱乐、民族风情活动等。

（4）湿地型。以水生和陆栖生物及其生境共同形成的湿地为主而建设的生态旅游区，主要指内陆湿地和水域生态系统，也包括江河出海口。这类区域适于开展科考、观鸟、垂钓、水面活动等。

（5）海洋型。以海洋、海岸生物及其生境为主而建设的生态旅游区，包括海滨、海岛。这类区域适于开展海洋度假、海上运动、潜水观光活动等。

（6）沙漠戈壁型。以沙漠、戈壁或其生物及其生境为主而建设的生态旅游区。这类区域适于开展观光、探险和科考等活动。

（7）人文生态型。以突出的历史文化等特色形成的人文生态及其生境为主建设的生态旅游区。这类区域主要适于历史、文化、社会学、人类学等学科的综合研究，以及适当的特种旅游项目及活动。

参照上述分类方法，结合资源类型和旅游活动特点，本书将我国主要的生态旅游资源分为六大类型：森林生态旅游资源、湿地生态旅游资源、草原生态旅游资源、荒漠生态旅游资源、山地生态旅游资源、海洋生态旅游资源。从旅游产品开发角度，每一类生态旅游资源又可开发相应的生态观光旅游产品、生态运动旅游产品、生态休闲旅游产品、生态度假旅游产品、生态科考旅游产品、生态文化旅游产品、生态探险旅游产品等产品类型。每种资源类型的具体赏析与开发，本书后续章节将分别进行论述。

项目小结

本项目通过深入探讨生态旅游资源的概念、特点、形成过程及生态旅游资源在生态旅游中的重要性，使学生能够全面理解并掌握生态旅游资源的特点和分类，理解在保护生态环境的同时合理开发利用这些资源的重要性，为实现旅游业的可持续发展和环境保护培养专业技能和责任感。

思考题

1. 描述生态旅游资源的定义，并解释为什么原生性和脆弱性是生态旅游资源的核心特征。

2. 讨论生态旅游资源的季节性特征如何影响旅游规划和旅游者体验。

3. 举例说明自然因素和人文因素如何共同塑造特定的生态旅游资源。

4. 分析生态旅游资源在促进地方经济发展中的作用。

5. 生态旅游资源的分类方法有哪些?

6. 描述我国生态旅游资源的类型划分。

项目四 森林生态旅游资源

项目导读

本项目旨在深入探讨森林生态旅游的多个方面，包括森林的功能、森林生态旅游的定义与特点、森林生态旅游资源的分类，森林生态旅游的开发价值和特点以及我国森林资源的分布和代表性景观。此外，项目还介绍了国家森林公园的管理规定。通过本项目的学习，学生将能够全面了解森林生态旅游的理论与实践，为实际的森林旅游资源开发和管理提供指导。

学习目标

知识目标	1. 理解森林的生态、经济和社会功能，以及这些功能对全球生态平衡的重要性； 2. 掌握森林生态旅游的概念、特点和开发价值，以及如何通过生态旅游实现环境保护和经济发展的平衡； 3. 认识我国不同气候区域的森林景观类型和代表性森林生态景观，以及国家森林公园的管理规定。
能力目标	1. 能够分析和评估森林生态旅游资源的开发潜力和生态价值； 2. 能够设计和规划符合环境保护原则的森林生态旅游产品； 3. 能够运用森林生态旅游资源的知识，为森林旅游开发提供科学合理的建议和方案。
素养目标	1. 培养对森林生态系统保护的意识和责任感； 2. 提高对森林生态旅游资源多样性的欣赏能力和审美素养； 3. 增强环境保护和可持续发展的实践能力； 4. 培养跨学科综合运用知识解决实际问题的能力。

案例引入

10 年我国累计造林 9.6 亿亩，森林覆盖率提高至 24.02%
——美丽中国不断铺展崭新画卷

党的二十大报告指出："必须牢固树立和践行绿水青山就是金山银山的理念，站在人与自然和谐共生的高度谋划发展。""科学开展大规模国土绿化行动。"

党的十八大以来，各地区各部门认真贯彻落实习近平生态文明思想，牢固树立绿水青山就是金山银山的理念，持续开展大规模国土绿化行动。10 年来全国森林面积和蓄积量持续"双增长"，森林面积由 31.2 亿亩增加到 34.6 亿亩，森林蓄积量从 151.37 亿立方米增加到 194.93 亿立方米。绿色不断延展，美丽中国不断铺展崭新画卷。

春去秋来，十年树木。党的十八大以来，我国累计造林 9.6 亿亩、森林抚育 12.4 亿亩，森林覆盖率提高至 24.02%，为全球贡献了约 1/4 的新增绿化面积，成为全球森林资源增长最快最多的国家。我国人工林保存面积达 13.14 亿亩，居世界首位。

这 10 年，我国为什么能成为全球增绿最多的国家？

以重点工程为主要载体，大工程带动国土绿化大发展。全面实施天然林保护工程，全国所有天然林休养生息。退耕还林还草工程，两轮累计实施 5.2 亿亩，工程区森林覆盖率提高 4 个多百分点。10 年来，三北防护林体系建设第五期工程全面完成，营造林保存面积 7 906.8 万亩。10 年累计建成国家储备林 8 869 万亩，增加 4 亿立方米森林蓄积。一系列生态保护治理工程扎实推进，神州大地绿起来、美起来。

众人植树树成林。我国充分调动各方参与积极性，凝聚国土绿化的全民力量。义务植树尽责形式创新拓展为造林绿化、抚育管护、捐资捐物等八大类 50 多种，10 年累计 55.03 亿人次义务植树 216.86 亿株（含折算）。社会造林不断扩大，身边增绿深入开展。城乡绿化美化加快，人居环境显著改善。10 年来全国城市建成区绿化覆盖率由 39.22%提高到 42.06%，城市人均公园绿地面积由 11.8 平方米提高到 14.87 平方米，村庄绿化覆盖率达到 29%。共建共享绿色家园蔚然成风，走进森林、拥抱自然成为人民群众触手可及的生态福利。

中国式现代化是人与自然和谐共生的现代化。深入贯彻落实党的二十大精神，让我们在习近平生态文明思想的指引下，科学绿化国土，厚植美丽中国亮丽底色，共同建设人与自然和谐共生的美丽家园。

资料来源：顾仲阳，刘温馨. 10 年我国累计造林 9.6 亿亩，森林覆盖率提高至 24.02%：美丽中国不断铺展崭新画卷. 人民日报，2022-11-13.

思考：

1. 我国为什么要大规模植树造林？
2. 森林有什么功能？

任务一　认识森林生态旅游

森林及其功能

一、森林及其功能

森林是陆地上分布面积最大、组成结构最复杂、生物多样性最为丰富的生态系统，被誉为“大自然的总调节器”和“地球之肺”，维持着地球的生态平衡，是维护地球生态安全的重要保障。

森林的功能主要体现在生态功能、经济功能以及社会功能。

（一）森林的生态功能

（1）森林是土壤的绿色保护伞。在无林区冲走1厘米厚的土层需要3年，而在林区则需要8年。

（2）森林是良好的吸尘器。携带各种粉尘的气流遇到森林，风速就会降低，一部分尘粒降落地面，另一部分就被树叶上的绒毛、黏液和油脂等粘住。每公顷森林平均每年吸收粉尘50～80吨。

（3）森林是庞大的氧气制造厂。森林制造氧气的能力比草地、农田中的植物高数倍到数十倍。人类需要的氧气40%～60%来自森林，1公顷森林每天消耗约1吨二氧化碳，释放约0.73吨氧气，这些氧气可供1 000人使用一天，所以也称森林为天然氧吧。

（4）森林是绿色的隔音墙。噪声是一种严重危害人们身心健康的物理污染。森林对噪声有很强的吸收和消减作用。20～30米宽的林带可降低噪声10分贝；40米宽的林带可降低噪声15分贝。

（5）森林是强大的“吸毒”机。森林植物对二氧化硫均有一定的吸收能力，其中柳杉吸收能力尤为强大，1公顷柳杉每年可吸收0.72吨二氧化硫；垂柳、油茶等植物对氟化物、氯化物有较强的吸收能力。

（6）森林是大自然的调温仪。森林具有庞大的林冠层，在地表与大气之间形成一个绿色调温器，森林内冬暖夏凉，林区夏季气温比非林区低3～4摄氏度，冬季林区气温比非林区高1～2摄氏度。

（7）森林是天然的保健养生场。森林能产生对人体健康十分有利的负氧离子。一般的林子1立方厘米空气中至少有700个负氧离子，而松柏林可达数万个。

（二）森林的经济功能

森林能够提供丰富的林产品和副产品。同时，森林通过优化土地利用结构和资源配置，能够提高比较效益，促进经济发展。

（三）森林的社会功能

森林的社会功能极为复杂，影响面极广。它涵盖了社会经济发展的整个层面，以促进经济社会发展为目标，包括优化社会发展环境、改善人居环境、满足人们精神享受、成就生态文明等。此外，森林还具有游憩休闲的价值、自然防疫功用，对人体健康有一定保健作用。

二、森林生态旅游的开发价值和特点

森林生态旅游，是以森林生态系统和环境资源为依托、以环境保护为核心理念、以追求人与自然和社会的和谐统一为目标的一种生态旅游形式。森林生态旅游以欣赏森林自然景观、野生动植物以及相关的文化特色为对象，以生态环境保护为原则，以具有观赏性和可进入性的森林生态系统作为旅游目的地，对森林的景观、物种、生态环境、历史文化等进行了解和观察，在满足旅游者求新、求知、求美、猎奇、探险、休闲、娱乐、健身等多种需求的同时，让旅游者增进科学知识、提升环保意识。

（一）森林生态旅游的开发价值

森林具有众多生态功能，森林生态旅游的开发价值日益为人们所重视。森林的美景能给人美的享受，陶冶人的情操；森林富含的负离子能使人消除疲劳，促进新陈代谢，提高人体免疫能力，一些植物散发的芬芳和气味能够杀菌和治疗某些人体疾病；森林中千姿百态的景物可以激发人的想象力和创造力；森林中蕴含的大自然奥秘能够激发人更深层次地认识生命的价值、热爱自然、树立环境保护意识，是回归大自然的理想场所。

（二）森林生态旅游的特点

1. 森林生态旅游季节性强

森林生态旅游受季节影响较强，随季节不同而表现为不同的景观特征。如北方观赏红叶要在 10 月份左右，赏林海雪原要在冬季大雪之后，旅游良机不能贮存。

2. 森林生态旅游对资源的依赖性强

由于森林资源分布的限制，森林生态旅游具有一定的空间局限性，主要在林区开展，对森林资源具有较强的依赖性。森林资源规模的大小和丰富程度，直接影响着森林生态旅游市场规模的大小；森林资源的类型决定着森林生态旅游的类型与旅游产品设计；森林资源的质量决定着森林生态旅游的发展前景。

3. 森林生态旅游是一种体验型旅游

虽然人们也在森林中游览、观光，但观赏要求不同于传统大众旅游，更注重在观赏的同时能够融入大自然，呼吸新鲜空气，放松心情等，更关注与环境的融合及心灵上获得的享受，因此森林生态旅游是一种体验型旅游。

4. 森林生态旅游是一种康体健身型旅游

森林生态旅游与其他旅游类型不同的是，森林环境本身就具备健身的功效，主要表现在有些森林植物能分泌杀菌物质，杀死多种细菌；森林植物能吸收有害气体和吸附空气中的尘埃；森林空气中氧气含量高，空气中含有较多的负离子，能改善人体神经功能，促进新陈代谢，可使血压和心率下降，使人感到心旷神怡、精神振奋，并且还能增强人体的免疫功能。因此，森林生态旅游是一种康体健身型旅游。

三、森林生态旅游资源

森林生态旅游资源根据分类标准不同，可以进行不同的分类。例如，根据森林发展的历史，可将森林生态景观分为原始森林景观、次生林景观和人工林景观。原始森林景观未经人类干预、破坏，林龄大、群落结构稳定，在我国东北、西南、西藏有一定面积的分布，其他地区仅有零星保留。原始森林展示的是最自然的原生态景观，科学研究、自然保护、旅游开发的价值极高。次生林景观是指森林生态系统已受人为干预破坏，经天然更新形成的森林景观。它的结构较不稳定，组成较杂，科研和景观价值较高，我国森林多为此类型。人工林景观是以人工造林而形成的森林，多为组成简单的纯林。人工林遍布全国，因离城市近，常有人文景观作依附，易于开发，有一定的景观价值。

本书将森林生态旅游资源分为森林景观资源和森林环境资源两大类。

根据国家标准《中国森林公园风景资源质量等级评定》（GB/T 18005－1999），森林景观资源类型可分为：

（1）地文资源。包括典型地质构造、标准地层剖面、生物化石点、自然灾变遗迹、名山、火山熔岩景观、蚀余景观、奇特与象形山石、沙（砾石）地、沙（砾石）滩、岛屿、洞穴及其他地文景观。

（2）水文资源。包括风景河段、漂流河段、湖泊、瀑布、泉、冰川及其他水文景观。

（3）生物资源。包括各种自然或人工栽植的森林、草原、草甸、古树名木、奇花异草等植物景观；野生或人工培育的动物及其他生物资源和景观。

（4）人文资源。包括历史古迹、古今建筑、社会风情、地方产品及其他人文景观。

（5）天象资源。包括雪景、雨景、云海、朝晖、夕阳、佛光、蜃景、极光、雾凇及其他天象景观。

森林环境资源主要包括空气负离子、环境空气、空气微生物等。

专栏 4－1

森林生态环境资源的代表——空气负离子

森林生态环境资源包括空气负离子、环境空气、地表水环境、空气微生物等，其中最具代表性的就是空气负离子资源。那么，空气负离子究竟是什么？

自然状态下，空气分子的极性呈中性，但在宇宙射线、紫外线等外界能量的作用下，部分空气分子会发生电离，形成带正电荷或带负电荷的空气微粒。理论上讲，存在于自然界的负离子与正离子是等量的，但研究发现，清洁环境中的空气，正、负离子的浓度比值常大于1。当空气遭到污染时，就产生了病毒、细菌、有害物质、有害气体及含有多种成分的尘埃，它们都带正电荷。正离子的增加会导致正、负离子比例失调，这种变化会令人感到身体不适，甚至导致头昏、头痛、恶心、呕吐、情绪不安、呼吸困难、工作效率下降等。就像万物生长离不开阳光、空气和水一样，人类健康同样离不开负离子。空气负离子具有杀菌、降尘、给人体补氧补电等多种功效，且能利用其带电功能，将空气中悬浮的污染物、细菌、微生物等吸附捕获，从而使得空气变得清洁。因此，空气负离子含量越高，空气就越清洁。正因为这些神奇的功效，空气负离子有“空气清洁剂”的美称，也被誉为“空气维生素”，是森林型生态旅游资源中的“精灵”。

学术界普遍认为，自然界中有三种情况可以形成空气负离子：一是大气受宇宙射线、紫外线、雷雨、风暴、土壤等因素的影响发生电离，释放出的电子和空气中的中性分子结合而成为空气负离子；二是瀑布冲击、细浪推卷等自然过程中，水在重力作用下高速流动，水分子裂解而产生负离子；三是绿色植物光合作用形成的光电效应产生负离子。

医学研究证明，人体对空气负离子浓度的要求为：当空气负离子浓度为每立方厘米10 000个以上时，就能起到防病治病的效果（发达国家的生态医院就是以负离子浓度为标准建立）；空气负离子浓度为每立方厘米400～1 000个时，可以维护人体健康的基本需要；空气负离子浓度低于每立方厘米200个时，只能维持生理健康边缘，可能引起亚健康；当空气负离子浓度低于每立方厘米50个时，就会诱发生理障碍等疾病。高含量的负离子及森林中所散发的植物精气具有强大的医疗和保健功能，起到洗肺、改善心肌功能、镇静自律神经、杀菌、激活人体内多种酶等作用。

根据吴楚材教授团队在湖南多种森林类型中的监测结果，纯林中的空气负离子水平在每立方厘米900～2 000个，阔叶林中的浓度为每立方厘米1 161个，针叶林中的浓度更高，达到每立方厘米1 507个。也就是说，一般森林中的空气负离子水平都要高于人类正常生理需求的水平。

研究表明，森林、海滨、高山、瀑布、喷泉周围的负离子浓度最高，森林覆盖率越高，负离子含量越高，森林中的空气负离子浓度随着温度的升高而降低，随着相对湿度的升高而增加。另外，森林中的瀑布、溪流、湖泊等水体，尤其是动态水体对空气负离子水平具有协同、增进作用。在开发利用水体空气负离子旅游资源时，应多开发动态水体的综合功能。

此外，研究表明，一天中，森林中的负离子浓度呈现两个波峰，分别是在22—24时和7—9时，另外，19—21时也相对较高，而15—17时出现最低值。一年中，夏、秋季节的空气负离子浓度高于冬、春两季，且夏季最高，冬季最低。

资料来源：潘春芳．解码“森林氧吧”中的空气负离子．中国绿色时报，2015（6）.

任务二　我国森林资源的分布和代表性森林景观

一、我国森林资源的分布

我国幅员辽阔，地形复杂，气候差异大，动植物种类繁多，不同的环境条件及不同的生物组成构成了不同的生态系统，森林景观类型也因此具有显著的差异性，类型丰富。按照植物地理学及森林生态学原理，以大的气候带为标准，我国的森林资源可以划分为下述几个景观区域。

我国森林资源的分布

（一）寒温带针叶林景观区

分布于黑龙江、内蒙古北部、大兴安岭北部，海拔多在700～1 100米，地貌呈老年期特征，河谷开阔，山势和缓，气候条件较为寒冷、恶劣，植物种类少。代表性植被生态景观是以兴安落叶松为主构成的明亮针叶林，林内结构简单，仅乔木、草本层。

（二）温带针阔叶混交林景观区

分布于黑龙江大部、吉林东部及辽宁北部的广阔山地，具有海洋型温带季风气候特征，植物种类较多，有植物 1 900 余种，典型的森林植被是以红松为主构成的温带针阔叶混交林，主要树种还有沙松、紫杉、长白落叶松、紫椴、枫桦、水曲柳、毛榛子等，群落结构简单，层次少。这是我国主要林区，自然生态环境保护较好，保留有较大面积的原始森林和原始次生林，具有高质量的森林生态景观和较高的生态旅游开发价值。

（三）暖温带落叶阔叶林景观区

分布于辽宁、河北、山东、山西大部，河南北部，陕西中部，甘肃南部，江苏、安徽北部。森林主要分布于山地和丘陵地区，主要建群种是栎属落叶树和油松，其他还有椴、杨、柳、榆等树种。此区因人为干扰，多为次生林景观。此区气候四季分明，森林群落季相特别显著，春季百花争艳，夏日碧绿苍翠，秋天层林尽染，冬季万木萧疏。如河南嵩山国家森林公园、山东刘公岛国家森林公园、山西太岳山国家森林公园属于此类型。

（四）亚热带常绿阔叶林景观区

分布于江苏、安徽大部，河南、陕西南部，四川东南、云南大部，贵州、湖南、湖北、江西、浙江、福建等省及广东、广西大部，台湾北部等地，是我国最大的植被区域。常绿阔叶林为代表性森林景观，植物种类非常丰富，生态结构异常复杂，层次多，一般都有藤本和附生植物，山地阴坡和迎风面的树干附生苔藓。此区多为次生林景观，原始森林在一些偏远山区有零星保留。如浙江千岛湖国家森林公园、四川都江堰国家森林公园、湖南蟒山国家森林公园为此景观类型。

（五）热带季雨林、雨林景观区

热带雨林分布于我国台湾、广东、广西、云南的南部和海南省。此区自然条件复杂，降雨充沛，植被类型多样化，具有代表性的是热带雨林和季雨林。热带雨林分布的面积不大，但它是我国森林植被中种类最丰富的类型，生态系统构成也最为复杂。热带季雨林分布在广东湛江、化州、高州、阳江以南及云南海拔 1 000 米以下干热河谷。此区干湿季明显，种群以耐旱阳性热带落叶树为主，具有明显的季节性变化。如海南尖峰岭国家森林公园就属于此类型。

（六）青藏高原高寒植被景观区

分布于西藏大部，青海南部，四川西部，云南西北部和新疆、甘肃部分地区。此区主要由高山、山塬、湖盆、谷地组成，重峦叠嶂，高耸入云，海拔多在 2 000 米以上，往往在同一座高山上，分布有常绿阔叶林、落叶阔叶林、针阔叶混交林和暗针叶林，甚至高山灌丛、高山草甸。森林景观类型丰富，一座高山浓缩了从亚热带到寒带的森林景观类型，生态系统结构也极其复杂。此区保留有较大面积的原始森林，也是我国少数民族主要的聚居地，具有民族文化特色，生态旅游价值极高。

二、我国代表性森林景观

（一）新疆天山雪岭云杉林

我国代表性森林景观

雪岭云杉林在我国分布于新疆天山南北坡、昆仑山西部、准噶尔西部山地，东西绵延 1 800 公里，向西延伸到吉尔吉斯斯坦的天山与阿赖山，是中亚荒漠带最主要的山地常绿针叶林。在天山北坡，雪岭云杉林分布于海拔 1 500～2 800 米的中低山-亚高山，构成了断断续续连绵千里的山地森林垂直带。在带内，森林与山地草甸、草原、灌丛交错分布。

（二）吉林长白山红松阔叶混交林

红松阔叶混交林集中分布在小兴安岭、完达山、太平岭地区，是黑龙江省中温带湿润地区地带性植被类型。针叶树种以红松为主，并混有多种阔叶树，常见的有紫椴、青楷槭、花楷槭、蒙古栎、白牛槭、拧筋槭、花曲柳、刺楸、千金鹅耳枥等。下木有毛榛子、胡枝子、杜鹃。小兴安岭红松阔叶混交林，树种组成单一，东部山地红松阔叶混交林树种组成繁多。

（三）海南尖峰岭热带雨林

尖峰岭国家森林公园是我国第一个热带雨林国家公园，拥有我国现存面积最大、保存最好的热带原始森林。尖峰岭的热带雨林植被类型齐全且成系列，野生物种丰富，既有 2 亿多年前与恐龙同时代的活化石植物——树蕨，又有 20 余种罕见的国家级保护动物，自然生态景观原生、纯朴、雄伟、神奇。

（四）西藏波密岗乡林芝云杉林

林芝云杉林位于林芝市波密县扎木镇以西 22 公里，总面积 4 600 公顷，其中森林面积 2 800 多公顷，森林覆盖率达 61%以上。1984 年被划为森林生态系统自然保护区。保护区内林木生长速度、持续生长期和单位蓄积量远远超过国内外其他同类林，尤以云杉最为突出。区内山高树密，古木参天，珍稀野生动物活动频繁，各类名贵中药材蕴藏丰富。保护区的山地海拔大多在 2 600～5 000 米，受印度洋西南季风影响，气候温和湿润。区内森林茂密，以云杉和冷杉为主组成的树干通直、高大的暗针叶林占优势，部分密林下还生长着密集的箭竹，难以通行。

（五）云南西双版纳热带雨林

西双版纳地处北回归线以南的热带北部边沿，热带季风气候，终年温暖、阳光充足、湿润多雨，是地球北回归线沙漠带上唯一的一块绿洲，是中国热带雨林、南亚热带常绿阔叶林、珍稀动植物种群生态系统保存最完整、最典型、面积最大的地区，也是当今地球上少有的动植物基因库，被誉为地球的一大自然奇观。

（六）新疆轮台胡杨林

新疆轮台县有世界上面积最大、分布最密、存活最好的“第三纪活化石”——40 余万亩的天然胡杨林。胡杨林是塔里木河流域典型的荒漠森林草甸植被类型，从上游河谷到下游河床均有分布。虽然胡杨林结构相对简单，但具有很强的地带性生态烙印。无论是朝霞映染还是身披夕阳，它在给人以神秘感的同时，也让人解读到生机与希望。

（七）贵州荔波的茂兰喀斯特森林

茂兰喀斯特森林是目前我国乃至世界上罕见的中亚热带喀斯特原生性较强的残存森林。该区是由森林和喀斯特地貌组合形成的生态系统，不仅为科学工作者的研究提供鲜活资料，而且给人以美的享受。由于地理位置特殊，气候温暖湿润以及喀斯特地质地貌影响，形成丰富多样的小生境，既有岩石裸露、气候变化大的石芽、崩塌的大石块干旱生境，也有土层相对深厚、营养元素丰富、有机质含量较高、气候变化小的石沟、石缝湿润肥沃生境；既有阳光充足的明亮生境，也有直射光难以到达的阴暗生境。小生境的多样性导致植物群落物种丰富及生态系统结构复杂。茂兰喀斯特森林在相当广泛的程度上超脱了喀斯特风景的固定程式，把千姿百态的山光水景、地下溶洞与碧绿的森林景色结合在一起，呈现出一幅完美的自然生态景观。

（八）大兴安岭北部的兴安落叶松林

大兴安岭北部的年降水量300～500毫米，气温低，蒸发弱，湿度大，适合森林生长，是我国唯一的寒温带落叶针叶林（落叶松）分布区。这里的植被有明显的垂直分带现象。海拔600米以下的谷地是含蒙古栎的兴安落叶松林。其他树种有黑桦、山杨、紫椴、水曲柳、黄檗等。林下灌木有二色胡枝子、榛子、毛榛等。海拔600～1 000米为杜鹃-兴安落叶松林，局部有樟子松林。林下灌丛有兴安杜鹃-杜香、越橘、笃斯越橘等。海拔1 100～1 350米为藓类-兴安落叶松林，有红皮云杉、岳桦等少量乔木树种。海拔1 350米以上的顶部为匍匐生长的偃松矮曲林，还有桦属植物和越橘，它们也都变成了高山型植物。

（九）四川蜀南竹海

蜀南竹海位于四川省宜宾市长宁县，海拔600～1 000米，以竹景为主要特色，兼有文物古迹风景名胜区。中心景区7万多亩楠竹遍布大小28座山峦、500多个山丘，竹林成片，茂密苍翠，郁郁葱葱，涛声阵阵。登高眺望，烟波浩渺，犹如绿色的海洋，甚为壮观，为国内外罕见。竹海气候宜人，年平均气温15.5摄氏度。林中溪流纵横，飞瀑高悬，湖泊如镜，泉水清澈甘冽，空气清新，郁香沁人，曲径通幽，把人引入一个神秘的世界。

任务三　我国国家森林公园的管理及开发

我国森林公园概况、类型、管理规定和规范标准

一、我国森林公园的概况和类型

（一）我国森林公园的概况

森林公园分为国家级森林公园，省级森林公园，市、县级森林公园三个等级。国家森林公园，是指森林景观特别优美，人文景物比较集中，观赏、科学、文化价值高，地理位置特殊，具有一定的区域代表性，旅游服务设施齐全，有较高的知名度，可供人们游览、休息或进行科学、

文化、教育活动的场所。

截至 2024 年 12 月，全国共建立森林公园 7 000 余处，其中，国家级森林公园 906 处。我国最早的国家森林公园是 1982 年建立的张家界国家森林公园。森林公园的建设不仅使我国一大批珍贵的自然资源和文化遗产得到有效保护，还有力地促进了国家生态建设和自然保护事业的发展。

近年来，国家不断加大森林生态资源保护和生态旅游开发投入，2022 年的统计数据显示，中央财政支持政策基本实现了对林草资源培育、生态保护修复、国家公园和野生动植物、重大改革等各领域的全覆盖。国家每年投入林草生态保护的资金由十年前的 600 多亿元增加到上千亿元。据相关统计，2024 年国家级森林公园接待游客量达到数十亿人次，其中近 1/3 的森林公园免费向公众开放，服务游客近 3 亿人次。

（二）我国森林公园的类型

我国森林公园种类繁多，根据不同的分类标准可以划分为不同的类型。

（1）按景观特色分类，可分为森林风景型森林公园、山水风景型森林公园、人文景观型森林公园、综合景观型森林公园等。

（2）按森林资源元素形态分类，可分为山岳型森林公园、湖泊和瀑布型森林公园、火山型森林公园、沙漠型森林公园、现代冰川与冰川遗迹型森林公园、海岛型森林公园、海滨型森林公园、溶洞型森林公园、温泉型森林公园、园林型森林公园、城郊型森林公园等。

（3）按主要旅游功能分类，可分为游览观光型森林公园、休闲度假型森林公园、游憩娱乐型森林公园、疗养保健型森林公园、露营探险型森林公园、科普教育型森林公园等。

（4）按旅游半径分类，可分为城市型森林公园、近郊型森林公园、郊野型森林公园、山野型森林公园等。

（5）按管理级别分类，可分为国家级森林公园，省级森林公园，市、县级森林公园。

二、我国国家森林公园的管理规定和规范标准

1994 年林业部发布了针对森林公园管理的《森林公园管理办法》（林业部令第 3 号），这是我国森林公园发展史上第一次以部门规章的形式明确了各林业主管部门对森林公园的管理职能，规定了森林公园管理机构依法享有对森林公园经营管理的职责和权利义务。此后，国家林业局又相继出台了《国家级森林公园管理办法》（国家林业局令第 27 号）、《国家级森林公园设立、撤销、合并、改变经营范围或者变更隶属关系审批管理办法》、《国家级森林公园监督检查办法》，以及有关征占用森林公园林地等政策与规定，为森林公园的规范管理提供了依据。

2019 年 6 月，中共中央办公厅、国务院办公厅印发了《关于建立以国家公园为主体的自然保护地体系的指导意见》。该意见指出，建立以国家公园为主体的自然保护地体系，是贯彻习近平生态文明思想的重大举措，是党的十九大提出的重大改革任务。为了贯彻落实《关于建立以国家公园为主体的自然保护地体系的指导意见》精神，加强自

然公园统一规范管理；为了推进《中华人民共和国标准化法》实施，完善林草标准化工作制度，2023年9月5日，自然资源部对涉及的部门规章进行了清理，决定废止以下部门规章：《森林公园管理办法》《林业标准化管理办法》《国家级森林公园设立、撤销、合并、改变经营范围或者变更隶属关系审批管理办法》《国家级森林公园管理办法》。

《中国森林公园风景资源质量等级评定》（GB/T 18005－1999）规定了我国森林公园风景资源质量等级评定的原则与方法，成为森林公园保护、开发、建设和管理的重要依据。

三、中国国家森林公园标志

为树立国家级森林公园形象，促进国家级森林公园规范化、标准化建设，国家林业局于2006年2月28日发出通知，决定启用“中国国家森林公园专用标志”，同时印发了《中国国家森林公园专用标志使用暂行办法》。中国国家森林公园专用标志为圆形，外圈为“中国国家森林公园”中、英文名称，内圈图案展现的是典型的春夏季森林景观（见图4－1）。透过高大的原始针叶林可以看到远处蓝天映衬下的皑皑雪山，雪山下是层峦叠嶂的苍翠青山、茂密的阔叶林和蜿蜒曲折的河流，充分展示了我国多样的森林类型和优美的森林自然风光；在林间自由飞翔的小鸟，不仅为森林增添了生机，也突出了和谐自然的良好森林生态环境。同时，弯曲的河流也可以看作是林间小路，欢迎和引导公众走进大森林、亲近大自然，体现了森林公园为公众提供生态游憩服务的宗旨。

中国国家森林公园标志、代表性国家森林公园

图4－1　中国国家森林公园专用标志

四、我国的代表性国家森林公园

（一）张家界国家森林公园

张家界国家森林公园位于湖南省张家界市境内，公园总面积48.1平方千米，与天子山、索溪峪自然保护区连成一体，共同构成武陵源风景名胜区。张家界的风光奇绝，素有“奇峰三千，秀水八百”之美誉，其间翠峰有3 800柱之多，相对高度100～300米。群山绿树覆盖，四季常青；峰石如人如兽，如器如物，形象逼真，气势壮观。峰间溪流潺潺，峡谷幽深，浓荫蔽日。春天山花烂漫，万象更新；夏天林茂树密，凉风习习；秋日天高气爽，遍山红叶；冬天冰雪覆盖，银装素裹。张家界国家森林公园是高山盆地地形，植被丰富，小气候明显，空气中的含尘量较外界减少80%，细菌含量减少

97%，空气负离子浓度是城市的500倍，是理想的生态旅游乐园。张家界国家森林公园野生动植物资源十分丰富，森林覆盖率达98%，木本植物达102科、751种，其中属于国家一级保护的珍稀树木就有7种。公园内鸟类有47种，兽种有28种，其中属于国家保护的珍稀动物有12种，因而被誉为“天然动植物园”。张家界国家森林公园现已开放四大景区，6条游览线，130多处精华景点，其中黄石寨、金鞭溪、袁家界被推介为国际黄金游览线。

（二）海螺沟冰川国家森林公园

海螺沟冰川国家森林公园是中国第一个冰川森林公园，位于四川省甘孜藏族自治州泸定县境内，是中国规模最大的冰川公园，也是亚洲东部海拔最低的冰川公园。海螺沟冰川国家森林公园的旅游资源有三大特色：一是海螺沟身处山脚，在阳光照耀下，远望终年积雪不化的贡嘎雪山，气势恢宏，光芒万丈，瑰丽辉煌。二是海螺沟冰川在国内同纬度冰川中海拔最低，最低点为海拔2 850米，冰川舌伸入原始森林6 000米，冰川与森林共生。海螺沟冰川是现代冰川，形成于1 600年前。沟内有一宽1 000多米的大冰瀑布，直落1 080米，举世无双。冰雪崩时，蓝光闪烁，雪雾漫天，倾泻而下，声动如雷，1 000～2 000米外亦能听见，一次崩塌量达数百万立方米，堪称自然界一大奇观。三是在这冰川世界里，有温泉点数十处，游人可在冰川上洗温泉浴，水温在40摄氏度至80摄氏度之间，其中更有一股水温高达90摄氏度的沸泉，冷热集于一地。

（三）太白山国家森林公园

太白山国家森林公园位于秦岭主峰太白山北麓的宝鸡市境内，公园面积2 949公顷，森林覆盖率达94.3%。公园以森林景观为主体，苍山奇峰为骨架，清溪碧潭为脉络，文物古迹点缀其间，自然景观与人文景观浑然一体，是中国西部不可多得的自然风光旅游区，被誉为“中国西部的一颗绿色明珠”。公园包括10个景区、180多个景点，海拔高度从620米到3 511米，是中国海拔最高的国家森林公园。公园内生物种类繁多，资源丰富，起源古老，是天然的物种基因库，有种子植物、苔藓植物1 850余种，森林动物、昆虫1 690多种，并有国家保护树种和濒危保护植物26种，珍稀保护动物9种。

（四）神农架国家森林公园

神农架国家森林公园位于湖北省西北部，是以原始森林风光为背景，以神农氏传说和纯朴的山林文化为内涵，集奇树、奇花、奇洞、奇峰与山民奇风异俗于一体，以猎奇探秘为主题的原始生态旅游区。景区内林海茫茫，物华地灵，美不胜收，尤以“雄、秀、幽、野”为特色而生美感。公园有高等维管束植物199科、872属、3 183种，真菌、地衣共927种，其中国家重点保护植物有76种，以“天然药园”驰名中外。神农架现有脊椎动物493种，占湖北省脊椎动物总种数的57.5%。神农架蕴藏着丰富的昆虫资源，计有28目、157科、4 143种，有国家重点保护野生动物73种。神农架国家森林公园作为湖北省三峡线、三国线两条重点旅游线路的联结点和最终旅游目的地，以及大武汉旅游圈和大鄂西绿色旅游圈的过渡地带，具有其他旅游区不可替代的优势地位。

（五）宝天曼国家森林公园

宝天曼国家森林公园位于伏牛山腹地，是河南省南阳市内乡、南召两县的交界山，总面积120余平方千米，主峰海拔1 830米。这里处于北亚热带向南温暖带过渡地段，属于我国南北气候的分界线和南北植物的交错区。区内山高林密，地貌复杂，生态多样，具有良好的森林生态系统，是我国过渡地带的森林生态、生物群种分布结构和演替，以及林学、环保、旅游、气象等科学研究基地。公园森林覆盖率达90%以上，莽莽林海中汇集了十分丰富的动植物资源，保存了大量的天然原始次生植物和生物群落。景区山高水长，水质清纯，没有污染，气候适中，四季分明，环抱的群峰形成的天然屏障，既阻挡了西北寒流的侵入，又截留了亚热带的温暖气流，构成了特殊的小气候，冬季不太寒，夏日清爽，年平均气温14.6℃，夏季的平均气温要比附近地带低5～10℃，且空气清新，环境优美，是疗养度假和消夏避暑的胜地。

任务四　森林生态旅游产品设计

一、森林观光旅游产品

森林生态旅游产品设计

森林观光旅游产品是以满足度假者对森林景观的美学欣赏愿望为目的而开发设计的旅游产品，可分为自然景观和人工营造景观观光产品。自然景观开发可选取景色优美或有特点的若干景观，开辟道路，引导旅游者前往观赏，并修建休憩设施，形成景点；人工营造景观可以设计景观林观赏园、花卉观赏园、野生动物园、人造瀑布、人造喷泉等人工营造的观光产品。

二、森林保健休闲旅游产品

森林保健休闲旅游产品是在森林生态旅游开发中融入养生保健要素，一方面是迎合当前人们对于可以使身心放松的养生保健项目的热衷，另一方面也是对森林本身所固有的天然氧吧的合理利用。森林作为旅游资源来讲，其固有的丰富的自然景观、良好的生态环境和优越的保健功能对旅游者有着很大的吸引力，成为旅游者保健休闲的首选之地。将森林休闲旅游产品开发中融入养生保健因素，从而形成森林保健休闲旅游产品，以此功能为依托可以开展素质拓展活动、绿色健康饮食等。通过观赏美景来放松心情，通过参与一些娱乐性活动来释放压力，等等。随着森林保健休闲项目的完善，还可以拓展性地建设森林疗养院、森林度假区、森林医院等项目。

三、森林娱乐旅游产品

森林娱乐是森林生态旅游与娱乐业融合产生的新形式，森林赋予娱乐以美好氛围，娱乐赋予森林生态旅游以丰富内容，所以将两者完美契合形成新的旅游产品。旅游的娱乐性质不可少，因为只有这样，旅游者才能在游玩嬉戏中尽情放松，这是实现生态旅游目的的最直接途径。可以开展的娱乐项目有：吃——森林农家饭、烧烤等；住——森林野营、吊床、山寨等；娱——森林KTV、森林电影院、森林野战模拟基地等。

四、森林运动旅游产品

随着生活水平的逐步提高，人们通过运动锻炼体魄、健美身体、获得健康、提高身体素质的愿望越来越强烈。可以在森林旅游区中设计林中漫步、登山、漂流、攀岩、滑雪、滑草、狩猎、钓鱼、划船、游泳、自行车、骑马等多种运动旅游产品。也可以与一些运动俱乐部合作，不定期地举办一些小规模的竞技赛事，以提升森林旅游区的知名度，扩大影响力。

五、林地徒步、探险旅游产品

徒步旅游产品是森林旅游的热点产品，其特点是运动量大，对森林环境破坏较小，旅游者可近距离接触森林，更好地欣赏森林，看到罕见的风景等。可以开发的徒步旅游项目包括徒步穿越、溪流溯源等。探险旅游产品主要针对那些喜欢冒险的旅游者，可让参与者体验到挑战性、获得成就感。可以开发的探险旅游项目包括：空中探险类型，如乘热气球、高处跳伞、蹦极跳等；陆地探险类型，如野外生存拓展探险、远足、高山绕绳下降、攀岩、探洞等。此外，在进行林地徒步、探险旅游产品设计的同时，还可以设计林地露营等旅游产品，为生态旅游者提供进一步接触大自然的机会。

六、森林科普教育旅游产品

森林拥有丰富的动植物资源，部分森林还存有历史遗迹，具有相当的知识性和历史价值，其本身就是生态教育的最佳场所，也是科普的良地，是农业、林业等专业的学生、学者、专家等考察的理想场所，同时也是开展摄影活动的好地方。因此可以围绕采集标本、摄影绘画、野外科考、科普展览等设计旅游产品，如建设植物标本园、珍稀植物园，举办动物图片展、森林知识讲座，提供森林解说服务，播放环保纪录片等。

七、参与体验旅游产品

体验乡间生活的质朴是很多森林生态旅游者的动机之一。返璞归真型产品有其市场需求，并且还可将这一产品与森林公园特色餐饮的供应结合起来。可以开发的旅游产品包括：野菜、菌类采摘、品尝；山果采摘、品尝；乡间特色菜肴品尝；野炊、烧烤；篝火晚会等。

专栏 4-2

全景森林旅游理念

观光旅游满足的是旅游者最基本的旅游需求，因而，在休闲度假旅游越发受到国内外旅游市场追捧的大趋势下，它依然是我国旅游产品体系的基础支撑。观光旅游并不会完全被休闲度假旅游所取代，其存在的问题在于升级而非转型，即关键要推进单纯的观光旅游产品升级为以观光为主的复合型体验旅游产品。

全景森林旅游是从不同视角对森林旅游资源的观赏和体验。这一理念主要是针对视角单一、形式单调的传统森林观光产品升级而提出的。旅游观赏是对旅游景观所包含的美的要素的具体感受和把握过程，是旅游审美活动的主要形态之一；而旅游观赏中位置变化所形成的不同视角，是改变或影响旅游观赏效果的极其重要的空间要素。全景森林旅游的理念，弥补了一般森林观光旅游产品仅简单“看树”的缺陷，将开发思路从传统的树下单一观赏角度向树腰、树梢、空中等多视角拓展，将旅游产品从简单的森林漫步向丛林真人CS、雪地森林滑雪、森林溯溪、山林高空滑翔等多方位体验延伸，旅游者的活动空间便由林间游步道向林中、林巅、空中扩展，视野也变得更加开阔。

以全景森林旅游为突破点，全面推进森林观光体验旅游产品的开发。全景森林旅游产品以丰富旅游者观赏内容、提升观赏体验为目标，其开发应从以下六个方面着手：

第一，创建全景森林公园。先期在风景特色突出的森林公园设立少量实验区，以全景森林旅游理念进行全新规划改造，获得市场认可后设立全景森林公园示范基地，逐步推广。

第二，从景观生态学角度出发，科学提升森林景观审美价值。森林景观的美学价值是全景森林旅游开发的关键，应根据景观生态学研究成果从三方面进行提升：一是适当增加水面面积，减少与环境不协调的建筑面积，提高自然性景观在整体景观中的比重。二是适当控制森林景观完整性程度，提高景观规整性，增加景观多样性；对于开发较为成熟的景区，由于常年受到人类活动干扰，景观破碎化程度较高，应尽量提升其完整性，保持规模美；而对于刚开发的景区，由于成片森林广袤，应合理规划风景道，避免景观单调造成旅游者美感体验下降。三是提高景观开放性，增强森林景观的“旷”美特色。

第三，规划建设多角度最美森林观光台、廊、塔等森林景观设施。在森林景观美学价值提升的基础上，选择观赏景区最美角度，建设形式多样的观景设施，设施本身也要讲究美观、新奇，以增添新景观为出发点进行营建，如穿梭于树腰间的绳索木桥、伫立于山腰或水边的观景吊脚楼、用钢化玻璃建造的峡谷空中悬廊、透明材料搭建的多层观景平台、大跨度峡谷长桥等。

第四，在适当位置适度建设森林旅游游乐设施。以环境协调为原则，在林间布置游乐设施，令旅游者既亲近自然又不破坏环境，例如，森林滑道、林间滑索、林中球场、林中马场等。

第五，开展森林旅游参与性、刺激性旅游活动，如热带雨林植物鉴赏、林木培育DIY、森林温泉Spa、骑马探险巡游、自行车越野、野外生存拓展训练等。

第六，加强与科技融合，发展高科技森林旅游。推进智慧森林旅游景区建设，在加强森林生态保护的同时，协调客流分布，最大限度地保证观赏体验质量。

森林观光体验旅游产品，是以森林观光为主体的体验类旅游产品，更强调通过参与式观光令旅游者获得深层次的情感、精神和心灵体验。开发时应注意如下四个方面：一是确定体验主题。发挥森林生态优势，以自然环境、丰富林相、地域文化、秀美山水等作为体验主题。二是场景设计与氛围营造。应充分利用当地森林资源，以主题为指导，构建体验“舞台”，为旅游者设置一个进行体验的真实环境。三是旅游活动设计。重视丰富体验类型，加强体验深度，如兼顾审美体验、娱乐体验、教育体验和逃避现实体验等，设计多类型体验活动；以挑战自我的参与项目加强体验深度。四是旅游体验设施设计与建设。根据多样化体验活动，设计建设类型丰富的体验设施，如高科技设施、参与类设施、享受类设施等。

资料来源：北京勇先创景规划设计院网站.

拓展案例

案例 1：国际森林生态旅游开发模式

一、苏格兰加洛韦森林公园——单一主题型开发模式

森林旅游案例分析

1. 概况

加洛韦森林公园是英国乃至欧洲第一个被授予“暗夜公园”荣誉称号的公园，并且是世界上 4 个获得这一称号的公园之一。国际暗夜协会（International Dark-Sky Association）的这项奖励，承认了这个地区的夜空质量，这里的光污染情况最轻，漆黑的夜空使人们很容易看到银河和仙女座等遥远的星系。

2. 特色

主题突出——以观星闻名。该公园被国际暗夜协会认定为世界上观看星星的最好地方之一。

3. 经验借鉴

将单一主题做到极致，积极获得组织协会的认同，与专项旅游体验活动深度结合。

二、芬兰努克西奥森林公园——季节主题型开发模式

1. 概况

努克西奥森林公园位于芬兰艾斯堡市郊。努克西奥森林公园是粗糙山石与绿树相结合的产物，位于橡树森林与北极南部森林间地带，具有典型的季候变化特征。公园内随处可见冰河时期形成的沟壑峡谷，嶙峋的山石上长满地衣和松树，部分山峰高度达海拔 110 米，丘陵森林间保育有木百灵鸟等濒临绝种的鸟类。林间不时有飞松鼠出没，那些从高树上靠张开手脚间毛皮作滑翔制动的松鼠，其形态可爱，非常讨人喜欢，因此，努克西奥森林公园也就以这些精灵作为公园的标志。

2. 特色

以冰川、湖泊和林地为主的原始森林景观。空气含氧量极高，为天然大氧吧。夏秋季节公园里长满了野生的蘑菇和蓝莓，人们可随意采摘。春冬季节，滑雪极为盛行。

3. 经验借鉴

以不同的季节项目交错，夏季以氧吧、避暑为主题，冬季则主打滑雪胜地，实现不同季节间的互补和衔接，打造四季均衡的休闲平台。整合各类产业，避免区块破碎化，注入文化内涵，打造复合型生态旅游区。

三、尼泊尔奇旺森林公园——地域特色型开发模式

1. 概况

奇旺森林公园是尼泊尔最大的野生动物园，也是亚洲最大的森林公园之一。因为政府禁止捕杀动物，这里便成了大象、犀牛、鳄鱼们的天堂。森林中，翠蓝色的羽翼鸟在褐色树杈的衬托下分外醒目，孔雀悠闲地在草地上散步，鳄鱼爬到岸边四处张望，红嘴鹮在离泽鳄五六米的地方饮水。沿公园内的河流一路漂流而下，不长的距离和时间里，可能看到了不下十种鸟类。据统计，在奇旺森林公园生活有五百多种鸟类，多为西伯利亚飞来的候鸟，每年三月过冬的鸟儿尚未飞走，而夏季的候鸟又都飞来了，来来往往，非常热闹。

2. 特色

在奇旺森林公园，最令人乐此不疲的是王牌游览项目：乘大象在丛林中寻觅独角犀牛或孟加拉虎。其他项目包括：尝试徒步穿越热带雨林、参观大象饲养中心、参观周边塔鲁人古村落、漂流、攀岩等。还有一个受旅游者欢迎的项目是，乘坐独木舟顺流而下，两边是奇妙的热带丛林景色，沿途还可以观赏到各种各样的鸟在河边、林中飞翔和啼鸣，更刺激的是不同种类的鳄鱼就在不远处游弋或安静地伏在河滩上。

3. 经验借鉴

尼泊尔的异域风情，为自然风景注入文化和地域特色。以营地为主的功能设施布局，整个公园分布有三十多个营地，拒绝钢筋混凝土以及大体量建筑的进入，保留了最自然的森林景观。

四、英国中央公园——功能复合型开发模式

1. 概况

中央公园（Center Parcs）是英国的森林度假村网络运营商，该公司在欧洲拥有20家度假村，其中位于英国的总部负责在英国运营度假村，而欧洲分公司负责在荷兰、法国、比利时、德国和英国运营多个度假场所。

2. 特色

Center Parcs遍布英国各地，每个度假村都建在森林中。度假村主要由以下几个功能构成：住宿设施、水世界、自然环境、各种活动和商业，满足不同人群的森林休闲需求。

3. 经验借鉴

设计要求和功能服务必须是国际化水准，只有这样，才能在产品打造之初便旗帜鲜明，并与周边产品形成差异。通过生态化的生活品质和人性化的设计理念，让度假村成为老年人养老、中年人养生、青少年健身的理想度假居住场所。

资料来源：北京勇先创景规划设计院网站.

案例2：森林旅游产品的创新——心理疏导型森林休闲旅游产品

随着经济增长速度的加快，都市人群，尤以中年人群最为显著，越来越感受到来自工作和生活的压力，他们的心理和生理往往处于高负荷状态，很多人出现了心理问题。他们渴望远离都市的喧嚣，回归自然，寻求心灵归属，降低或消除心理压力和负面情

绪。针对这一巨大的市场需求，可以将森林环境与心理疏导结合起来，同时也将心理疏导与休闲旅游相结合，设计出心理疏导型森林生态旅游产品。

1. 森林艺术休闲活动。在森林环境中设计森林音乐、森林舞蹈、森林绘画等艺术活动以陶冶情操，通过调节心境来控制和矫正焦虑、忧郁等不良的心理状态，这是森林艺术休闲活动的宗旨。

2. 森林音乐疏导活动。良好的音乐能提高大脑皮层的兴奋性，可以改善人们的情绪，激发人们的感情，振奋人们的精神，同时有助于消除心理、社会因素所造成的紧张、焦虑、忧郁和恐怖等不良心理状态，提高应激能力。森林音乐疏导活动可结合视觉景观的设计和规划，设计一片能让人们充分感受到自然气息的自然声（如树叶的沙沙作响、鸟叫虫鸣、风声、喷水声和流水声等）区域，让人们感受到轻松活力的活动声（如儿童的游戏声、人声等），对旅游者而言，是与自然对话、休息、娱乐、转换心情和氛围的场所。

3. 森林舞蹈疏导活动。通过舞蹈这种运动形式，不仅可矫正人们的适应不良性运动、姿势和呼吸，而且也可将潜伏在内心深处的焦虑、愤怒、悲哀和抑郁等情绪安全地释放出来，使人们感受到自己对个人存在的控制能力。设计室内室外森林舞场，分为集体舞、交谊舞、快节奏和慢节奏的舞蹈区域。参与者根据不同心理状况选择参加。

4. 森林绘画疏导活动。绘画疏导的实施过程实际是参与者在治疗师的引导下进行思考—创作—回顾—比较—反思的过程，有助于参与者自己发现和解决问题，真正做到“助人”和“自助”。通过绘画，把自己心中的负面情绪宣泄出去。根据以上的原理，设计森林书画室，参与者在绘画过程中抒发情感，排除杂念。

5. 森林冥想放松项目。在森林里，辟出一片区域为冥想放松区。冥想放松法是把精神集中到一点，形成大脑里的一个优势兴奋中心，从而抑制其他部位，利用生物反馈的原理，控制机体的某些自主神经系统，从而对身心加以控制。可以净化内心沉积已久的负面意识，洗涤心灵的尘垢，让参与者得到清明、宁静与安详的心绪；还可以开启其潜意识心智，利用潜意识的作用，进而达到自我控制、自我改善的功效。冥想使人达到一种超越自我的精神境界，是一种很好的放松方法。在心理疏导师的指导下，在悦耳柔和音乐中，参与者冥想一段愉快的经历，冥想听到潺潺流水，鸟语花香，看到彩蝶飞舞，自由自在地沐浴阳光，或冥想着自己在梦幻般美妙的地方，倾听林涛清风以达到身心放松。

6. 森林宣泄活动。宣泄包括倾诉、哭泣、吼叫、写情绪日记和心理咨询等多种方法，这些方法的功能及适用范围各不相同。从功能上来说，不同的宣泄方法适用于不同的情绪，不同的方法也往往适用于不同的人或场合，这就要求在操作宣泄项目时应注意个性化、针对性。

（1）森林宣泄室。通过森林宣泄活动，让参与者把不愉快的心情和事件从心里清除。森林宣泄室内设有“宣泄人”“宣泄棒”和沙袋，专业的拳击手套、橡皮球、毛绒玩具、涂鸦板、放松椅、放松音乐等也可以让参与者尽情发泄。

（2）魔镜廊道。在森林中设计安放各种类型的哈哈镜的廊道，让林间散步的人们看到镜中变形的自己和他人而开怀大笑。

(3) 森林茶吧、酒吧。设计以森林为背景的茶吧、酒吧，创造参与者倾诉和交流的氛围；利用团体成员间的相互诱导、相互影响和相互帮助，促进成员对自己的问题有所领悟和认识，从而解决心理冲突，控制消极情绪，矫正不良行为和消除精神症状。

7. 园艺游憩活动。科学家研究发现，约有300种植物的气味对人体有益，园艺活动可陶冶人的情操，有利于参与者的身心健康。设计一片园艺游憩区，区域内有花卉、蔬菜、果树林、盆景和插花室等，让人们在参与花园或菜园的各种栽种、修剪、浇水、采摘、插花艺术活动中，消除消极情绪和思维，强化积极情绪和思维，恢复和保持良好心态，获得精神愉悦。

资料来源：薛群慧. 心理疏导型森林休闲旅游产品的创意设计. 浙江林学院学报，2010 (2).

项目小结

本项目全面而深入地探讨了森林生态旅游的多个领域，旨在提升对森林生态旅游资源的认识、保护和合理开发。通过任务一对森林的生态、经济和社会功能的分析，可以让读者认识到森林不仅是自然界的重要组成部分，也是人类社会可持续发展的关键资源；通过任务二对森林生态旅游资源的分类和我国森林资源分布的介绍，揭示了我国丰富的森林景观多样性和独特的生态旅游资源；通过任务三对我国国家森林公园的管理规定和规范标准的介绍，以及对代表性国家森林公园的案例分析，为森林公园的有效管理和生态旅游产品的创新提供了实践指导；任务四则帮助读者学习森林生态旅游产品设计的方法。

思考题

1. 森林的功能主要有哪些？
2. 讨论我国森林资源的分布情况。
3. 举例说明我国的代表性森林景观和代表性国家森林公园。
4. 森林生态旅游产品主要有哪些类型？
5. 结合教材内容及自身经历，设计3～5个创新型的森林生态旅游产品。

项目五 湿地生态旅游资源

项目导读

本项目主要探讨湿地生态旅游资源，对湿地的定义、功能、类型、分布，湿地生态旅游的特点、资源、产品设计等方面进行详细的阐述。项目内容涵盖了湿地的多重生态功能以及湿地在生物多样性保护和环境教育中的关键作用，同时，还介绍了中国湿地资源的分布、保护状况和典型湿地景观，国家湿地公园的定义、分类、保护与管理，以及湿地生态旅游产品设计的原则和方法。通过本项目的学习，学生可以掌握湿地生态旅游的开发与管理知识，全面了解湿地生态旅游的价值和意义，并掌握湿地生态旅游产品设计的基本方法。

学习目标

知识目标	1. 了解湿地的定义、功能、类型和分布； 2. 掌握湿地生态旅游的特点、资源和产品设计方法； 3. 熟悉国内外典型的湿地生态旅游案例。
能力目标	1. 能够分析湿地生态旅游资源的特点和价值； 2. 能够设计湿地生态旅游产品，并进行可行性分析； 3. 能够运用所学知识，解决湿地生态旅游发展过程中遇到的问题。
素养目标	1. 培养对湿地生态系统保护的意识和责任感； 2. 提高生态审美能力和文化素养； 3. 培养团队合作精神和创新能力。

案例引入

中国推进湿地保护事业高质量发展

湿地与森林、海洋并称为地球上三大生态系统，在抵御洪水、调节气候、涵养水源、降解污染物、应对气候变化、维护全球碳循环和保护生物多样性等方面，发挥着不可替代的重要作用，被誉为“地球之肾”“物种宝库”“储碳库”。

目前，中国是世界上湿地类型齐全、数量丰富的国家之一，湿地面积居于亚洲第一、世界第四，若尔盖湿地、鄱阳湖国家湿地公园、杭州西溪国家湿地公园、山东黄河三角洲湿地等为人们所熟知。国家林业和草原局的统计数据显示，中国现有湿地面积约5 635万公顷，现有国际重要湿地总数达82处，总面积764.7万公顷。

1992年，中国签署《湿地公约》，成为该公约的第67个缔约方。《湿地公约》要求各缔约方建立湿地保护体系，尤其是国际重要湿地的保护。中国加入《湿地公约》的同时，就指定了包括鄱阳湖、洞庭湖、扎龙在内的6块国际重要湿地，在1997年香港回归祖国时，1995年列入国际重要湿地的香港米铺-后海湾湿地也回归祖国。

自加入《湿地公约》以来，中国政府严格履行国际义务，在制定保护和合理利用湿地的法规政策、指定国际重要湿地并建立系统的保护体系、开展国际合作等方面取得了显著成效。

中国在湿地保护和公约履约方面主要经历了4个发展阶段：（1）1992—2003年，摸清家底和起步阶段，以首次全国湿地资源调查和发布《中国湿地保护行动计划》为标志；（2）2004—2015年，抢救性保护阶段，以大规模湿地公园建设、实施湿地保护工程为标志；（3）2016—2021年，系统保护阶段，以生态文明建设目标，尤其是《湿地保护修复制度方案》的发布与执行为标志；（4）2022年以来，全面保护阶段，以《中华人民共和国湿地保护法》的颁布与实施为标志。经过30多年的探索，中国先后建立了湿地生态系统的分级保护与管理体系，包括国家重要湿地（包括国际重要湿地）、地方重要湿地以及“国家公园—自然保护区—湿地公园”的保护地体系。

自1992年起，中国在湿地保护领域积极开展国际合作，吸纳全球智慧，贡献中国方案。这主要体现在以下几个方面：一是以迁徙水鸟及其栖息地保护为目标，建立了双边和多边的长效合作机制；二是以共享湿地生态系统健康为目标，建立双边或多边生态系统合作机制；三是建立双边和多边湿地保护融资机制，提升保护管理能力；四是设立国际环保机构中国办公室，深入探讨湿地保护新模式，如《湿地公约》的主要国际组织伙伴——世界自然基金会、湿地国际、世界自然保护联盟均在中国设立办公室；五是建立南南合作机制，开展援外培训，分享中国湿地保护管理经验；六是举办大型国际会议，为湿地保护与管理提供交流平台。

2022年，中国在《湿地公约》第十四届缔约方大会等重大国际会议上发出中国声音，引发广泛关注。从将约1 100万公顷湿地纳入国家公园体系，实施全国湿地保护规划和湿地保护重大工程，到推动国际交流合作，保护4条途经中国的候鸟迁飞通道；从在深圳建立“国际红树林中心”，到支持举办全球滨海论坛会议……中国在不断探索实践中为世界贡献诸多立体鲜活的案例，总结出不少可复制、可推广的湿地保护经验，充分展现负责任生态大国形象。

资料来源：贾平凡．中国推进湿地保护事业高质量发展．人民日报（海外版），2024-02-29.

思考：

1. 湿地在我们的生活中扮演着哪些角色？
2. 推进湿地保护事业高质量发展对我国有什么意义？

任务一　认识湿地生态旅游

认识湿地
生态旅游

一、湿地及其功能

湿地是地球上一种重要的、独特的、多功能的生态系统，与人类的生存、繁衍、发展息息相关，是自然界最富生物多样性的生态景观和人类最重要的生存环境之一。它不仅为人类的生产、生活提供多种资源，而且具有巨大的环境功能和效益，在抵御洪水、调节径流、蓄洪防旱、控制污染、调节气候、控制土壤侵蚀、促淤造陆、美化环境等方面有其他系统不可替代的作用，因此，湿地被誉为“地球之肾”，与森林、海洋一起并称为全球三大生态系统。

湿地具有重要的生态功能：

（1）提供水源。湿地常常作为居民生活用水、工业生产用水和农业灌溉用水的水源。溪流、河流、池塘、湖泊中都有可以直接利用的水。其他湿地，如泥炭沼泽森林可以成为浅水水井的水源。

（2）补充地下水。湿地可以为地下蓄水层补充水源。

（3）调节流量，控制洪水。湿地是一个巨大的蓄水库，可以在暴雨和河流涨水期储存过量的降水，把径流均匀地放出，减弱危害下游的洪水。

（4）防风护堤。湿地中生长的多种植被可以抵御海浪、台风和风暴的冲击力，防止对海岸的侵蚀，同时它们的根系可以固定、稳定堤岸和海岸。

（5）清除和转化有毒物质。湿地有助于减缓水流的速度，当含有农药、生活污水和工业排放物等有毒有害物质的流水经过湿地时，流速减慢，有利于有毒物质的沉淀和排除。此外，一些湿地植物，如芦苇、水湖莲能有效地吸收有毒物质。

（6）保持小气候。湿地水分通过蒸发成为水蒸气，然后又以降水的形式降到周围地区，保持当地的湿度和降雨量，从而影响和保持小气候。

（7）为野生动物提供栖息地。湿地是鸟类、鱼类、两栖动物的繁殖、栖息、迁徙、越冬的主要场所。

（8）提供旅游、教育、科研场所。湿地具有自然观光、旅游、娱乐等方面的功能，成为人们观光旅游的好地方。复杂的湿地生态系统、丰富的动植物群落、珍贵的濒危物种等，在自然科学教育和研究中都具有十分重要的作用。有些湿地还保留了具有宝贵历史价值的文化遗址，是历史文化研究的重要场所。

专栏 5-1

世界湿地日：湿地与人类福祉

1971 年 2 月 2 日，旨在保护和合理利用全球湿地的《关于特别是作为水禽栖息地的国际重要湿地公约》（简称《湿地公约》）在伊朗拉姆萨尔签署。

1996 年 10 月，《湿地公约》常务委员会第 19 次会议决定，从 1997 年起每年的 2 月 2 日定为“世界湿地日”并每年都确定一个不同的主题。设立“世界湿地日”旨在提高公众对湿地为人类和地球所做贡献的认识，促进人们采取行动，以保护、明智地利用和恢复湿地。

每年“世界湿地日”主题

2025 年：保护湿地　共筑未来

2024 年：湿地与人类福祉

2023 年：湿地恢复

2022 年：珍爱湿地　人与自然和谐共生

2021 年：湿地与水——同生命，互相依

2020 年：湿地与生物多样性：湿地滋润生命

2019 年：湿地——应对气候变化的关键

2018 年：湿地：城镇可持续发展的未来

2017 年：湿地减少灾害风险

2016 年：湿地与未来：可持续的生计

2015 年：湿地：我们的未来

2014 年：湿地与农业

2013 年：湿地和水资源管理

2012 年：湿地与旅游

2011 年：森林与水和湿地息息相关

2010 年：湿地、生物多样性与气候变化

2009 年：从上游到下游，湿地连着你和我

2008 年：健康的湿地，健康的人类

2007 年：湿地与鱼类

2006 年：湿地与减贫

2005 年：湿地生物多样性和文化多样性

2004 年：从高山到海洋，湿地在为人类服务

2003 年：没有湿地就没有水

2002 年：湿地：水、生命和文化

2001 年：湿地世界——有待探索的世界

2000 年：珍惜我们共同的国际重要湿地

1999 年：人与湿地，息息相关

1998 年：湿地之水，水之湿地

1997 年：湿地是生命之源

二、湿地生态旅游的特点

湿地生态旅游，是以湿地生态系统和环境资源为依托、以环境保护为核心理念、以追求人与自然和社会的和谐统一为目标的一种生态旅游形式。湿地生态旅游以欣赏湿地自然景观、野生动植物以及相关的文化为对象，以生态环境保护为原则，以具有观赏性和可进入性的湿地生态系统作为旅游目的地，对湿地的景观、物种、生态环境、历史文化等进行了解和观察。湿地生态旅游是生态旅游的主要类型之一。湿地生态旅游具有以下特点：

（一）保护性

湿地生态旅游开发遵循“保护第一，生态优先”的原则，它要求生态旅游者和旅游企业约束自己的行为，以保护湿地旅游资源和旅游环境。

（二）资源的双重属性

湿地旅游资源兼有独特的自然性和丰富的文化性双重性质。湿地公园生态旅游活动既是一种自然旅游，又是一种文化旅游。

（三）参与性

参与性表现在两个方面：一方面湿地生态旅游可以让旅游者参与到湿地自然与文化生态系统中，体会湿地自然美与文化美；另一方面，湿地生态旅游也是一种旅游者、旅游地居民、旅游经营者和政府、社团组织及研究人员广泛参与的旅游活动。

（四）专业性

湿地生态旅游和一般旅游相比，具有较高的专业性。这种专业性首先表现在技术层面上，比如要求湿地旅游设施、旅游项目、旅游路线、旅游服务的设计和管理均要体现出生态保护技术策略，以保护湿地旅游资源和环境；其次，专业性还体现在游客的旅游心理上。湿地生态旅游者是具有欣赏、探索、认识大自然和当地文化的明确要求的较高层次的游客，具有比较高的科学文化素养。

（五）教育性

湿地生态旅游可以让旅游者在旅游活动中接受环境教育，提高湿地环境保护意识，将丰富的湿地自然科学知识、环境保护知识与生动的观赏娱乐活动相结合，增强旅游者的环保道德责任感。

三、湿地生态旅游资源的类型

湿地生态旅游资源是以水生和陆栖生物及其生境共同形成的、以湿地为主的旅游资源。湿地生态旅游资源主要包括湿地自然旅游资源和湿地人文旅游资源两大类。

（一）湿地自然旅游资源

湿地自然旅游资源又细分为湿地自然景观资源和湿地自然环境资源。

湿地自然景观资源包括：（1）水体景观资源，主要指江河、湖泊、沼泽、近海等；（2）地文景观资源，主要指岛屿、滩涂、峡谷、洞穴等；（3）生物景观资源，主要指各种动物、植物和鸟类等；（4）人工湿地景观资源，主要指水生动植物养殖、人工湖、水库和稻田等。

湿地自然环境资源包括：(1) 气象景观，主要有日出、日落、霞光、云雾、海市蜃楼等；(2) 湿地生态环境资源，主要有大气环境、土壤环境、水环境等；(3) 旅游气候环境资源，主要有康体疗养环境、小气候、避暑避寒气候、冰雪气候等。

（二）湿地人文旅游资源

湿地人文旅游资源通常包括湿地人文景观资源和湿地人文环境资源。

湿地人文景观资源包括：(1) 节庆活动，如传统节日、现代新兴节庆；(2) 建筑与设施，如宗教建筑与场所、历史遗址遗迹、经济文化场所、地方建筑与街区景观；(3) 旅游商品，包括旅游纪念品、工艺品、文物古玩及其仿制品、土特产、旅游日用品等。

湿地人文环境资源包括：(1) 特色聚落环境，如社区人居环境、民族文化传承等；(2) 地域化要素环境，如传统工艺、民间艺术、民间习俗等；(3) 辅助旅游设施，如标示、解说系统等。

任务二　我国湿地资源的分布和代表性湿地景观

一、我国湿地资源的保护

我国湿地资源的分布和代表性湿地景观

我国有着广阔的湿地，但在20世纪90年代前，我们并没有充分认识湿地对于环境及人类自身的重要价值，大片的湿地资源被开垦成农业用地，致使栖息于其内的各种生物数量锐减，湿地的生态系统遭到破坏。湿地的丧失带来了连锁的反应，江河湖泊每到汛期由于失去了湿地这个重要的蓄洪场所而危机四伏，没有了湿地这个净化水质的地方而完全靠河流的自净能力导致江河湖泊水质日趋下降，并且整个地球生态系统在遭受破坏的时候形成了一个恶性循环的链条，湿地的破坏会影响其他环境，地球变暖，进而又导致湿地水源散失过快形成盐碱化的湿地。

1992年加入《湿地公约》后，我国积极开展湿地保护的履约工作，我国的湿地资源保护正在向更好的方向发展。截至2023年6月，我国列入《国际重要湿地名录》的湿地已达82处，总面积764.7万公顷。

1994年12月1日起实施的《中华人民共和国自然保护区条例》首次采用了“湿地”一词，其第10条第3项规定“具有特殊保护价值的海域、海岸、岛屿、湿地、内陆水域、森林、草原和荒漠”，应当建立自然保护区。1999年修订的《中华人民共和国海洋环境保护法》，不仅明确提出了对滨海湿地的保护，还在附则中对该概念做了具体的解释。2000年编制了《中国湿地保护行动计划》，2001年启动了“全国野生动植物保护及自然保护区建设工程”，2003年国务院批准发布了《全国湿地保护工程规划(2002—2030)》，明确了我国湿地保护中长期发展战略和目标。这个时期的法律法规和政策中不仅开始使用“湿地”的概念，而且将它作为一个独立的对象加以规制。2022年6月1日，我国首部专门保护湿地的法律——《中华人民共和国湿地保护法》开始施行，为更好地维护湿地生态功能及生物多样性，提供了坚实有力的法治保障。

二、我国湿地资源的类型和分布

我国是世界上湿地类型最齐全、湿地资源丰富的国家之一。据国家林草局2025年2月发布的统计数据，我国湿地总面积达5 635万公顷，湿地面积居亚洲第一、世界第四。我国的湿地类型多样，分布广泛，从寒温带到热带，从平原到山地、高原，从沿海到内陆都有湿地发育。

（一）我国湿地资源的类型

按照湿地资源的类型，我国的湿地可划分为滨海湿地、河流湿地、湖泊湿地、沼泽湿地、人工湿地等5大类。

（1）滨海湿地。我国现有滨海湿地主要分布于沿海的11个省（自治区、直辖市）和港澳台地区。滨海湿地以杭州湾为界，杭州湾以北除山东半岛、辽东半岛的部分地区为岩石性海滩外，多为沙质和淤泥质海滩，由环渤海滨海和江苏滨海湿地组成；杭州湾以南以岩石性海滩为主，主要河口及海湾有钱塘江-杭州湾、晋江口-泉州湾、珠江口河口湾和北部湾等。

（2）河流湿地。我国现有河流湿地分为永久性河流、季节性或间歇性河流、洪泛平原湿地等3种类型。

（3）湖泊湿地。湖泊的分布没有地带性规律可循，也不受海拔的限制，既可以分布在地球表面任何一个地理或气候区域，如热带、温带和寒带，也可以在低海拔的滨海平原和低地，或在高海拔的高原、盆地。我国现有湖泊湿地可分为：永久性淡水湖、季节性淡水湖、永久性咸水湖、季节性咸水湖和永久性内陆盐湖。

（4）沼泽湿地。我国的沼泽主要分布于东北的三江平原、大小兴安岭、若尔盖高原及海滨、湖滨、河流沿岸等，山区多木本沼泽，平原为草本沼泽。

（5）人工湿地。人工湿地包括库塘等，主要分布于我国水利资源比较丰富的东北地区、长江中上游地区、黄河中上游地区以及广东等。

（二）我国湿地资源的分布

（1）东北湿地。主要集中在东北平原和大小兴安岭、长白山地区，是我国最大的沼泽湿地分布区。

（2）华北湿地。湿地类型较多，有内陆型、内陆湖盆型、河口型、沼泽型和滨海型湿地。

（3）长江中下游湿地。本区为河网密布、湖泊众多的“水乡泽国”，是典型的湖泊型湿地集中区。

（4）杭州湾北滨海湿地。该区域有大量的沙质、淤泥质滨海滩涂型湿地。

（5）杭州湾南滨海湿地。我国重要的海岸湿地类型——红树林湿地大部分分布在此区域。

（6）云贵高原、秦岭以南山地丘陵湿地。分布有大量的盆地湖泊，现已成为我国著名的风景旅游区。

（7）蒙新干旱半干旱湿地。该区域湿地类型分布较少，主要分布在塔里木河下游的芦苇沼泽湿地和咸水湖泊。

（8）青藏高原高寒湿地。该区域主要是我国特有的高寒沼泽、高寒沼泽化草甸和高寒湖泊。

专栏 5-2

我国湿地的特点

1. 我国湿地的主要特点

一是湿地类型全、典型湿地多，共有 5 类 34 型，包括《湿地公约》定义的所有湿地类型。中国湿地以自然湿地为主体，且沼泽湿地面积占主导地位。

二是湿地总量大，人均资源少。我国湿地率仅 5.58%，人均湿地面积仅为世界人均水平的五分之一。

三是分布广、区域差异显著。从寒温带到热带、从沿海到内陆、从平原到高原山区均有分布，湿地分布既显示出地带性特征，又有非地带性或地区性差异，湿地分布区域差异显著。同时，我国湿地分布还表现为同一个地区有多种湿地类型分布和同一种湿地类型分布多个地区的特点。

2. 我国滨海湿地的特点

一是水位波动特征明显。受海水、海浪、潮汐的影响较大，面积比例虽小，但生态功能重要。

二是易于利用，人为干扰强烈，保护压力大。

三是受威胁程度高，人口膨胀、城市扩张、经济快速发展带来的对滨海湿地围垦和基础设施建设利用的现象是滨海湿地面临的最大威胁。

四是外来物种入侵严重，挤占了本土湿地植被的生态空间，给底栖生物和鸟类种群带来不利影响，同时也给滩涂养殖带来直接经济损失。

3. 我国河流湿地的特点

一是以外流河为主，国际河流众多，水能资源丰富，保护和利用矛盾突出，保护压力较大。

二是资源分布不均，河网密度地区差异明显。占全国面积 2/3 的河流都分布在东、南部外流区域内，河流水量约占全国河流水量的 95%以上。

三是水量充沛，径流量大，随季节变化在年内分配不均。

四是高原地区河流湿地集水区狭长，补给方式复杂，切割深、落差大、水流湍急，浮游生物和鱼类资源丰富，河滩湿地不发育，湿地植物较少，但干扰相对较小，水质优良。平原区河流湿地资源丰富，水网密布，水生生物发育，但干扰强度较大，水质污染严重。

4. 我国湖泊湿地的特点

一是成因复杂，并受多种地质成因和人类活动共同作用。青藏高原湖区山地多，多为因构造运动和冰川作用而形成的构造湖、冰川湖和堰塞湖。东部平原湖区多为因河道演变与海岸线变迁而形成的河成湖。蒙新湖区多为构造湖和洼地积水湖。东北山地和平原湖区因地壳沉陷、火山喷发、地势低洼、排水不畅和河流摆动，多为洼地积水、河成湖或火山堰塞、火口湖。云贵高原湖区多为因断裂陷落而形成的构造湖。

二是分布广泛，特征差异明显。地理分布上的这种差异取决于水源补给条件，外流区以淡水湖为主，内流区以咸水湖和盐湖为主。

三是湖泊的分布没有地带性规律可循，也不受海拔的限制，凡是地面上排水不良的洼地都可以储水，发育成湖泊。但大多数湖泊湿地因水位与降水的季节分配不均而年变幅大，且多数湖泊为水深在 4 米以下的浅水型湖泊。

5. 我国沼泽湿地的特点

一是主要集中分布在青藏高原和东北平原，特别是若尔盖泥炭沼泽湿地，连片分布且面积极大，在全球温室气体平衡中发挥了重要作用。

二是沼泽湿地类型复杂多样且特殊。

三是泥炭沼泽发育程度较轻，以富营养无泥炭沼泽为主，无泥炭积累沼泽较多。

四是生物多样性丰富。

6. 我国人工湿地的特点

一是与人类生产活动密切相关，绝对数量大，空间分布不均。

二是生态环境问题突出。

三是人工湿地的生态和游憩功能日益受到政府和公众的重视。

资料来源：中国野生动物保护协会微信公众号.

三、我国代表性湿地景观

（一）额尔古纳湿地

额尔古纳湿地位于大兴安岭西北侧、额尔古纳河的东岸，总面积为 12.6 万公顷，是我国目前保持原状态最完好、面积最大的湿地，被誉为“亚洲第一湿地”。这里地形平缓开阔，额尔古纳河的支流根河从这里蜿蜒流过，形成了壮观秀丽的河流湿地景观。额尔古纳湿地有特别大范围的冲积平原，并在此形成了一个三角洲，它位于根河、额尔古纳河、得尔布干河和哈乌尔河交汇处。湿地还包括根河、得尔布干河、哈乌尔河及两岸的河漫滩、柳灌丛、盐碱草地、水泡子及其支流。湿地涵盖了额尔古纳除原始森林外几乎所有类型的自然生态系统。在干旱的季节，由于较稳定的水情、充足的湿地，这里成为许多鸟类非常重要的庇护场所。清澈的根河静静流淌，曲水环抱草甸，岸边矮树灌木丛生，绿意盎然；而秋季草木泛黄，远远望去是一片金色的大地，又是另一番壮美的景象。

（二）巴音布鲁克湿地

巴音布鲁克湿地位于天山山脉中部的山间盆地中，四周为雪山环抱，是新疆最重要的畜牧业基地之一，大量的天鹅栖息于此，因而又有“天鹅之乡”的美誉。“巴音布鲁克”是蒙古语，意为“富饶的泉水”。水源补给以冰雪融水和降雨混合为主，部分地区有地下水补给，形成了大量的沼泽草地和湖泊。

（三）若尔盖湿地

若尔盖湿地位于四川若尔盖县境内，是我国面积最大、分布集中的泥炭沼泽区。该保护区不仅是我国生物多样性关键地区和世界高山带物种最丰富的地区之一，还是重要的水源涵养区，是青藏高原高寒湿地生态系统的典型代表。主要保护对象为高寒沼泽湿地生态系统和黑颈鹤等珍稀动物。区内为平坦状高原，最高海拔 3 697 米，最低海拔 3 422 米，气候寒冷湿润，泥炭沼泽得以广泛发育，沼泽植被发育良好，生境极其复杂，生态系统结构完整，生物多样性丰富，特有物种多，是我国生物多样性关键地区之一，也是世界高山带物种最丰富的地区之一。

（四）扎龙湿地

扎龙国家级自然保护区位于黑龙江省西部的松嫩平原，乌裕尔河下游，是中国最大的鹤类等水禽为主体的珍稀鸟类和湿地生态类型的自然保护区，占地面积 21 万公顷，是我国北方同纬度地区保留最完善、最原始、最开阔的湿地生态系统。扎龙湿地完整保留下许多古老物种，是天然的物种库和基因库，是众多鸟类和珍稀水禽理想的栖息繁殖地和许多跨国飞行鸟类的重要“驿站”。这里芦苇沼泽广袤辽远，湖泊星罗棋布，苇泽肥美，鱼虾丰盛，环境幽静，风光绮丽，是鸟类繁衍的天堂，也是使人流连忘返的乐园。

（五）辽河三角洲湿地

辽河三角洲湿地位于辽宁省盘锦市和营口市，被称为世界上最大的植被类型保存完好的芦苇沼泽地。它占地 12 万公顷，生态环境优美，栖息着丹顶鹤、黑嘴鸥、大天鹅、东方白鹳等 250 多种鸟类。据专家考证，这里是丹顶鹤繁殖的最南限，也是迄今为止世界上黑嘴鸥最大的繁殖栖息地。一望无际的红碱蓬红得让人目眩，自堤下一直铺到大海边，红碱蓬每年 5 月长出地面，直到 10 月由红变紫，如一幅巨大的红色地毯铺放在海滩上，其间有片片翠苇点缀。登高远眺，水天相连，渔帆点点，近看鸥鸟鸣飞、绚丽耀眼，成千上万的水鸟在浅滩中觅食嬉戏，景色十分壮观。待到日落时分，脚下的红地毯即刻变成金红色，与金色的芦苇荡、蓝色的大海共同组成一幅绚丽无比的巨幅画卷，这就是著名的天下奇观——红海滩，它的壮美和神秘，吸引了大批的游人流连忘返。

（六）黄河三角洲湿地

黄河三角洲湿地位于山东省东北部的渤海之滨。黄河三角洲湿地大体可分为天然湿地和人工湿地两大类，天然湿地面积比重较大，占湿地总面积的 68.4%左右，人工湿地占总面积的 31.6%。黄河三角洲湿地地理位置优越，生态类型独特，是中国暖温带最完整、最广阔、最年轻的湿地生态系统，是东北亚内陆和环西太平洋鸟类迁徙的重要“中转站、越冬栖息和繁殖地”，是世界范围内河口湿地生态系统中极具代表性的范例之一。

（七）西溪国家湿地公园

西溪国家湿地公园占地面积约 11.5 平方千米，距西湖不到 5 千米，是罕见的城中次生湿地。这里生态资源丰富、自然景观质朴、文化积淀深厚，曾与西湖、西泠并称杭州“三西”，是目前国内第一个也是唯一的集城市湿地、农耕湿地、文化湿地于一体的国家湿地公园。西溪被称为“杭州之肾”。西溪之胜，独在于水，水是西溪的灵魂，园区约70%的面积为河港、池塘、湖漾、沼泽等水域，正所谓“一曲溪流一曲烟”。

（八）星湖国家湿地公园

广东肇庆星湖国家湿地公园位于肇庆星湖风景名胜区，以湖泊湿地为主体。肇庆星湖风景名胜区的地形地貌具有多样性，既有一万多亩的湖泊，又有茫茫的原始森林；既有宽阔的滩涂湿地，又有亚热带丛林，形成了动植物多样性的生态系统。依托良好的自然生态环境和丰富的湿地资源，建成了全国首个湿地公园。星湖国家湿地公园核心游览区位于仙女湖，乘坐游船进入仙女湖，会陶醉于眼前的美丽景色，20多个小岛如翡翠般镶嵌点缀在碧绿的湖水中，18个主要湿地景观如珍珠般洒落在清澈的湖泊里。这里，灌木满岛、滩涂芦苇、湿地水禽、鹭鸟飞翔、金沙碧水、蛙声鸟鸣、景观奇绝，自然、古朴、野趣、原生态，犹如人间仙境。

任务三 我国的国家湿地公园

一、国家湿地公园的定义与分类

（一）国家湿地公园的定义

国家湿地公园，是指具有一定规模和范围，以保护湿地生态系统完整性、维护湿地生态过程和生态服务功能，并在此基础上以充分发挥湿地的多种功能效益、开展湿地合理利用为宗旨，可供公众游览、休闲或进行科学、文化和教育活动的特定湿地区域。据国家林草局发布的统计数据，截至2025年2月，我国已建成各类湿地自然保护地2 200多处，国家湿地公园903处。

（二）国家湿地公园的分类

国家湿地公园的类型主要包括天然湿地公园和人工湿地公园。

1. 天然湿地公园

这类公园是自然形成的湿地，具有显著的生态、文化和美学价值。它们通常包含湖泊、河流、沼泽地等自然水体，以及与之相关的生态系统。这类公园致力于保护这些自然湿地，维护其生态平衡，同时为游客提供亲近自然、了解自然的机会。

2. 人工湿地公园

这类公园是在人为干预下建立的，旨在模仿或增强自然湿地的功能和景观。它们可能包括人工湖泊、池塘、湿地恢复项目等。人工湿地公园的设计通常考虑生态教育、休闲娱乐和环境保护的多重目标，通过科学的规划和管理，实现人与自然的和谐共处。

二、国家湿地公园的保护与管理

2023年10月国家林业和草原局印发《国家级自然公园管理办法（试行）》，国家湿地公园管理工作纳入此办法进行统一规范。2024年4月10日国家林业和草原局决定对

《国家湿地公园管理办法》予以废止。国家级湿地公园属于国家级自然公园。

国家级自然公园，是指经国务院及其部门依法划定或者确认，对具有生态、观赏、文化和科学价值的自然生态系统、自然遗迹和自然景观，实施长期保护、可持续利用并纳入自然保护地体系管理的区域。

根据《国家级自然公园管理办法（试行）》的规定，设立国家级自然公园应当具备下列条件：

（1）自然生态系统、自然遗迹或者自然景观在全国或者区域范围内具有典型性，或者具有特殊的生态、观赏、文化和科学价值。

（2）地方级自然公园设立两年以上，规划实施情况良好。

（3）具有一定的规模和面积且资源分布相对集中，与其他自然保护地不存在交叉重叠。

（4）范围边界清晰，土地及海域、海岛权属无争议，相关权利人无异议。

（5）有明确的管理单位。

申请设立国家级自然公园，省级林业和草原主管部门应当组织审查并征求省级人民政府相关部门意见，报经省级人民政府同意后，提交相关材料。

国家级湿地公园应当纳入生态保护红线。建设国家级湿地公园，应当坚持保护优先、科学规划、多方参与、合理利用、可持续发展的原则，统筹做好国土生态安全、生物安全等多目标融合。

三、国家湿地公园的典型代表

（一）黑龙江兴凯湖国家级自然保护区

黑龙江兴凯湖国家级自然保护区位于黑龙江省鸡西市密山市东南部，距鸡西市 120 千米。北与密山市、虎林市相邻，东、南与俄罗斯水陆相连，是三江平原湿地中一块具有代表性和独特性的湿地，总面积达 22.46 万公顷，河流纵横、水域广阔、沼泽密布、森林茂盛，野生动植物资源丰富，保持了自然地理生态系统的连续性、完整性和典型性，在黑龙江流域生物多样性保护方面具有重要地位。1997 年被纳入东北亚鹤类保护网络，2002 年被列入《国际重要湿地名录》。保护区内有高等植物 460 多种，有森林、草甸、沼泽、水生植物等多种植物群落。兴凯湖国家级自然保护区是中国乃至东北亚鸟类迁徙最东线的咽喉要道，地理位置十分重要，兴凯湖出水口——松阿察河河口，终年不封冻。每年春秋两季都有成千上万的迁徙鸟在此停歇觅食，特别是每年 3 月下旬至 4 月上旬，在冰雪尚未融化的时候，松阿察河口成为北迁鸟类长距离迁徙途中唯一有明水面的停歇地，日停歇鸟类最多达 3.5 万只。

（二）江西东鄱阳湖国家湿地公园

江西东鄱阳湖国家湿地公园位于江西省鄱阳县境内，是集湖泊、河流、草洲、泥滩、岛屿、泛滥地、池塘等湿地于一体的公园，是世界六大湿地之一，是亚洲湿地面积最大、湿地物种最丰富的国家级湿地公园。1992 年被列入《国际重要湿地名录》，1997 年被纳入东北亚鹤类保护网络，2002 年加入了中国生物圈保护区网络，2006 年加入了东亚-澳大利西亚鸻形目鸟类保护网络。鄱阳湖国家湿地公园主要保护对象是白鹤等珍稀候鸟，主要湿地类型包括湖泊、永久性河流、时令湖和永久性淡水草本沼泽、泡沼。

鄱阳湖国家湿地公园是世界上最重要的白鹤、东方白鹳、鸿雁越冬地，也是大鸨、黑鹳、小天鹅、白额雁、白琵鹭的重要越冬地。每年到鄱阳湖国家湿地公园越冬的白鹤最少近 1 000 只，最多达 3 100 只。

（三）广东海陵岛红树林国家湿地公园

海陵岛红树林国家湿地公园位于广东省阳江市海陵岛神前湾畔，公园总面积 6.08 平方千米，公园是以亚热带红树林湿地为风景特征、以生态保护为主、以观光休闲和科普教育为辅的多功能生态公园，是海陵岛“新八景”之一。公园内有广东省首条建在海上的跨海木栈道，多个观景凉亭，以及配套的功能设施。公园植物资源丰富，有红树林品种 7 种，以及鸟类 189 种、甲壳动物 29 种、鱼类 25 种。由于本地浅海海产丰富，常有白鹭等海鸟在此觅食，它们时而停靠海边，时而在空中飞翔，在红霞与红树林的衬托下，呈现出一派和谐之美。海陵岛红树林国家湿地公园是以近陆浅海与海岸滩涂湿地为主的湿地生态系统，主要保护对象为红树林湿地生态系统及生物多样性、海岸典型自然景观。其生态系统在我国南部沿海地区具有极强的典型性和代表性。

（四）北京野鸭湖国家湿地公园

北京野鸭湖国家湿地公园位于北京市延庆区西北部，属于华北平原向山西高原、内蒙古高原的过渡地带，它北靠燕山山脉，南临太行山脉，西南部与河北怀来县接壤，东南面是雄伟的八达岭长城，是国际鸟类迁移路线“东亚—澳大利亚路线”的中转驿站。野鸭湖国家湿地公园是北京野鸭湖湿地自然保护区的缓冲区，保护区处于水库中上游，沟岔纵横，库湾众多，是北京最大的湿地自然保护区，也是唯一的湿地鸟类自然保护区。据统计，野鸭湖湿地公园鸟种总数达 280 种，国家一级保护动物 9 种（黑鹳、东方白鹳、白头鹤、大鸨、金雕、白尾海雕、白肩雕、白鹤、遗鸥），国家二级保护动物 40 种。高等植物 420 种、鱼类 40 种、两栖类 5 种、兽类 10 种、昆虫类 182 种等。

任务四 湿地生态旅游产品设计

一、湿地生态观光游产品

湿地生态旅游产品设计

湿地生态观光游产品的核心在于湿地植物的景观配置和人工景观打造。以创新性思维与艺术性手法形成具有震撼性的湿地景观，增加湿地自身的观光性，同时湿地又是动物及鸟类的最好栖息地。湿地植物除了常见的芦苇、菖蒲外，还有其他类型，北方如香蒲、梭鱼草、千屈菜、雨久花、鸢尾等，还可引进王莲、紫叶美人蕉、花叶芦竹等适宜当地生长、景观效果好的品种，在不同的观景点、不同的季节形成特色景观。基于从坡岸到深水区不同地形的考虑，将挺水植物、漂浮植物和沉水植物有机搭配，如利用水生花卉植物造景，借助艺术手法，采用花海的概念，通过花岛、花瀑、花廊、花溪等方式，形成独特的景观卖点。

人工景观打造可以结合日出、日落、观潮、听涛、溯溪等多种方式，融入人工彩虹、景观跌水、夜景艺术等方式，增加吸引力，形成可体验、可消费的特色观光产品。

此类产品的设计要点：

(1) 保护为主：此种湿地大多生态价值很高，一旦生态环境被破坏，旅游观光产品就没有依托，因此需尽量减少外界干扰。

(2) 规模取胜：多为大面积的、色彩丰富的湿地景观，形成视觉冲击；且多有珍稀的湿地动物，观鸟等活动也是重要吸引因素。

(3) 原生景观：原生态的湿地环境是其特色，也是保持生态价值的基础。如果将人工化、形式化的造景技巧用于这种湿地只会弄巧成拙，不仅掩盖湿地的原生美，还很可能破坏生态平衡。

二、湿地生态休闲度假游产品

湿地是现代休闲生活方式的重要载体，可开展的湿地休闲活动包括：露营、林间野营、湖中岛和湖畔度假、水上泛舟、湖中采莲、湖岸垂钓、田间采摘、林间漫步等。旅游休闲产品成功的关键在于产品需适应人们追求舒适、浪漫、轻松、野趣、卫生和安全等多方面复杂的心理需求，并且要将高品位的环境和高质量的服务有机地结合在一起。

(一) 湿地生态营

湿地生态营是集木屋、房车、野营地等设施于一体的公共服务与活动区。依托湿地所提供的独特环境，设置与自然环境相融合的、以营地为核心的郊野体验项目。具体包括：

(1) 特色露营地：除常规的自驾车营地、帐篷露营地外，还有私密性的特色旅馆营地，如木桶旅馆、管道小屋 (Pipe Inn)、漂浮的家、鸟巢树屋等。

(2) 野趣木屋：在湿地水岸建设的木屋别墅，或在湿地中通过清淤堆岛的措施所建的浮岛木屋。木屋中提供餐饮、康体美容等服务，为游客营造出在水一方、浪漫幽雅的休闲环境。

(3) 水晶营帐：外观为帐篷形状，以玻璃为主要建材的湿地小屋，通透保暖，视野开阔，可作为生态会所，结合以非主流景观为特色的木屋建筑作为景观卖点。

(二) 心灵净化

心灵净化是湿地休闲项目的永恒主题，这一功能的实现，必须通过活动与内容进行支撑。

活动：面向观鸟、摄影、书画、环保、慈善等社团、俱乐部，开展有组织、有主题的各种活动。

内容：通过植物配置、色彩调配、景观小品设计等方式，打造一种促进游客自我沉淀、反思的环境。

(三) 健康管理

湿地环境是核心载体，以湿地环境和景观开发的度假产品，可以提供以会员制为基础的高端养生、康疗、健康管理服务，特别是利用温泉、矿物盐、深海泥、植物精华提取物及特色膳食等开发的健康保健产品。

三、湿地科普游产品

开展湿地科普教育是湿地生态旅游活动的一项重要内容，旅游景点的开发必须突出这一主题，为此可开发以下生态旅游景点：湿地生态旅游接待与宣教中心、湿地科研中心、湿地生态试验基地、环境监测站、水资源保护主题公园、湿地自然与人文历史博物馆、鸟类繁育与救护中心、水生植物园、湿地观光农园等。让游客参加一些体验性的活动，如参加古河道探险，参与丰富多彩的观鸟、亲鸟、护鸟项目。沿湿地生态旅游区的步道设立内容丰富的指示牌、宣传牌，配合开展湿地植物辨识、观鸟比赛等丰富多彩的活动，寓教于乐，使游客在不知不觉中受到湿地生态保护观念和相关科普知识的熏陶，深刻领略湿地的奥秘，提高对湿地的保护意识。

该产品的设计要点：

第一，合理的保护措施：需兼顾生态保护需求与科普需求，在尽量减少对湿地核心区人为干扰的前提下满足游客游览和活动的需求，游客活动空间相对聚集在远离湿地核心区的区域或呈线状、轻介入的方式穿插在湿地中。

第二，丰富的科普活动：注重生态知识教育（湿地的生态作用及其运行模式）、生物知识教育（湿地动物和植物的观赏与识别）、环保知识教育（旅游环保）、科技知识教育（湿地净化和湿地利用）、劳动知识教育（喂养、植树等）等湿地科普教育，通过展览馆、实地观察、参与性活动、科普讲座、主题科普活动等多元方式进行科普教育。

四、湿地健身游产品

湿地优美的自然景观和新鲜的空气有利于人体健康，也为热爱户外健身活动的人们提供了一个良好环境。可以开展穿越湿地长跑和环湿地自行车赛等体育项目；在边缘湖区建一些像沙滩浴场这样的戏水区，开展沙滩排球、游泳等水上健身项目。随着健身设施的逐渐完善，湿地定能成为爱好健身运动的游客的最佳选择。湿地能有效调节气候、吸引并沉降污染、制造氧气、涵养水源，为康体游乐提供了良好的环境。

湿地康体系列：水上瑜伽、湿地生活馆、湿地美容馆、天籁小屋（聆听疗法）、地热池、沙疗场、泥疗，以及各种利用湿地植物提取物和动物资源的养疗项目，如蜂疗、天然药草 SPA、湿地特产精油按摩、中草药瘦身、手足专护、仿生健身等。

户外运动系列：具有拓展训练功能的水上索道、浮桥、软梯等；攀岩墙、射箭场、水上高尔夫练习场、推杆岛、沙地运动；赤足溯溪、小型激流回旋等。

五、湿地主题游产品

依托湿地资源可以开发具有科普与游乐双重意义的主题游乐项目，特别是乐水、亲水、戏水类型的项目。

史前湿地部落：动态体验史前的湿地景观，如巨型蕨类植物、雨林风貌、恐龙居所、已经灭绝的湿地植物再现等。

湿地时空隧道：通过漂流或湿地游船、小火车等项目，让游客体验湿地的进化、演变。

鸟类的迁徙：以模拟化的手法体验鸟类的迁徙，如游客在模拟飞行的设备中，感受环境、气候的变化与各地不同的鸟瞰风光。

湿地之夜：在室内虚拟湿地环境，游客置身其中，可以感受湿地夜间的动物与植物及各种自然界的光亮、声音等，是一个以聆听为特色的体验项目。

天籁之音：与湿地之夜相呼应的、以聆听自然声音为卖点的室外项目。在水中或水岸的景观小品内设置感应设施，游客经过或踩踏时会自动播放湿地的自然音乐，如由流水、蛙鸣、鸟唱、风声、涛音等构成的交响乐，令游客心旷神怡。

湿地迷宫：利用不同湿地的优势植物物种与环境，结合水系整理、土方堆积，建设如芦荡迷宫、红树林迷宫等。如总面积超过 14 万平方米的大纵湖芦荡迷宫已入选“吉尼斯世界纪录”，吸引游客纷至沓来。迷宫沿途还可设藏宝点，游客可在探寻迷宫出路的过程中“寻宝”，从而增加游兴。

湿地主题游乐：以湿地水环境为核心的游乐方式，包括亲水、浴水、戏水、入水、借水、观水、听水、滨水等多种利用水体、进入水中、借用水景的方式，如游船、滑水、漂流、水上飞机、水上热气球、水上索道等游乐项目，同时配合滨水休闲场所建设。

拓展案例

案例 1：新加坡双溪布洛湿地保护区

案例简介：

新加坡双溪布洛湿地保护区是新加坡第一个也是唯一一个受保护的沼泽自然公园，在占地面积达 130 公顷的自然保护区内栖居着超过 500 种热带动植物，是候鸟途经东南亚的主要中途停留站，于 2003 年被列入东南亚国家联盟遗产公园。目前周边建有酒店、SPA 中心、纪念碑、高尔夫球场和工业区等，是湿地休闲度假的好去处。

案例分析：

保护区集保护、教育、休闲、研究于一体。保护：最大化地增长保护区内鸟类和其他野生生物的承载力；教育：丰富保护区内容，提供自然科学教育服务；休闲：以休闲为诱饵，鼓励游客深度体验大自然之美，进而保护区内的生物多样性；研究：致力于拓展和加深地区及国际性鸟类学和生物学知识，开展研究活动。

公园内有黄、橘、紫 3 条特制路线以及红树林木栈步道。黄色路线全长 3 公里，由石子路和木质平台构成，沿途可观赏红树林的气根现象；橘色路线全长 5 公里，包括了保护区内最长的木栈道，直通红树林研究园，面向学校发挥教育功能；紫色路线全长 7 公里，包含较长的原始土路，可以把游客带到三层楼的观鸟塔，也可近距离探访淡水区的动植物；红树林木栈道长仅 500 米，使游客在双脚不沾泥的情况下，享受穿越红树林的乐趣。4 条路线各具特色，为游客提供了多种观光、体验选择。

经验总结：

公园采用最小干预的设计手段，通过木栈道、解说台、观鸟台、瞭望塔、展示馆、服务中心、咖啡馆等设施，使游客能够近距离地感受自然。

精心建造观测平台、观察屏幕、休息亭和行人道路，既便于游客从近处观赏园内动植物，又能有效保障游客的人身安全，且不会过多干扰候鸟的生活。

用木头建造园内设施，设计原始道路，自然式繁殖花木，从而把对园内生态环境的破坏降到了最低，极大地保持了园区的原始状态。

对园内的景观小品均进行了精致化的设计，用有趣的文字引导游客观察生态，同时在游客服务中心内设置模拟景观介绍，生动形象地展示园内景观。

案例 2：杭州西溪国家湿地公园

案例简介：

杭州西溪国家湿地公园的陆地绿化率高达85%以上，生态资源丰富、自然景观质朴、文化积淀深厚，属于罕见的城中次生湿地，是目前国内第一个也是唯一一个集城市湿地、农耕湿地、文化湿地于一体的国家湿地公园。它包括东部湿地生态保护培育区、中部湿地生态旅游休闲区和西部湿地生态景观封育区三个部分，素有“杭州之肾”之称。

杭州西溪
国家湿地公园

案例分析：

西溪之胜，独在于水。水是西溪的灵魂，园区约70%的面积为河港、池塘、湖漾、沼泽等水域。整个园区六条河流纵横交汇，其间分布着众多的港汊和鱼鳞状鱼塘，形成了西溪独特的湿地景观。

西溪之重，重在生态。为加强生态保护，在湿地内设置了费家塘、虾龙滩、朝天暮漾三大生态保护区和生态恢复区，还建有湿地科普展示馆、三个生物修复池和一块湿地生态观赏区。多处设置观鸟亭，方便游客欣赏群鸟欢飞的壮丽景观。

西溪人文，源远流长。西溪自古就是隐逸之地，被文人视为人间净土、世外桃源，文化底蕴深厚。

西溪民风，淳厚质朴。端午节龙舟盛会，历史悠久，形式独特，有“花样龙舟”之称。“西溪人家”“桑、蚕、丝、绸故事”重现了西溪的农家生活劳动场景，让更多的人认识和了解水乡民俗。

经验总结：

既不同于自然保护区，也不同于一般意义上的公园，西溪湿地公园是集保护、科研、教育、旅游观光等功能于一体的城市湿地公园典范。

在设施的配套方面，在把握量的控制的前提下，建设高标准、高技术、高效率、生态性和节约型的基础设施共享系统，极大地满足了既定的功能需求。

在业态布局方面，以打造杭州独特的生态旅游精品为目标，配套商业、高品质的生态休闲设施，如会馆、企业总部、主题沙龙、创作基地等。

发展水主题旅游，实现了生态保护和旅游开发的完美结合与和谐发展；以西溪湿地的文化底蕴为基础，大力引进文化产业，规划设计“西溪国家公园艺术家村落”，实现了湿地保护与文化产业发展的完美和谐与相互促进；在农业生产的基础上发展湿地旅游，保存了农业生产元素，实现了农、渔业体验主题旅游开发与湿地保护的完美和谐。

抓住规划、保护、管理、研究4个环节，坚持规划先行，构筑区域人与自然和谐发展的规划体系，实施科学保护，调整并规划区内人类活动的强度和容量，注重精心管理，在科学保护与适度利用之间寻找平衡点，走出了一条保护与利用的“双赢”之路。

案例3：溱湖国家湿地公园

案例简介：

溱湖国家湿地公园位于江苏省泰州市姜堰区境内，水质好，自然资源优越，生物类型多样，鸟类资源尤为丰富，九条河流自然形成了“九龙朝阙”的奇异景观。溱湖国家湿地公园作为长江文化与黄河文化的过渡区、吴越文化和楚汉文化的连接点，形成了其独特的民俗风情和深厚的文化底蕴。

案例分析：

公园内的中国溱湖湿地科普馆，以“寻迹之旅”为主题，为我国首家湿地类主题体验馆，其通过声、光、电等高科技现代化手段向游客宣传湿地的有关知识，实现了生态展示、科普教育、生态示范等功能，构成了溱湖国家湿地公园的独特风景点。

湛蓝的湖泊、交织的河网和星罗棋布的洲滩岛屿，以及特有的湿地生态环境和里下河水乡民俗文化，是溱湖国家湿地公园旅游资源的最佳展现。经过开发和利用，现已初步形成以溱湖为主体的水环境景区，以“麋鹿故乡园”为品牌的湿地生态景区，以溱湖温泉资源综合开发而形成的温泉休闲度假区，以及以溱潼古镇、中国姜堰·溱潼会船节为代表的湿地文化景区。

经验总结：

以“水、湿地、生态”为内涵，孕育了湖幽水静、林奇兽异、民风浓郁的自然风光。

溱湖为长江水系与淮河水系交汇处，其水域宽阔，水质清纯，水草丰茂，营养丰富，所繁育生长的水生动植物含有人体所必需的多种氨基酸，含有丰富的矿物质及人体不可缺少的多种维生素。水产品取自天然，加工精细，兼具江淮风味，有“溱湖八鲜”之美誉。

在延续传统的湿地观光旅游产品和一般的娱乐体验项目的基础上，充分挖掘其资源特色，拓宽旅游产品的覆盖面，丰富项目库，形成了享受“喜鹊湖度假、游溱湖美景、品溱湖八鲜、泡三元温泉”的旅游优势。

项目小结

本项目全面深入地探讨了湿地生态系统的多样性、独特性及在地球生态系统中的关键作用。通过任务一对湿地的基本概念、功能的介绍，强调了湿地作为“地球之肾”的不可替代性，通过对湿地生态旅游的定义、特点和价值的介绍，突出了湿地生态旅游在环境保护、教育和娱乐中的多重角色；任务二详细介绍了中国湿地的类型、分布和保护状况；任务三探讨了国家湿地公园的定义、分类和管理办法，以及如何通过合理的管理和保护措施，确保湿地生态系统的完整性和可持续性，通过分析典型湿地景观和国家湿地公园的案例，展示了湿地生态旅游产品设计的成功实践和经验；任务四则介绍了湿地生态旅游产品设计的方法。

思考题

1. 湿地的功能主要有哪些？
2. 简述我国湿地资源的类型和分布。
3. 举例说明我国的代表性湿地景观。
4. 国家湿地公园和国家城市湿地公园的区别是什么？举例说明各自的代表公园。
5. 湿地生态旅游产品主要有哪些？
6. 结合教材内容及自身经历，设计 3～5 个具有创新性的湿地生态旅游产品。

项目六 草原生态旅游资源

项目导读

本项目旨在探讨草原生态系统的重要性、功能以及草原生态旅游的概念、特点和资源分类。项目内容涵盖了草原的多重生态功能，如气候调节、水源涵养、生物多样性保护等，以及草原在民族文化和历史遗产中的重要作用。同时，项目还介绍了中国草原资源的分布、代表性草原景观，以及草原生态旅游产品设计的原则和方法。通过本项目的学习，学生可以全面了解草原生态旅游资源的价值，掌握草原生态旅游的开发与管理知识，为草原资源的可持续利用和保护提供科学指导。

学习目标

知识目标	1. 了解草原的定义、功能、类型以及分布特点； 2. 掌握草原生态旅游的概念、特点以及旅游资源分类； 3. 认识中国主要的草原景观； 4. 掌握草原生态旅游产品设计开发的主要思路和方法。
能力目标	1. 能够分析草原生态旅游资源的优势和劣势； 2. 能够评估和分析草原生态旅游资源的保护价值和开发潜力； 3. 能够设计和规划符合生态保护原则的草原生态旅游产品； 4. 能够运用草原生态旅游资源的知识，为草原生态旅游开发提供科学合理的建议和方案。
素养目标	1. 培养对草原生态系统保护的意识和责任感； 2. 提高对草原生态旅游资源多样性的欣赏能力和审美素养； 3. 增强保护草原生态环境的意识； 4. 培养热爱自然、尊重文化的情怀。

案例引入

推进草原保护修复　擦亮生态底色

我国是草原大国，草原面积近40亿亩，居世界第一。

党的十八大以来，各地区各部门深入践行习近平生态文明思想，深化草原行政管理体制改革，扎实推进山水林田湖草沙一体化保护和系统治理，着力推进草原休养生息。目前，我国草原综合植被盖度达到50.32%，草原持续恶化趋势得到基本遏制，草原生产力持续提高，草原高水平保护和高质量发展取得显著成效，为生态文明和美丽中国建设奠定了坚实基础，进一步擦亮生态底色。

草原管理体制机制不断完善。党的十八大以来，党中央、国务院关于草原保护修复决心之大、力度之大、成效之大前所未有。2018年国务院机构改革，组建国家林业和草原局，草原工作地位和管理层级显著提升，草原监督管理、生态修复、科技创新等取得全方位发展。2021年《国务院办公厅关于加强草原保护修复的若干意见》出台，明确了新时代草原保护修复的16条具体政策措施，各省配套制度逐步建立。草原监督管理纳入林长制督查考核，林草工作实现了齐头并进。国家林草局全力推进草原工作，森林、草原、国家公园三位一体融合发展体制机制基本建立，保护好来之不易的草原、森林成为林草部门重要的使命。

草原生态修复力度不断加大。党的十八大以来，深入实施草原保护修复重大工程，全国种草改良面积约7亿亩。“十四五”以来，中央财政支持草原保护修复总投资1 100亿元，年均修复草原超过4 600万亩。年均治理草原鼠害、虫害面积1亿亩，有效防控沙漠蝗等迁飞生物入侵我国。全国草原火灾次数持续保持历史低位。将草原保护修复纳入新时代“三北”工程建设重点。在三北地区沙漠、戈壁、荒漠区域统筹推进风电光伏与草原修复相结合，强化绿色能源建设用地保障。

草原资源监管工作得到强化。开展全国打击毁林毁草专项行动，通报和挂牌督办26起重大典型案件。开展草原变化图斑判读与核查处置，以“天上看、地上查”为手段，近5年累计查处破坏草原案件5万余起。自然资源部、国家林草局出台政策，将7亿多亩“其他草地”依法纳入农用地管理，实现了与法律的有机衔接。实施三轮草原生态保护补助奖励政策，落实草原禁牧和草畜平衡面积稳定在38亿亩。从严管控建设项目占用基本草原，绝大多数草原生态系统被划入生态保护红线。将重要草原纳入国家公园等自然保护地和生态保护红线，实行严格监管，使每一片草原都得到有效保护。

草原领域改革发展不断深化。创建草原保护发展综合改革试验区，推进草原行政审批制度改革等六项试验任务，以点带面解决制约草原保护发展的制度机制问题。启动实施39处国家草原公园和18处国有草场试点，推进建设12处“红色草原”。国家林草局实施60个草原科技推广项目，新建草原生态定位站10个、长期科研基地8个，草原科技创新平台体系逐步健全。15所高校设立草原学院。将建设项目使用草原审批权委托省级实施，强化用地全周期监管，主动服务国家能源安全、国防建设和经济社会发展大局，强化重大项目、保供煤矿使用草原审核审批服务保障。

草原支撑保障能力不断提升。国家建立以定期普查和年度调查相结合的森林、草原、湿地、荒漠调查监测体系，基本摸清了草原底数。全面、科学评价国土绿化建设成效，“三北”工程规划设立林草覆盖率指标。不断完善草种业发展顶层设计和支持政策，在草种基地建设、科技支撑、品种选育等方面取得了阶段性成效，建成近60万亩草种繁育基地，草种生产能力达每年约3万吨，其中生态修复用草种产量每年1.69万吨。支持在适宜地区推广菌草技术，建设人工草地，提高优质高产牧草供给水平。出台

《“十四五”林草种苗发展规划》，公布了一批主要草种目录。启动全国草种质资源普查试点，建设国家草种质资源保存中心库。国家林草局成立草品种审定委员会，建立30处国家草品种区域试验站，新审定草品种45个。

资料来源：张萌. 推进草原保护修复 擦亮生态底色. 中国绿色时报，2024-10-15.

思考：

1. 我国为什么要进行草原保护修复？
2. 草原能给我们的生活带来哪些益处？

任务一 认识草原生态旅游

一、草原及其功能

草原是以草本植物种类占优势所构成的植物群落及其生长环境相结合的自然综合体，是草原畜牧业赖以生存和发展的重要物质基础。草原是我国最大的陆地生态系统，是具有多种功能的特殊资源，在我国国民经济和生态环境中具有重要的地位和作用。草原不仅是重要的地理屏障，而且也是阻止沙漠蔓延的天然防线，有防风固沙、净化空气、涵养水源、防止水土流失、保护生态环境等多种作用。

（一）草原是一个天然药库

据估计，我国天然草地中药用植物多达千种，著名的有甘草、黄芪、防风、柴胡、知母等，这些常见的中草药在草原几乎俯拾皆是。而锁阳、冬虫夏草、雪莲等名贵中药材，也分布于天然草原之中。

（二）草原是一个气候调节器

草原植物在生长过程中，从土壤吸收水分，通过叶面蒸腾，把水蒸气释放到大气中，能提高环境的湿度、云量和降水，减缓地表温度的变幅，增加水循环的速度，从而影响大气中的热交换，起到调节小气候的作用。

（三）草原是一个良好的大气过滤器

草原能吸收、固定大气中的某些有害、有毒气体。据研究，很多草类植物能把氨、硫化氢合成为蛋白质，能把有毒的硝酸盐氧化成有用的盐类，并且有减缓噪声、释放负氧离子、吸附粉尘、去除空气中的污染物的作用。

（四）草原可以涵养水源，防止水土流失

草原可以减少地面径流，并有良好的固土作用，这都依赖于草本植物发达的根系系统，自身的叶茎可以削弱雨水的冲击破坏作用，阻挡和减少径流的产生，根系对土体有良好的穿插、缠绕、网络、固结作用，防止土壤冲刷，增加土壤有机质，改良土壤的结构，提高草原抗蚀能力。

（五）草地生态系统可以有效防治沙漠化

草本植物具有较强的耐干旱和抗贫瘠的特性，因此在诸多的沙漠地区，草本植物成

为首选，草本植被覆盖面积的加大，对沙丘可以起到有效的半固定、固定作用，抗风防沙效果好。

专栏 6-1

气候如何“塑造”草原?

我国是全世界草原面积最大的国家，拥有天然草原 3.928 亿公顷，占我国陆地面积的 41%，是面积最大、分布最广的生物土地资源和生态系统。可草原却并非总是我们印象中的那样“苍翠欲滴”，在不同的气候条件下，它们竟展现出了十几种形态。

气候条件如何影响草原种类的划分？气候变化到底对草原有何影响呢？让我们一探究竟。

气候条件是草原类型划分的决定因素

在学术界，对草原的分类可谓是百家争鸣。例如，美国以植被为基础，结合发生学和农业经营分类系统，将草原划分为 15 类，而在我国，则将草原划分成 18 大类。董世魁介绍，全国草地资源调查拟定的中国草原分类体系，主要强调气候是草原形成和变异的决定因素。

众所周知，我国的气温从南到北大体呈现由高到低的趋势，草原的类型亦如此划分——南方以热性灌草丛和热性草丛为主，中部以温性草丛和温性灌草丛为主，北方以温带草原为主，青藏高原地区以高寒草原、高寒草甸为主。此外，在我国华北、东北、西北等地的山地区域还分布有高寒（山）草甸、高寒（山）草原等。

除了温度，湿度也是草原类型划分的重要指标。例如，同样是温带草原，年降水量在 350 毫米至 450 毫米的草原被称作“温性草甸草原”，其植被以中旱生禾草为主，主要分布在东北地区；年降水量在 250 毫米至 350 毫米的草原被称作“温性典型草原”，其植被以旱生禾草为主，主要分布在内蒙古中部和华北北部；年降水量在 150 毫米至 250 毫米的草原称作“温性荒漠草原”，其植被类型主要为旱生禾草和超旱生小半灌木。而年降水量在 60 毫米至 150 毫米，且蒸发量为降水量 10 倍以上的草原则被称作“温性荒漠”，这种类型的草原上有超旱生小半灌木和小灌木生长，然而覆盖度也只有 15%至 25%，只在极为干旱的西北地区才有。

那么，在我国哪些类型的草原分布较多呢？董世魁介绍，高寒草甸和高寒草原的面积最大，因为它们密布在青藏高原广袤的土地上，其中，高寒草甸类的年降水量达到 400 毫米至 600 毫米，且 80%集中在夏季，植被以莎草科和禾本科草本植物为主，覆盖度能达到 80%至 90%；而高寒草原类的年降水量只有 150 毫米至 300 毫米，植被以旱生丛生禾草为主。

一听到“高寒”二字，也许你会认为这里生物稀少，但实则不然。“高寒草原上的物种并不比温性草原上的少”，董世魁说，有些稀有物种反而更喜欢在高寒草原上生存，例如藏羚羊、野牦牛、藏野驴、雪豹等，论生物多样性，高寒草原可谓是价值极高。

气候变化给草原带来新冲击

“如果说森林是陆地的立体生态屏障，那草原就是水平生态屏障。”董世魁形容道，“草原可以防风固沙、保持水土、涵养水源、维护生物多样性，还可以调节水旱平衡。”

草原对气候的调节起到不可或缺的作用，但近年来在全球变暖的背景下，却因气候变化而遭受“重创”。

“最严重的打击之一，就是草地灌丛化。”所谓草地灌丛化，是指本地草地植物被灌木植物所取代的现象。目前，全球50%左右的草原已经出现灌丛化现象，这对草原生态系统功能和生物多样性造成严重影响。

此外，青藏高原等高海拔地区，以及内蒙古、新疆等高纬度地区的“树线”存在着不同程度的上移。“山体上的树木分布到一定高度的海拔之后，由于气温不足而无法继续向上分布，因此上方只生长草。这种在山体上分割树木与草的界限就是树线。”董世魁解释说，树线上移意味着树木开始向上长，从而压缩了高寒草原、高寒草甸的分布空间，使得高海拔特有的物种面临着生存风险。而这背后的“罪魁祸首”就是全球变暖。

气候变化所带来的极端高温，还使得本就缺水的草原更干旱，植被覆盖会进一步下降，草原沙化更严重，从而影响生物多样性。

面对气候变化带来的日益严峻的形势，董世魁呼吁，全球需协同加强草原治理和恢复，确保草原生态系统的可持续发展。“若不受国家边界的限制，从全球层面进行多重效益的草原恢复，将为生物多样性带来91%的潜在效益，为缓解气候变化带来82%的效益。”

资料来源：于桐．气候如何塑造草原?．中国气象报，2024－06－20．

二、草原生态旅游的类型

草原生态旅游，是以草原生态系统和环境资源为依托、以环境保护为核心理念、以追求人与自然和社会的和谐统一为目标的一种生态旅游形式。草原生态旅游以欣赏草原自然景观、野生动植物以及相关的文化特色为对象，以生态环境保护为原则，以具有观赏性和可进入性的草原生态系统作为旅游目的地，对草原的景观、物种、生态环境、历史文化等进行了解和观察。草原生态旅游强调尊重自然与文化的异质性，保护草原生态环境与造福当地居民，追求的是草原生态保护和旅游经济的协调发展，倡导人们认识自然、享受自然、保护自然，是草原可持续利用的最佳模式之一。

基于不同的草原植被类型给旅游者带来的不同旅游感受，将草原旅游景点划分为典型草原型、荒漠草原型、沙地草原型、河谷草甸型和高山草甸型旅游景点，不同的类型具有不同的草原景观和植被组成。典型草原型和河谷草甸型具有茂密的植被覆盖，是旅游开发的重点类型；沙地草原型和荒漠草原型因生态环境极其脆弱，为防止出现沙化和植被退化，不能过度开发，并应进行相应的保护和修整；高山草甸型因气候原因，一般适宜开发的旅游季节较短。

根据草原生态旅游开发中与人文资源的结合程度，可将草原生态旅游划分为单纯草原景观型和草原综合型。单纯草原景观型旅游地往往以自然景观为主，草原综合型旅游地注重自然景观与民俗风情等人文资源的结合。

三、草原生态旅游资源的特点

草原作为一种旅游资源综合体，主要吸引物包括草原景观（观赏植物）、野生动物、气候与气象景观、独特地形地貌、草原上附载的民俗风情、草原岩画等历史遗存资源。相较于其他生态旅游资源，草原生态旅游资源有其特殊性。

（一）资源的广布性和相对集中性

我国草原分布具有一定的集聚性，在内蒙古、甘肃、新疆等地，分布着众多不同类型的珍稀草原，在草原开发的早期，开发经营草原旅游的壁垒小、成本低，所以大量的开发者涌入，导致在同一片草原上分布着大量的旅游景区。这种规模小、分布集中的旅游景区使得同一资源特征的草原片区之间竞争日益激烈，而且存在破坏生态环境的隐患。

（二）脆弱程度较高，季节性高度集中

草原生长需要特殊的气候和土壤条件，所以生态系统稳定性小，转化性大，脆弱性较高，隐含着潜在退化的极大倾向和危险，一旦人为利用不当，极易导致植物群落的衰退，风蚀、水蚀加剧，土地荒漠化，从而造成生态系统失衡。同时由于草原景观的单一性，旅游功能分区时很难将游览区与生活服务区分离，常常是生活区与景区合为一体，造成草原景观整体性的分割和草原生态环境的破坏。草原生态结构简单，稳定性差，在草原植物重要生长期，需要停止一切活动维护草原生态的平衡，且草原代表性景观集中在一年的几个月当中，因此，草原这一生态系统旅游资源具有超强的季节性。

（三）景观相对单调，易产生视觉疲劳

草原是内陆半干旱到半湿润气候下的产物，其降水不足以维持森林的成长，却能支持耐旱的多年生草本植物的生长，所以草原辽阔无林。草原的辽阔、平坦，加上草本植物群落高度的相对一致，使草原景观具有广阔性、单一性和无边界性，缺乏特定的观赏个体，相对单调，观赏时间久了容易造成视觉疲劳。

任务二　我国草原资源的分布和代表性草原景观

一、我国草原资源的分布

我国是一个草原大国，拥有各类天然草原近 4 亿公顷，面积居世界第二位。草原是我国陆地生态系统的主体和重要的生态屏障，也是生态脆弱区，是我国大江大河的主要

发源地，也是牧区农牧民赖以生存发展的基本生产资料和很多珍稀动植物特定的生存地区。

我国草原的类型之多居世界第一，共有18个大类37个亚类、1 000多个草地类型，几乎涵盖了世界上主要的草地类型，从热带亚热带草原、温带草原到高寒草原等，呈现出草甸、草原、荒漠，间或伴有沙地疏林、灌丛、河漫滩草甸、熔岩台地、湖泊沼泽等规律的生态格局。我国草原广泛分布于东北的西部、内蒙古、西北荒漠地区的山地和青藏高原一带，主要分布在黑龙江、吉林、辽宁、内蒙古、宁夏、甘肃、青海、新疆、陕西、河北、山西和四川12个省（自治区）。根据自然地理及行政区划，我国草原一般可划分为5个大区，即东北草原区、蒙甘宁草原区、新疆草原区、青藏草原区和南方草山草坡区。

二、我国代表性草原景观

（一）呼伦贝尔草原

呼伦贝尔草原位于内蒙古呼伦贝尔市，因呼伦湖、贝尔湖而得名。地势东高西低，海拔为650～700米，总面积约11.3万平方千米，拥有一亿多亩草场、两亿多亩森林、500多个湖泊、3 000多条河流，是内蒙古草原风光最为绚丽的地方，是我国保存最好的草原，有“牧草王国”之称。呼伦贝尔草原上，水草丰茂，河流纵横，大小湖泊星罗棋布，绿波千里，一望无垠，微风过，羊群如流云飞絮，点缀其间，草原风光极为绮丽，令人心旷神怡。步行其上，那种柔软而富于弹性的感觉非常美妙，而绿草与蓝天相接处，牛羊相互追逐，牧人举鞭歌唱，处处都是“风吹草低见牛羊”的景致。在呼伦贝尔草原旅游，可以骑马、乘骆驼，畅游草海，可以坐“勒勒车”环湖漫游，可以临湖垂钓，可以入林狩猎，尽享草原风光。

（二）伊犁草原

伊犁草原位于新疆维吾尔自治区新源县东部，自然和人文旅游资源齐聚。北、东、南三面环山，西部开口迎接西来湿润的气流，致使伊犁草原成为荒漠中风景这边独好的“湿岛”，西来的气流还促成了伊犁草原完整的垂直带谱发育，从平原到山地分布有荒漠、草原、草甸、灌丛和森林等多种植被类型，年均温度在8℃～9℃，生物多样性十分丰富。伊犁草原宜牧宜农，游牧文化在这里表现突出，冬天牧民在平原荒漠放牧，春天转移上山，夏天到了高山草地，秋天又开始新的轮回。伊犁草原广泛分布的草原土墩墓、神秘多彩的伊犁岩画与粗犷风趣的草原石人，堪称伊犁草原上的“三大文物奇观”。优美的自然风光和深厚的文化底蕴齐聚于此，大大增强了伊犁草原的旅游吸引力。

（三）锡林郭勒草原

锡林郭勒草原位于内蒙古自治区锡林郭勒盟境内，海拔800～1 200米，面积17.96万平方千米。1987年锡林郭勒草原被联合国教科文组织接纳为“国际生物圈保护区”网络成员，1997年晋升为国家级自然保护区，主要保护对象为草甸草原、典型草原、沙地疏林草原和河谷湿地生态系统。锡林郭勒草原拥有美丽的草原自然风光、古朴的蒙古族风情以及独特的生产生活方式，众多的文物古迹、悠久的历史文化和宜人的避暑气候。锡林郭勒草原已开发骑马、乘驼、射箭、坐“勒勒车”、牧羊、祭敖包、蒙古族歌舞、服饰表演、体验牧民生产生活等常规旅游项目；推出了自行车拉力赛、摩托车和汽车越野赛、狩猎、滑冰、滑雪等特种专项旅游项目；还推出了“环锡林浩特天然草原游”“阿尔山圣泉康复保健游”“草原牧羊游”“锡林郭勒草原民俗风情游”“草原婚礼游”“沙源治理游”“元上都遗址探秘游”“恐龙墓地游”“中蒙边境游”“草原那达慕”“森林、沙漠、雪地探险游”等旅游线路，旅游活动项目独具特色、丰富多彩。

（四）川西高寒草原

川西高寒草原位于四川甘孜州中部，以理塘、甘孜、新龙、白玉、巴塘草原为核心，海拔 3 800～4 500 米，核心面积达 7 万平方千米，山原和丘状高原地貌发育充分，平坦宽阔。川西草原没有内蒙古大草原的辽阔坦荡，但其高山草甸景观却别具一格。每年初夏是这里最好的旅游季节。这里植物种类丰富，是放牧牛羊的天然草场。埋头啃食的羊群，像天上飘动的白云，缓慢移动的牛群，像绿绒毯包裹着的黑色珍珠，远处的雪山之水，好似母亲充沛的乳汁，滋养着这广袤的大草地。

（五）那曲高寒草原

那曲高寒草原位于西藏自治区北部，地域辽阔，湖泊星罗棋布，河流纵横其间，地热温泉众多，总面积达 40 多万平方千米。整个地形呈西高东低倾斜，西高、中平、东低，平均海拔在 4 500 米以上，是我国高寒草甸草原的代表。一望无垠的无人区草原、雄伟高大的雪峰、幽静湛蓝的纳木错和烟波浩渺的色林错等众多湖泊，构成了一幅蓝天、白云、雪山、碧水、绿草交相辉映的优美景象。那曲镇被西藏列为开放的旅游区之一。每年 8 月是黄金旅游季节，一年一度的赛马节在此举行，各业商贩、游客纷纷云集而来。夏日的那曲草原更是一幅由蓝天、白云、彩虹、牛羊和绿色织就的锦缎画，旅游者会在这里领略到大自然的美妙。

（六）祁连山草原

祁连山是甘肃和青海两省的界山，祁连山草原地处甘肃省、青海省交界处的祁连山山脉，属于高海拔草原，主要草地类型为：高寒草甸类、灌丛草甸类、疏林草甸类、山地草甸类。祁连山草原牧区牧草资源较丰富，且生物资源丰富。著名的大马营草原是祁连山草原的代表之一，地形平坦、水草丰美、蜚声中外的远东第一大牧场——山丹军马场就建在这里。大马营草原处于河西走廊和祁连山之间的台地，其东边有西大河自祁连山破山而出，树木杂生，百草丰美，多有候鸟来此度夏。大马营草原有汉代的烽燧、明朝的城堡。

专栏 6-2

美丽的草原，有多少种模样？

电视剧《我的阿勒泰》的热播，让美丽的阿勒泰草原走进更多人的视野。草原的辽阔广袤、流水潺潺、牛羊成群，高山河谷间多样而变化的风景，令人向往。

你印象中的草原是什么样子？美丽的草原，到底有多少种模样？

草原是地球上面积最大、分布最广的陆地生态系统之一。我国草原类型多样，有18个大类。从水热条件决定的地带性分布规律看，从南到北，依次有干热稀树干草原、热性灌草丛、热性草丛、暖性灌草丛、暖性草丛；从东到西，内蒙古高原分布有温性草甸草原、温性典型草原、温性荒漠草原、温性荒漠，青藏高原分布有高寒草甸、高寒草甸草原、高寒荒漠草原、高寒荒漠等。此外，其他山地地区还分布有山地草甸、山地草原，低洼地区或海岸带附近分布着低地草甸、沼泽草甸等非地带性分布的草原。

阿勒泰地区的草原类型多为荒漠草原。这里地貌多样，有山区、盆地、河谷、戈壁和沙漠5种类型，形成了北部中高山气候区、低山丘陵气候区、平原气候区3个气候区。多样化的垂直地形地貌及气候特征，使得阿勒泰地区的草原类型丰富多样，包含高寒草甸、山地草原、温性草甸草原、温性荒漠草原等类型。

草原植物多样性丰富，一年四季因植物季相变化，呈现“春绿、夏彩、秋黄、冬灰”的不同景观。春天，禾本科、蔷薇科等植物返青、分蘖、拔节，仿佛广袤无边的绿色地毯；夏天，菊科、蔷薇科等植物竞相开花，形成五颜六色的草原花海；秋天，禾本科、菊科等植物结果，草原植物叶片渐黄，呈现满目灿灿的金色画卷；冬天，草原植物枯萎，在大雪覆盖下呈现灰白相间的色彩。

“逐水草而居”，曾是阿勒泰草原游牧民的生产生活方式，因此有了文艺作品中描述的“四季牧场”，这也正是当地草原类型丰富的生动写照。通过转场，游牧民在草原资源、畜群和人群间建立起平衡关系，避免对草原资源过度利用。如今，保护草原生态系统、避免过度开发利用的理念不断发扬光大，成为人们的广泛共识。

资料来源：董世魁．美丽的草原，有多少种模样?．人民日报，2024-05-22.

任务三　草原生态旅游产品设计

草原作为生态旅游资源综合体，其吸引物十分丰富，草原生态旅游产品设计的主要思路有下述几种。

一、草原生态观光旅游产品

这里的观光包括两类：一类是自然观光，主要欣赏草原区所拥有的自然旅游资源，如大片的草场、森林、湿地、河谷、珍禽异兽等；另一类是人文观光，主要是参观少数民族的民俗风情和草原文化的历史遗存，这类资源品位较高，特色鲜明，在国内外有很高的知名度，极具市场开发潜力，而且开发成本较低，是草原旅游活动中的首推项目。

二、草原休闲娱乐旅游产品

草原休闲娱乐是目前草原旅游主要的游憩方式。包括骑马、射箭、滑草、滑翔机、放风筝、草原足球、越野赛车、焰火燃放、篝火晚会等，部分水量充足的草原还开展有漂流、垂钓、水上乐园等活动。

三、草原度假、疗养保健旅游产品

草原上生态环境较好，空气清新，旅游者来到草原可以尽情享受蓝天、白云、绿地，放松身心，陶冶情操。大草原空旷宁静的自然环境，适宜开展休闲度假游，另外结合草原居民的食疗与医药文化，具备开展草原疗养保健旅游的条件。此外，有的草原上矿泉众多，这些矿泉含矿物质特别丰富，一般都具有药理作用，是开展医疗保健旅游的绝佳之地。

四、草原民俗风情旅游产品

草原居民有着独特的民族发展历史和区域生活特点，在长期的发展中形成了各具特色的文化习俗、生产生活方式、风味饮食、居住、服饰、歌舞、节庆活动等，具有深刻的人文内涵。民族风情本身的差异性，可以给人们带来一种强烈的新鲜感，可以满足人们猎奇、寻求刺激的需要，因此草原旅游地是开展民族风情旅游的上乘之地。

五、草原体育旅游产品

草原体育旅游是指以健身或体育性娱乐为主要目的的草原旅游活动。草原一般广阔平缓，风景优美，对于城市中长期被堵车困扰的爱车族来说，在草原上开车有着极大的诱惑力。在保护草原生态环境的前提下，可以推出竞技比赛，如赛马、射箭、挥鞭等旅游项目，也可以推出草原越野旅游或比赛项目，如摩托车、吉普车比赛；自行车游（比赛）；徒步游（比赛）等特色体育活动。

六、草原科考、探险旅游产品

在一些较有典型意义的草原区域，可以设计开发专业科学考察旅游，如草甸草原的考察、典型草原的考察、退化草场的考察。这种旅游项目需要具备较为成熟的前期科学研究基础，拥有较为齐全的研究资料，主要旅游者对象是专业人员，通过这项旅游活动，能够让旅游者更加了解草原的科学内涵。探险旅游产品是参与性强的特色旅游项目，参与者要有较丰富的草原生存经验，旅游者在惊险刺激中得到休闲、娱乐，同时还可以亲身体验到草原的游牧生活情趣，感受人与自然的亲近，领悟人与自然和谐共处的重要性。

拓展案例

案例：木兰围场旅游产品设计开发

清代的皇家猎苑——木兰围场，位于河北省承德市围场满族蒙古族自治县，主要开发的景区有塞罕坝国家森林公园、红松洼国家自然保护区、御道口草原森林风景区以及红山军马场。这里自然景观、人文景观引人入胜，被誉为“水的源头，林的海洋，花的世界，云的故乡”。

木兰围场现已开发的草原旅游产品很多，包括观光、度假、娱乐休闲、草原文化等，尤其是生态观光和娱乐休闲方面的产品比较丰富。

(1) 草原观光。包括自然观光和人文观光。自然观光主要欣赏草原区所拥有的自然旅游资源，如大片的草场、低矮树林、湿地、河谷、珍禽异兽等；人文观光主要是参观少数民族的民俗风情和草原文化的历史遗存等。

(2) 草原娱乐。草原娱乐是目前木兰围场草原旅游主要的游憩方式，包括骑马、射箭、滑草、滑翔机、放风筝、草原足球、越野赛车、焰火燃放、篝火晚会等。

(3) 草原生态度假。夏季草原气候凉爽，空气清新，是休闲度假的好去处。目前木兰围场建有度假村、酒店等度假设施，在一些区域，游客还可以选择到牧民家中借宿。

(4) 草原文化体验。草原文化类型多样，包括悠久的历史文化、特色的游牧文化以及极具魅力的民俗风情等。木兰围场文化体验旅游产品主要有穿蒙古族服饰、品尝特色美食、体验蒙古包住宿、参加那达慕大会等。

木兰围场目前开发的旅游产品还停留在初级阶段，主要集中在草原观光和娱乐项目方面，而在避暑度假、保健、科考、草原文化产品方面相对薄弱，尤其是生态保健、生态科考方面产品缺失。提升木兰围场生态旅游品质的思路有：

(1) 保护是前提，分级、分区开发。为了保护草原生态旅游资源及其环境，草原旅游开发应该在资源与环境可承受的范围之内，根据草原类型及其植被发育状况进行分级、分区开发。分级开发是根据草原生态状况指标（如环境脆弱性、生态敏感性、环境容量、抗干扰性等）对木兰围场草原旅游开发区进行等级划分，确定不同等级及相应的旅游开发深度；分区开发是对草原生态保护区划分核心区、缓冲区和实验区，在核心区严禁任何形式的旅游开发，在缓冲区进行适量开发，而将游客生活服务设施放置于实验区内。

(2) 文化的传承和创新是木兰围场魅力提升的关键。木兰围场是一个融满族、蒙古族文化与皇家狩猎文化于一体的旅游地，文化底蕴深厚。文化的传承主要集中在当地少数民族风俗和皇家狩猎文化的保护，在旅游开发时应保护当地的民风民俗，将旅游对当地文化的冲击降到最小，并在旅游产品开发时充分挖掘其文化内涵，创新旅游产品，增加产品的独特性和差异性，提升产品的市场竞争力。

(3) 综合产品开发策略，让木兰旅游四季常青。木兰围场的自然和人文资源丰富，有着良好的资源基础，而现有的产品以观光旅游为主，产品单一，季节性强。应充分发挥木兰围场的资源优势，丰富产品类型，用综合性产品开发策略培育集观光、度假、养生、运动于一体的旅游目的地，培育大美木兰，成为国际高端度假、旅居、会议、养生与环保的四季木兰。

(4) 高端产品拉动，打造木兰旅游品牌。如今，高端游客的需求正在发生深刻的变化，回避黄金周、不参团不跟团、定期度假、选择适合自己的度假地和度假方式，这预示着个性化旅游时代的到来。高端游客更加注重舒适性，对于产品和服务的细节尤为关注，同时有很强的品牌意识，注重服务的附加值。因此木兰围场在产品开发时应注重品牌的塑造，在现有产品提升的基础上，让高端产品成为木兰围场的名片，带动木兰旅游走上更高层次。

项目小结

本项目探讨了草原生态系统的多样性、独特性及草原生态系统在生态旅游中的价值。任务一介绍了草原的概念、功能和生态旅游的内涵，探讨了草原生态旅游的定义、特点和价值，为理解草原的重要性和如何合理利用草原资源提供了基础；任务二详细描述了中国草原的分布情况和主要草原类型，通过对不同地区草原景观的介绍，展示了中国草原的多样性和独特性，帮助了解中国草原资源的现状和保护的重要性；任务三探讨了草原生态旅游产品设计的主要思路和方法，能为实际的草原旅游开发提供指导。

思考题

1. 草原的功能主要有哪些？
2. 我国草原资源的地域分布情况如何？
3. 举例说明我国的代表性草原景观。
4. 草原生态旅游产品主要有哪些类型？
5. 设计1～2个草原生态旅游产品，并说明设计思路及开发注意事项。

项目七 荒漠生态旅游资源

项目导读

本项目旨在深入探讨荒漠生态系统的特性、功能和生态旅游的潜力。项目内容涵盖了荒漠的定义、分类、气候特点、生态系统功能，以及荒漠生态旅游的概念、特点和旅游资源。通过介绍中国荒漠资源的分布和代表性荒漠景观，展示了中国荒漠的多样性和独特性。项目还介绍了国家沙漠公园的建设和管理，以及荒漠生态旅游产品的设计与开发。通过本项目的学习，学生可以全面了解荒漠生态旅游资源的价值，掌握荒漠生态旅游的开发与管理知识，激发对荒漠环境保护和可持续发展的关注。

学习目标

知识目标	1. 了解荒漠生态系统的概念、类型、功能以及荒漠生态系统独特的自然环境特征； 2. 掌握荒漠生态旅游的概念、特点以及荒漠生态旅游与生态环境保护的关系； 3. 熟悉我国荒漠资源的分布情况以及代表性荒漠景观的特点； 4. 认识国家沙漠公园的建设目的、意义； 5. 了解荒漠生态旅游产品的设计类型和开发模式。
能力目标	1. 能够分析荒漠生态旅游资源的特点和优势； 2. 能够设计不同类型的荒漠生态旅游产品； 3. 能够评估荒漠生态旅游项目的环境影响； 4. 能够运用生态旅游的理念进行荒漠资源的保护和开发。
素养目标	1. 培养对荒漠生态系统保护的意识和责任感； 2. 培养对自然景观的审美能力，激发探索自然的兴趣； 3. 树立生态文明理念，增强生态环境保护意识； 4. 提高可持续发展意识，促进人与自然和谐共生。

案例引入

阿拉善藏着多少“沙”秘密？如今竟让牧民收入翻番！

在祖国北疆，有一片神奇的土地——阿拉善。曾经，这里是一片荒芜景象，“天上不见鸟，地上不长草，遍地无人烟，风吹石头跑”的民谣，诉说着往昔的萧瑟与凄凉。然而，时过境迁，如今的阿拉善已焕然一新。多年来，阿拉善以建设祖国北疆重要生态安全屏障为使命，大力开展“山水林田湖草沙”一体化综合治理。腾格里沙漠边缘，一条蜿蜒的“绿色长城”拔地而起，那是长达350千米、宽度在3至20千米不等的防沙阻沙防护林草带，“阿拉善模式”的荒漠化治理成效显著，声名远扬。

在阿拉善左旗巴彦浩特镇通古淖尔嘎查，阿拉善防沙治沙和风电光伏一体化项目施工正如火如荼。这里巧妙地运用“光伏＋治沙”创新模式，实现了“板上发电、板下修复、板间种植”的完美结合。这一模式既治理了沙地，又降低了能耗，让生态与经济相得益彰，能源结构也得到进一步优化。

内蒙古华电腾格里绿色能源有限公司相关负责人称，截至当下，光伏一期工程桩基已完工，整体完成率达到了90%，二期工程也在稳步推进中。此项目装机规模达200万千瓦。建成之后，每年节约标煤可达107万吨，减少二氧化碳排放278万吨之多，预计发电量达35亿度，足以满足300万人一年的用电需求。同时，能让5万亩沙地重披绿装，实现生态修复与电力供应的协同发展。

腾格里沙漠中的阿拉善英雄会景区，是游客们的向往之地。牧民李金宝过去靠放牧农耕维持生计，生活颇为艰难。自18年前阿拉善旅游业兴起，他的生活迎来了转机。从骑着摩托车在沙漠中穿梭，到如今驾驶着价值几十万元的越野车带领游客领略沙漠风光，他的收入也实现了质的飞跃。“以前种地放牧，全家一年收入才2万元左右，现在旅游业发展起来了，仅靠一辆车的旅游服务，一年就能收入十几万元。”李金宝自豪地说道，他深知要充分利用家乡的资源创造财富。

英雄会、亚沙赛事等旅游项目的举办，极大地提升了阿拉善的文化旅游品牌影响力，让阿拉善的沙漠旅游线路闻名遐迩。

数据显示，2023年的清明、五一、端午假期，巴彦浩特镇累计接待游客6万余人次，旅游收入达500多万元，民宿数量也发展到了100余家。

如今，天鹅湖、乌兰湖、阿拉善梦想沙漠公园等地已成为热门打卡景点。当地牧民和周边乡镇剩余劳动力纷纷投身旅游服务行业，民宿经营、沙滩车租赁、骆驼骑乘等项目如雨后春笋般发展起来。

沙产业不仅为农牧民开辟了致富道路，防风固沙也成为大家的共识。以巴彦浩特镇为例，在实施内蒙古西部荒漠综合治理项目（二期）过程中，防沙固沙面积达9万亩，种下花棒、梭梭等固沙植物26.7万株，各社会团体还种下3 500棵胡杨树，为荒漠化防治添砖加瓦。

资料来源：姜文山．阿拉善藏着多少“沙”秘密？如今竟让牧民收入翻番！．(2024-10-13)[2024-11-12]．中国青年网．

思考：

1. 荒漠有什么功能？
2. 沙漠可以发展哪些类型的旅游？

任务一　认识荒漠生态旅游

认识荒漠生态旅游

一、荒漠及其功能

荒漠是一种重要的陆地生态系统。它是在气候十分恶劣、水热极不平衡的条件下形成的以荒漠为基质的一种极端生态系统类型，是陆地生态系统中最为脆弱又非常重要的子系统之一。世界上的荒漠种类繁多，有的寒冷，有的灼热，有的有很深的峡谷，有的覆盖着沙子。根据地面形态和堆积物特征，可以将荒漠划分为：岩漠、砾漠（戈壁）、沙漠、泥漠。我们通常所熟知的沙漠实际上只是荒漠生态系统中的一部分。

荒漠气候的特点主要有：终年少雨或无雨，年降水量一般少于 250 毫米，降水为阵性，越向荒漠中心越少；气温、地温的日较差和年较差大，多晴天，日照时间长；风沙活动频繁，地表干燥、裸露，沙砾易被吹扬，常形成沙暴。荒漠中在水源较充足地区会出现绿洲，具有独特的生态环境，利于生活与生产。

荒漠生态系统的功能主要体现在防风固沙、土壤保育、水资源调节、固碳、生物多样性保育、景观游憩、沙尘生物地球化学循环等方面。

典型的热带荒漠有非洲的撒哈拉沙漠、卡拉哈里沙漠、纳米布沙漠，西亚的阿拉伯沙漠，南亚的塔尔沙漠，北美西南部沙漠，澳大利亚中西部沙漠和南美的阿塔卡玛沙漠等。典型的荒漠有阿根廷的巴塔哥尼亚沙漠、中亚的卡拉库姆沙漠和我国的 8 大沙漠等。较成熟的荒漠旅游地有北美洲中部沙漠、澳大利亚内陆沙漠、亚洲大陆腹地沙漠以及撒哈拉、阿拉伯和南部非洲沙漠。

专栏 7-1

不是所有的“荒漠”都需要被“绿化”

荒漠生态系统是由超强耐旱生物及干旱环境所组成的一类生态系统。提到荒漠生态系统，很多人会联想到无生命存在的寂静荒芜之地，认为它并没有太大作用，还有许多的负效应。其实，这种想法是错误的，荒漠不等于荒芜。

人为原因导致的荒漠化土地需要采取人为措施加以恢复治理，而像可可西里这样“天生”的荒漠，属于荒漠生态系统，我们需要做的是保护，而不是试图通过努力将荒漠覆盖绿色植被。

研究表明，一个世纪前，地球表面仅 15% 用于种植作物、饲养牲畜。今天，地球 77% 以上的土地（不包括南极洲）和 87% 的海洋已经被人类活动的直接影响所改变。由于目前地球上几乎已经不存在绝对意义上的“原始自然”或“纯粹自然”，因此，荒漠是人类开发程度和控制程度相对最低的自然区域。

在三江源国家公园境内，青藏公路以西是无人居住的辽阔荒漠——可可西里。可可西里在蒙古语中意为“青色的山脉”或“美丽的少女”，最低气温约零下46℃。

这里自然环境严酷，气候恶劣。在很长时间里，人们对可可西里几乎一无所知，甚至流传着那里“寸草不生”“有进无出”的可怕传闻，是中国最大、海拔最高、最神秘的“死亡地带”。

在可可西里，人类无法长期居住，然而正因为如此，给高原野生动物创造了得天独厚的生存条件。区内有中国国家一级保护动物藏羚羊、野牦牛、藏野驴、雪豹等，被誉为青藏高原珍稀野生动物的基因库。这让它成为目前世界上原始生态环境保存最完美的地区之一，也是目前中国建成的面积最大、海拔最高、野生动物资源最为丰富的自然保护区之一。

伴随着人类社会的飞速发展，代表着文明繁荣的交通网深刻地改变了地球的面貌。它们连接起城市与乡村，不断缩短着人与人之间的距离，却也在野生动物的家园中构筑起了一堵堵“柏林墙”，威胁着它们的生存。

在青藏铁路的建设中，开始考虑到野生动物通道的问题。青藏铁路和青藏公路穿越辽阔的高原地带，那里也是诸多野生动物，如藏羚羊、藏野驴的家园。为了降低交通线对动物迁徙和生息繁衍的影响，道路规划者们做出了许多努力，根据不同动物的迁徙习性，建设了多样的“生命通道”。通道被设计为桥梁下方、隧道上方及缓坡平交三种形式。

对于藏羚羊等中小型动物的通道，桥下通道部位净高大于3米。对于藏野驴、野牦牛等大型动物的通道，桥下通道部位净高大于4米。沿线还设有大量的桥梁、低路堤及家畜通道，也可供野生动物通行。

资料来源：三江源国家公园．不是所有的“荒漠”都需要被“绿化”．(2022-09-16)[2024-10-26]．澎湃新闻客户端．

二、荒漠生态旅游的概念及特点

（一）荒漠生态旅游的概念

荒漠生态旅游是以荒漠生态系统和环境资源为依托、以环境保护为核心理念、以追求人与自然和社会的和谐统一为目标的一种生态旅游形式。荒漠生态旅游以欣赏、体验荒漠自然景观、植被、文化遗迹、居民生活方式为对象，以生态环境保护为原则，以具有观赏性和可进入性的荒漠生态系统作为旅游目的地，在满足旅游者猎奇、探险、休闲、娱乐等多种需求的同时，增进科学知识，提升环保意识。

（二）荒漠生态旅游的特点

1. 旅游环境原始自然

荒漠干旱区自然环境恶劣，人迹罕至，受外来文化影响小，地理环境、民族文化均保持着固有的完整性和原始性，强烈的地域差异和文化反差使得荒漠旅游更易对旅游者产生强大的吸引力。

2. 旅游活动自主参与性

荒漠旅游更考验人们的耐力和勇气，是人们挑战自然和挑战自我的最佳方式，因此，荒漠旅游项目始终围绕发挥旅游者的自主意识、合作意识，更加强调旅游者的自主参与，这也正是荒漠旅游的魅力所在。

3. 突出的探险性

荒漠生态旅游以欣赏和体验荒漠干旱地区特有的粗犷、原始、苍凉的美感和探究自然干旱景观的成因及科学价值为主，同时寻觅荒漠中的古老文化遗迹和历史变迁过程。因此，荒漠旅游活动本身具有突出的探险性，能够满足旅游者猎奇、历险的旅游需求。从这个层面来说，荒漠旅游也属于特种旅游的一种形式。

4. 注重生态环境保护

由于荒漠生态系统的脆弱性，相比于其他类型的生态旅游，荒漠生态旅游更注重生态环境的保护，一方面旅游活动应当严格限定在资源环境可以承载的范围内，另一方面要重视将游览观光活动与生态环境保护相结合，将植树造林等防风固沙、改善环境的形式融入旅游活动。

三、荒漠生态旅游资源的特点

荒漠生态系统一方面具有类型多样、外形独特的自然景观，另一方面也伴生了许多与荒漠环境相适应的人文景观，加之荒漠生态系统距离居民点较远，因此形成独特的荒漠生态旅游资源。荒漠生态旅游资源的特点主要有下述几个方面。

（一）地域性

荒漠形成的气候条件决定了荒漠分布的地域性。我国北方荒漠的主体西起塔里木盆地西端，东迄松嫩平原，形成一条横贯西北、华北和东北地区，东西长达 4 500 公里、南北宽约 600 公里的断续弧形沙漠带。其中，新疆、内蒙古与陕西、甘肃、宁夏、青海等省、自治区是我国北方沙漠的主要分布区域。这种地带性导致荒漠区域热量、水分的差异，因此景观和气候具有明显的地域特征。

（二）独特性

荒漠旅游资源作为地质地貌旅游资源，其成因机制决定了其景观资源分布在特定的自然地理环境中和一定地域空间中，具有独特性。景观独特性也正是其旅游吸引力和旅游价值所在，如各种风蚀地貌、各类沙丘、沙链、沙垄、独有的荒漠植被（如胡杨林、柽柳等）、绿洲及淹没在荒漠下面的遗迹、遗址等是自然的力量及长期空间隔绝形成的独特景观。

（三）科学性

荒漠旅游资源是荒漠形成过程中典型的地质地貌营力作用下形成的景观资源。荒漠景观的形成是内力作用和风化作用、重力作用、流水作用、风力作用几种外力作用长期且多次综合作用的结果，极具科考价值，因此荒漠成为地貌地质科学成因和现象认识的天然教科书，同时也是一些历史古迹探秘和科考的理想场所。

（四）神秘性

由于荒漠相距大规模人类聚落较远，加之内部还遗留一些古代遗迹，尚有自然与历史的未解之谜，因此荒漠旅游资源具有极大的神秘性，猎奇成为荒漠旅游者前往的重要动因之一。

任务二　我国荒漠资源的分布和代表性荒漠景观

一、我国荒漠资源的分布

我国荒漠资源的分布和代表性荒漠景观

我国的荒漠主要分布在西北和内蒙古地区，主要有塔克拉玛干沙漠、古尔班通古特沙漠、巴丹吉林沙漠、腾格里沙漠、柴达木盆地沙漠、库木塔格沙漠、乌兰布和沙漠、库布齐沙漠等八大沙漠，浑善达克沙地、科尔沁沙地、毛乌素沙地、呼伦贝尔沙地等四大沙地。

二、我国代表性荒漠景观

（一）巴丹吉林沙漠

巴丹吉林沙漠位于我国内蒙古自治区阿拉善右旗北部，面积 4.7 万平方千米，一般海拔高度在 1 200～1 500 米，是中国乃至世界最高沙丘所在地，其中的巴彦淖尔、吉诃德沙山是世界上最高的沙丘。巴丹吉林沙漠可开发的旅游资源丰富，核心资源有沙漠、大戈壁、海森楚鲁怪石城、胡杨林保护区、曼德拉山岩画群、巴丹吉林庙、沙漠湖泊海子、额日布盖大峡谷、沙漠湖泊野生动物、大漠响沙等。巴丹吉林沙漠 2005 年被《中国国家地理》杂志评为“中国最美丽的沙漠”；2006 年被《环球游报》评为“中国最值得外国人去的 50 个地方”之一，并荣获金奖；被国家旅游局和中国科学探险协会联合推荐为全国首批 17 个最具代表性的探险旅游区之一，成为中外游客旅游探险的胜地。其中西北部还有 1 万多平方千米的沙漠至今没有人类的足迹，堪称“沙漠珠穆朗玛峰”。目前已开发的旅游方式主要有三种：乘坐越野车、骑骆驼或徒步穿越。西进线路：巴丹湖—苏德日图—苏敏吉林，全程 60.8 千米；东出线路：苏敏吉林—诺尔图—宝日陶勒盖—巴丹，全程 56.6 千米。最佳旅游季节是 8 至 10 月份，平均温度约 25℃。

（二）塔克拉玛干沙漠

塔克拉玛干沙漠位于新疆的塔里木盆地中心，系暖温带干旱沙漠，东西长约 1 000 千米，南北宽约 400 千米，面积达 33 万平方千米，是中国境内最大的沙漠，被称为“塔克拉玛干大沙漠”，也是全世界最大的流动沙漠。沙漠在西部和南部海拔高达 1 200～1 500 米，在东部和北部则为 800～1 000 米。塔克拉玛干沙漠的核心旅游资源主要有流动沙丘、胡杨林、野生动物、丝路遗迹、远古村落等。沙丘高度一般在 100～200 米，最高达 300 米左右，沙丘类型复杂多样，复合型沙山和沙垄，宛若憩息在大地上的条条巨龙，塔形沙丘群，呈各种蜂窝状、羽毛状、鱼鳞状沙丘，变幻莫测。沙漠有两座红白分明的高大沙丘，名为“圣墓山”，分别由红沙岩和白石膏组成，是沉积岩露出地面后形成的。“圣墓山”上的风蚀蘑菇，造型奇特，高约 5 米，巨大的盖下可容纳 10 余人。沙漠四周，沿叶尔羌河、塔里木河、和田河和车尔臣河两岸，生长发育着密集的胡杨林和柽柳灌木，形成“沙海绿岛”。林带中生活着野兔、小鸟等，为“死亡之海”增添了一点生机。被深埋于沙海中的丝路遗址、远古村落、地下石油及多种金属矿藏都被笼罩在神奇的“迷雾”之中，有待人们去探寻。

（三）古尔班通古特沙漠

古尔班通古特沙漠位于新疆准噶尔盆地中央，玛纳斯河以东及乌伦古河以南，是中国第二大沙漠，同时也是中国面积最大的固定、半固定沙漠，面积大约为 5.11 万平方千米，海拔 300～600 米，水源较多。沙漠内植物种类较丰富，可达百余种。沙漠的西部和中部以中亚荒漠植被区系的种类占优势，如梭梭、苦艾蒿、白蒿、囊果苔草等；在沙漠东部和南部边缘，亚洲中部植物区系种类较多，如蛇麻黄、花棒等。古尔班通古特沙漠的梭梭分布面积达 100 万公顷，在古湖积平原和河流下游三角洲上形成“荒漠丛林”。沙漠的沙粒主要来源于天山北麓各河流的冲积沙层。沙漠中最有代表性的沙丘类型是沙垅，占沙漠面积的 50%以上。沙垅平面形态呈树枝状，其长度从数百米至十余千米，高度为 10～50 米，南高北低。在沙漠的中部和北部，沙垅的排列大致呈南北走向，沙漠东南部成西北—东南走向。在沙漠的西南部分布着沙垅-蜂窝状沙丘和蜂窝状沙丘，南部出现有少数高大的复合型沙垅。流动沙丘集中在沙漠东部，多属新月形沙丘和沙丘链。沙漠西部的若干风口附近，风蚀地貌异常发育，其中以乌尔禾的“风城”最著名。沙漠中风沙土广泛分布。沙漠西缘有甘家湖梭梭林国家级自然保护区，为中国唯一以保护荒漠植被而建立的自然保护区。

（四）腾格里沙漠

腾格里沙漠位于内蒙古自治区阿拉善盟阿拉善左旗西南部和甘肃省中部，东抵贺兰山，南越长城，西至雅布赖山。“腾格里”为蒙古语，意思是像天一样浩渺无际。腾格里沙漠海拔 1 200 多米，总面积 3.67 万平方千米。沙漠上沙丘、湖盆、山地、残丘及平地相互交错，其中沙丘占 70%以上，多为新月形沙丘链，高 10～30 米，常向东南移动。腾格里沙漠还有大小湖盆 400 多个，多为淡水湖，可供人畜饮用，周围植物生长茂盛，为主要牧场，适合于开展沙漠探险、观光等旅游活动项目。沙坡头景区位于腾格里沙漠的东南边缘，1984 年开始进行旅游开发，现已成为 5A 级景区。旅游区内主要的旅游项目有：天然滑沙场；横跨黄河的“天下黄河第一索”——沙坡头黄河滑索；黄河文化的代表——古老水车；中国第一条沙漠铁路；黄河上最古老的运输工具——羊皮筏子；骑骆驼穿越腾格里沙漠；乘坐越野车沙海冲浪；具有异域风情和民族特色的歌舞表演；住宿黄河塞上人家，干农家活、吃农家饭、睡农家炕、享农家乐；滨河浴场；观看秦代长城和陶窑遗址等。

（五）乌兰布和沙漠

乌兰布和沙漠横跨阿拉善盟和巴彦淖尔市，面积为 1.4 万平方千米，土地类型有沙丘、沙荒地、耕地和小片草原。这里的沙丘形态异彩纷呈：堆状沙丘分布在敖包图、敖包鲁格、吉兰泰地区；垄岗沙丘分布在白云敖包；格状沙丘分布在契里盖、傲伦布鲁格、敖包图；新月形沙丘分布在哈腾套海一带。乌兰布和沙漠部分与黄河漠水相连，每当夕阳西下，粼波闪闪，“长河落日”“大漠孤烟”，构成一幅瑰丽多姿的塞上风景画。

（六）库布齐沙漠

库布齐沙漠是距北京最近的沙漠，位于内蒙古自治区鄂尔多斯市。总面积约 1.863 万平方千米，流动沙丘约占 61%，长 400 千米，宽 50 千米，沙丘高 10～60 米，像一条黄龙横卧在鄂尔多斯高原北部。形态以沙丘链和格状沙丘为主。库布齐沙漠主要的旅游资源有大漠风光、沙漠湖泊、绿洲、百里响沙带、温泉、五彩喷沙泉、穿沙公路、黄河河套风情、古城遗址、珍稀植物和药材等。现在重点开发的景区有：以沙漠湖群道图海为依托的七星湖沙漠生态旅游区；以百里响沙带及穿沙公路为依托的夜鸣沙旅游区、神光大漠旅游度假村。库布齐沙漠西部边缘有世界面积最大的天然大白柠条林自然保护区，西南边缘有驰名中外的西北沟天然甘草基地，南部边缘有储量丰富的天然芒硝、碱、盐、煤等矿藏。

（七）浑善达克沙地

浑善达克沙地位于锡林郭勒草原的中南部，呈东西走向，绵延 400 多千米，总面积 5.2 万平方千米。沙地中沙丘起伏，间有丘间低地和滩地。该沙地是中国著名的有水沙漠，在沙地中分布着众多的小湖、水泡子和沙泉，泉水从沙地中冒出，汇集入小河。这些小河大部分流进了高格斯太河，也有的只流进水泡子里，还有的只是时令性河流。浑善达克沙地水草丰美，景观奇特，风光秀丽，有人称它为“塞外江南”，也有人称它为“花园沙漠”。与其他沙漠相比，该沙漠野生动植物资源比较多，是候鸟的产卵繁育地，还有很多珍稀的植物和药材。

（八）鸣沙山月牙泉景区

鸣沙山月牙泉景区位于敦煌市城南 5 千米，占地面积 76.82 平方千米，核心区域面积 12.79 平方千米。鸣沙山、月牙泉和鸣沙山东的莫高窟艺术景观融为一体，是敦煌城南一脉相连的“三大奇迹”，成为中国乃至世界人民向往的旅游胜地。鸣沙山因沙动成响而得名。山为流沙积成，沙分红、黄、绿、白、黑五色。其山东西绵亘 40 余千米，南北宽约 20 千米，主峰海拔 1 715 米，沙垄相衔，盘桓回环。沙随足落，经宿复初，此种景观实属世界所罕见。月牙泉处于鸣沙山环抱之中，因其形酷似一弯新月而得名。水质甘冽，澄清如镜。流沙与泉水仅隔数十米。虽遇烈风而泉不被流沙所淹没，地处戈壁而泉水不浊不涸，这种沙泉共生、泉沙共存的独特地貌，确为“天下奇观”。鸣沙山和月牙泉是大漠戈壁中一对孪生姐妹，“山以灵而故鸣，水以神而益秀”。游人无论从山顶鸟瞰，还是在泉边畅游，都会骋怀神往，确有“鸣沙山怡性，月牙泉洗心”之感。鸣沙山月牙泉景区现已开发的旅游项目有：沙漠激情探险项目、乘骑骆驼项目、乘坐滑翔机和直升机项目、鸣沙山滑草项目、滑沙项目、射箭项目等。

专栏 7-2

什么是荒漠景观？

荒漠特指地球上干旱、贫瘠、植被稀少的区域，是一个比沙漠大得多的概念，它包括岩漠、砾漠、沙漠、泥漠和盐漠等。

世界上的荒漠千姿百态，有的寒冷，有的灼热，有的是很深的峡谷，有的覆盖着厚厚的沙石。若不算南极洲，荒漠占到了地球土地面积的 30%。

中国的九大最美荒漠：

1. 冷湖俄博梁雅丹群

在柴达木盆地西部干旱戈壁上，由于地形和岩石的差异性，广泛发育着不同形态的雅丹地貌，形态也是千姿百态，堪称雅丹地貌博物馆！

2. 新疆库车大峡谷

在塔里木盆地北缘的库车大峡谷，流水与风力在红色砂岩中经过长时间的侵蚀、切割，雕琢出一幅神奇瑰丽的自然画卷。

3. 巴丹吉林沙漠

拥有世界最高沙丘“必鲁图峰”的巴丹吉林沙漠，已被列入《世界自然遗产》名录。这个沙漠的奇特之处是，干旱荒凉的茫茫沙海中，却收藏着上百个瑰丽润泽的湖泊。

4. 毛乌素沙地

毛乌素沙地与浑善达克沙地、科尔沁沙地、呼伦贝尔沙地并称为中国四大沙地。毛乌素沙地是我国较早开展风沙治理的区域，经过 70 余年治理，其 80%以上区域已实现植被覆盖，成为全球荒漠化治理的典范。

5. 塔克拉玛干沙漠

“只有荒凉的沙漠，没有荒凉的人生”，印证了沙漠就是荒凉的代名词，中国最大的沙漠——塔克拉玛干沙漠。

6. 黄河石林

黄河石林位于甘肃省白银市景泰县东南部，由流水侵蚀、重力崩塌和风力侵蚀等作用而形成的，它的高度（60～200 米）也远胜于喀斯特石林（30～40 米）。

7. 大柴旦湖

河流从高山携带各种盐和矿物质，流入盆地后，或受阻成湖，或蒸发下渗消失在荒漠中，盐却保留下来了，因此在这里留下了许多盐湖。大柴旦湖一处处圆形或其他形状的坑洼，就是一种奇特的盐湖地貌。

8. 哈密黑戈壁

哈密市地处新疆的东部，气候上极为干旱，大面积的荒漠和戈壁是这里最典型的地貌景观，其中就包含了大片连绵壮观的黑戈壁。包裹了黑色荒漠漆的砾石，为大地铺上了最为深沉的底色。黑戈壁被誉为“地球上最接近火星地貌”的荒凉景观。

9. 吐鲁番火焰山

这里是中国“热极”，绝对最高气温 48.9℃。地层沉积过程中形成的深浅不一的红色纹层，伴随着地势的变化蜿蜒起伏。

资料来源：科普中国. 什么是荒漠景观?.（2024-10-20）[2025-01-12]. https://www.kepuchina.cn/article/articleinfo? business_type=100 & classify=0&ar_id=531587.

三、中国国家沙漠公园

（一）中国国家沙漠公园概况

我国是世界上受沙化危害最严重的国家之一，防沙治沙任务艰巨，承载着亿万沙区人民的期待，关系着生态文明建设的进程。建设国家沙漠公园是提升荒漠生态系统稳定性和生态服务功能、筑牢我国北方生态安全屏障的有效方式，是保护和修复脆弱生态系统、维护国土生态安全的迫切要求，是严格保护和适度利用自然资源、促进经济社会可持续发展的重要手段，是推进人与自然和谐相处、提高公众生态保护意识的重要途径。

沙漠公园是指以荒漠景观为主体，以保护荒漠生态系统和生态功能为核心，合理利用自然与人文景观资源，开展生态保护及植被恢复、科研监测、宣传教育、生态旅游等活动的特定区域。

我国于 2013 年 10 月启动国家沙漠公园建设试点工作。2013 年 12 月 31 日，国家林业局印发《国家沙漠公园试点建设管理办法》（2017 年废止）。2017 年 9 月 27 日，国家林业局印发了《国家沙漠公园管理办法》。为进一步规范国家沙漠（石漠）公园建设和管理，国家林业和草原局于 2022 年 12 月 31 日印发了修订后的《国家沙漠公园管理办法》，该办法自 2023 年 1 月 1 日起实施。该办法要求，国家沙漠公园建设要与所在地主体功能区规划、防沙治沙规划和土地利用规划相衔接，与生态资源保护、利用等相关规划相协调。同时着力提高公众防沙治沙和生态保护意识，鼓励国家沙漠公园定期向中小学生免费开放。在国家沙漠公园范围内禁止开展房地产、高尔夫球场、大型楼堂馆所、工业开发、农业开发等建设项目，禁止直接排放或者堆放未经处理或者超标准的生活污水、废水、废渣、废物及其他污染物，禁止其他破坏或者有损荒漠生态系统功能的活动。

（二）中国国家沙漠公园标志

为促进国家沙漠公园规范发展，扩大国家沙漠公园的影响力，提高国家沙漠公园的形象识别度，国家林业局于 2015 年 6 月发布了“国家沙漠公园专用标志”（见图 7-1）。标志整体借鉴“公章”的形式，用以体现中国国家沙漠公园的权威性；在色彩运用方面以棕色系为主，通过深浅的变化表现沙漠给人们带来的意识深处最直观的印象，在其中增加的绿色和蓝色起到了活跃版面作用的同时，又体现出沙漠中所蕴含的生机和希望；在视觉元素上，环境、动物、植物和人的运用使画面的层次更加丰富。

图 7－1　中国国家沙漠公园专用标志

任务三　荒漠生态旅游产品设计

荒漠生态旅游产品设计

一、荒漠观光旅游产品

荒漠景观是具有一定垄断性的景观资源，是无法复制和转移的，一望无垠的沙漠，连绵的沙丘比肩而立，金黄耀眼、瀚海茫茫，能够带给游客强烈的感官刺激和心灵冲击。荒漠地域的沙砾石地型旅游地、雅丹、沙丘地、观光游憩河段、观光游憩湖区、冷泉、林地、草地、草场花卉地、鸟类栖息地、海市蜃楼现象多发地、极端与特殊气候显示地、历史事件发生地、废城与聚落遗迹、教学科研实验场馆、佛塔、石窟等都是重要的旅游资源单体类型。旅游者能够参与体验滑沙、骑马、骑骆驼、跳伞、打靶、射箭、沙浴等沙漠旅游项目，可以乘坐临空飞架的缆车，从高空领略大漠的壮阔美景。

二、荒漠度假旅游产品

沙漠度假以其独特体验、广袤视野和原生态环境而吸引旅游者，自然环境的严酷更显出沙漠绿洲及人工建筑的神奇与珍贵，这类旅游产品的开发模式主要依托度假设施的独特性。

三、荒漠考古旅游产品

荒漠的环境相对封闭，严酷的荒漠环境成为天然的隔绝，使很多历史古城能够长期安然屹立于荒漠中，未受到人类过多的侵扰而保存至今，成为重要的文化遗产。这些文化遗产及荒漠环境吸引了众多文化爱好者、考古学家及爱好者和大众观光者。这类开发模式的主要吸引物是文化遗产，尤其是在荒漠中保存完好的、历史悠久的文化遗产，主要目标市场是文化旅游者和考古爱好者。大多数文化遗产位于沙漠深处，可进入性较差，相应的配套设施不足，需要旅游者随团才可以进入，因其人迹罕至与神秘性进一步激发了旅游者的兴趣。

四、荒漠探险旅游产品

荒漠景观独特且生存环境恶劣。一方面，荒漠存在大量独特的荒漠景观，如金字塔沙丘、半日花、四合木、沙蜥等，符合游客求新求异的旅游需求；另一方面，荒漠严酷的生存环境也激发了一些旅游者的自我挑战，提升了旅行乐趣。荒漠探险旅游产品主要面向小众市场，对旅游者的要求较为严格，其强度高且难度大，需要旅游者具有一定的体力并具有一定的野外生存经验。此外，旅游者应拥有一定的专业装备。开发区域主要位于沙漠内部，主要的旅游开发项目有沙漠穿越、沙漠拉力赛。例如，世界最著名的专业越野拉力赛——达喀尔拉力赛，1978 年开始举办，主要路段在非洲的热带沙漠。由于区域安全问题，2009 年移师南美洲，也需要翻越阿塔卡马沙漠的大沙丘，这是典型的荒漠探险活动。由于荒漠探险具有非常大的吸引力，国内也有一些沙漠开始进行类似的项目。例如，腾格里沙漠的月亮湖旅游区为游客提供了换乘沙漠战车沙海冲浪和穿越沙漠的探险活动。

五、荒漠体育运动旅游产品

荒漠是运动开展的重要场所，如乘骆驼、滑沙、沙漠排球、沙地足球、沙漠冲浪车、沙漠热气球等。一些沙漠区域专门开展沙漠内的运动项目，因此形成了沙漠体育公园旅游产品。这类体育公园有别于荒漠探险开发主要在荒漠内部区域，主要是在沙漠边缘，靠近城镇的区域，主要吸引的是城市人群。除了公园内固定的项目外，一般还可以开发房车营地等项目，作为沙漠拉力赛或者自驾车的一个重要节点。

六、荒漠生态教育旅游产品

荒漠能带给人们快乐和新奇，但它也是自然生态环境十分脆弱的部分，它的阴晴变化直接反映着地球自然环境的改变，像沙尘暴已经在国内及世界上造成了强烈的负面影响，并成为全世界共同关注并努力去解决的重要问题。荒漠系统吸引着一部分生态旅游者进行生态活动、自然体验和科学考察，这部分旅游者环境意识较强，注重对荒漠生态系统的深入认知，对所在社区的参与程度较高，对环境的影响程度较低。内蒙古鄂尔多斯市的恩格贝沙漠生态旅游区就是由环保志愿者从种植一棵树苗开始，如今这里已经成为“变沙漠为绿洲”的典范，恩格贝已发展成为集沙漠珍禽动物观赏、大漠风景观赏、生态农业观赏、沙生植物观赏和游客休闲度假综合服务为一体的沙漠生态旅游区，开发了植树旅游、观沙漠绿洲、观珍稀动物和水上娱乐等旅游项目。众多旅游者除了观赏大漠绿洲的奇妙风景，还能从景区所放养的沙漠珍禽动物和大规模的生态农业园区中获得善待自然、保护环境的最真实的感受和教育。

拓展案例

案例：恩格贝荒漠生态旅游开发

恩格贝地处内蒙古自治区鄂尔多斯库布齐沙漠腹地、达拉特旗乌兰镇境内，总面积约 30 万亩。“恩格贝”是蒙古语，意思为平安、吉祥，历史上曾是一块水草丰美、风景秀丽的地方，是这一地区的经济文化中心。然而，战乱、洪水、乱伐、滥垦终于让黄沙抹平了这里的景色，使牧人丢弃了草场，农人舍弃了家园，30 万亩土地已几乎见不到人烟。

经过多年的治理，恩格贝沙区初步形成带、网、片、乔、灌、草结合的综合防护林体系，为保护母亲河——黄河，形成一道绿色的屏障。目前，示范区内栽植乔木 300 万株，种植灌木 3 万余亩，种草 5 万亩，种植经济作物 1 000 余亩，建起葡萄园两处 80 亩、花园 100 亩、草籽基地 300 亩、苗圃 250 亩，植被覆盖率由过去的 5%提高到了 40%，利用水沟建成蓄水塘坝 3 处，总蓄水能力达到 300 万立方米，沙害得到有效控制，水患得到彻底根治，被命名为“国家级生态建设示范区”。

生态环境的改善带动了沙产业和旅游业的发展。新培育的恩格贝白绒山羊被专家称为我国最有前途的山羊。被人们誉为畜禽业“超级明星”的鸵鸟养殖，已成为恩格贝沙产业的龙头产业，数量超万只，成为我国华北、西北地区最大的鸵鸟养殖基地。甘草、沙葱、沙芥、苦菜等沙生植物成为抢手的绿色食品进入市场。恩格贝现已发展成为集沙漠珍禽动物观赏、大漠风光观赏、生态农业观赏、沙生植物观赏和游客综合服务于一体的著名旅游区。大漠孤烟，长河落日，碧水蓝天，绿树清风，历史人文，英雄业绩，一起构成恩格贝丰厚的文化资源和旅游资源，吸引了成千上万的旅游者慕名而来。

综上，恩格贝沙漠的治理工程，实际上做的是两件事：一是治理，二是开发。

治理：利用现有的技术、资金、经验和力量，逐步减少沙化面积，将绿色植被往沙漠纵深推进，这是战胜沙漠的最基本工程。从 1989 年开始，土地的沙化已经得到控制，一座座沙丘被一片片沙棘、柠条固定住，30 万亩的恩格贝的沙化土地减少了一半，已经绿化了 13 万亩，而且每年仍在逐渐减少，树林、草被的面积不断扩大。

开发：治沙本身是很耗财力、物力和人力的工程，而且沙漠治理完成，如果当地的经济不能发展起来，一旦出现滥砍滥伐，将前功尽弃。因此，恩格贝确定了沙漠治理、生态建设与旅游资源开发相结合的思路，走以生态建设带动旅游业、以旅游业促进生态建设的路子，边治理边开发边出经济效益。如今的恩格贝，已经建立了多家旅游公司，独特的沙漠风光成为探险和生态旅游的绝佳去处。随着恩格贝生态园知名度的扩大，尤其是治沙成功的经验和优美生态环境的培育，正吸引越来越多的国内外游客前来参观旅游。

项目小结

本项目探讨了荒漠生态系统的多样性、独特性及在生态旅游中的潜在价值。任务一主要介绍了荒漠生态系统的定义、分类和功能，以及荒漠生态旅游的概念和特点，强调了荒漠作为极端生态系统的独特价值和生态旅游在保护荒漠环境中的重要性，为理解荒漠的重要性和如何合理利用荒漠资源提供了基础；任务二描述了中国荒漠的分布情况和主要荒漠类型，通过对不同地区荒漠景观的介绍，展示了中国荒漠的多样性和生态旅游资源的潜力，帮助学生了解中国荒漠资源的现状和保护的重要性；任务三探讨了荒漠生态旅游产品设计的主要思路和方法，为实际的荒漠旅游开发提供了指导和灵感，同时也强调了在旅游开发中保护荒漠生态环境的重要性。

思考题

1. 荒漠生态旅游的特点是什么？
2. 举例说明我国的代表性沙漠旅游区。
3. 荒漠生态旅游产品主要有哪些类型？
4. 讨论沙漠旅游开发中的注意事项。
5. 思考、总结恩格贝沙漠生态旅游区的成功经验。

项目八 山地生态旅游资源

项目导读

本项目旨在深入探讨山地生态系统的特性、功能和生态旅游的潜力。本项目内容涵盖了山地的定义、分类，山地生态旅游的概念、特点和旅游资源。通过介绍中国山地的分布和代表性山地景观，展示了中国山地的多样性和独特性。同时，还介绍了世界地质公园和中国国家地质公园的建设和管理，以及山地生态旅游产品的设计与开发。通过本项目的学习，学生可以全面了解山地生态旅游资源的价值，掌握山地生态旅游的开发与管理知识，为山地资源的可持续利用和保护提供科学指导。

学习目标

知识目标	1. 掌握山地的概念、类型和特征； 2. 了解山地生态旅游的定义、重要地位和山地生态旅游资源的特点； 3. 熟悉我国山地的分布规律和代表性山地景观； 4. 认识世界地质公园和中国国家地质公园； 5. 了解山地生态旅游产品设计的主要类型。
能力目标	1. 能够分析山地生态旅游资源的特点和开发价值； 2. 能够设计山地生态旅游产品； 3. 能够评价山地生态旅游产品开发的合理性和可行性。
素养目标	1. 培养对山地生态系统保护的意识和责任感； 2. 培养热爱自然、崇尚自然的情怀； 3. 提升生态文明素养。

案例引入

山地是人类文明的摇篮

2023 年 5 月 29 日，以“连接山地精彩，共享美丽生活，共促旅游振兴”为主题的 2023“国际山地旅游日”主题活动在老挝万象市启幕，该活动由老挝新闻文化旅游部、国际山地旅游联盟、亚太旅游协会、世界旅游经济论坛联合主办，得到了联合国世界旅游组织、世界旅游及旅行业理事会、中国-东盟中心、中国民间组织国际交流促进会、中国贵州省文化和旅游厅与外事办公室等组织和机构的大力支持。

活动现场，来自世界各地的国际组织代表、国际山地旅游联盟会员代表、老挝及有关国家涉旅机构、企业代表、专家学者、国际媒体代表等250余人齐聚一堂，共话面向新消费需求的山地旅游供给、市场开发及解决方案，协力共促旅游市场全面复苏和开放互动，并积极探索《区域全面经济伙伴关系协定》（RCEP）框架下山地旅游合作与治理体系建设。

中国社会科学院旅游研究中心秘书长金准出席活动并发表讲话。他表示，山地是人类文明的摇篮，是人们通过旅游探索人从何处来、往何处去的重要载体。山地地区占全球旅游市场的15%～20%，每年新生700亿～900亿美元，山地和海岸被认为是全球最重要的两大旅游类型。

山地是RCEP成员国的核心地理形态。在RCEP的推动下，在山岳旅游的支撑下，一个世界级旅游目的地群和通道织就的旅游网络正在形成。在这个网络上，有158项世界遗产，占世界遗产总数的13.7%，中国的长城和故宫、老挝的琅勃拉邦、越南的下龙湾、柬埔寨的吴哥窟、缅甸的蒲甘、马来西亚的马六甲名城、印度尼西亚的科莫多国家公园、澳大利亚的卡卡杜国家公园、新西兰的次南极区群岛，被同一张旅游网络织在一起，在这个网络上，有一系列充满活力的通道，澜沧江-湄公河走廊、中老经济走廊、孟中印缅经济走廊、磨憨-磨丁跨境经济合作区，在这个网络上，还有一系列新的交通工程，雅万高铁、中老铁路、中越国际铁路、中缅国际铁路，极大地拓宽了旅游网络的通达性，拓展了旅游流动的维度。世界级的旅游网络会产生世界级的山地旅游目的地，世界级的山地旅游目的地将支撑世界级的旅游网络。

山地是人类文明的摇篮，世界级的山地旅游目的地，将是国家和区域山岳文明的集中体现，从山岳旅游目的地，能够看出山岳文明是否深厚，是否有活力，能否高效转化为经济绩效，能否有能力走向未来。世界级的山地旅游目的地，是国家山地文明的传承地，是山地生活的集聚地，是山地旅游经济效能的放大器，是山地文明前沿的试验田。在RCEP框架下发展山地旅游目的地，要构建嵌入集成式的前沿目的地开发模式，以绿色现代化、绿色城镇化、绿色国际化构建增长的基石，要立足三个发展前沿，分别是世界创新和科技的前沿、可持续发展的前沿、改革开放的前沿，形成高质量的国际旅游消费循环，并以这种模式创新立足RCEP网络，推动开拓性的国家形象、现代化国民意识、开放性的国际交换和探索性的发展模式。

在RCEP所赋予的区域发展契机下，以世界级山地旅游目的地为支点，以国际旅游通道为支撑，世界上最大的旅游经济共同体正在形成。在这个网络上，各国可以协作起来，将经贸开放带来的动能充分导入旅游业中，以开放合作与可持续发展引领亚太旅游经济新形态。

资料来源：2023国际山地旅游日｜金准：山地是人类文明的摇篮. 文旅中国，2023-05-30.

思考：

1. 什么是山地？

2. 山地旅游有哪些重要作用？

任务一　认识山地生态旅游

认识山地
生态旅游

一、山地

山地是山岭、山间谷地和山间盆地的总称，是地壳上升背景下由外力切割而成，一般指海拔500米以上的起伏较大的地貌。其特征为起伏很大，坡度陡峻，沟谷幽深，山顶与山腰落差在200米左右，一般多呈脉状分布。这些群山层峦叠嶂，群居一起，形成一个山地大家族。

山地的表面形态奇特多样，有的彼此平行，绵延数千千米；有的相互重叠，犬牙交错，山里套山，山外有山，连绵不断。山地的规模大小也不同，按山的高度分，可分为高山、中山和低山。海拔在3 500米以上的称为高山，海拔在1 000～3 500米的称为中山，海拔低于1 000米的称为低山。按山的成因又可分为褶皱山、断层山、褶皱-断层山、火山、侵蚀山等。

二、山地生态旅游

山地生态旅游是指以山地生态系统为主要载体，以复杂多变的山体景观，丰富的动植物景观，各种山地水体，山地立体气候，区域小气候等环境资源和山地居民适应山地环境所形成的社会文化生活习俗，传统人文活动流传至今形成的特定文化底蕴等人文资源为主要的旅游资源，在保护生态环境的前提下，开展的山地观光、休闲度假、娱乐、健身、教育、运动等旅游形式。山地生态旅游是一种重要的生态旅游类型。

专栏 8-1

山地旅游的重要地位

通过研究世界旅游业发展史可知，山地旅游在人类发展的各个时期都占据重要地位。

旅游业首先发源于最早进入文明时代的中国、埃及、巴比伦、印度、希腊、罗马等国家。古代旅游主要是文人志士、贵族子弟游山玩水，前者行万里路、增长才干，后者放松身心、锻炼身体。

第一次工业革命和第二次工业革命后，由于提高了社会生产力，促进了经济发展，加之近代交通工具的发明，旅游开始成为常态，旅游业也得到了迅猛发展。

第二次世界大战后，世界经济复苏，旅游业迎来了又一次的大飞跃，世界旅游业表现出不同的特色。

欧洲是资本主义经济的发祥地，人文旅游资源异常丰富，历史文化灿烂的希腊、意大利以古建筑、古代文化为主，地中海沿岸是世界开发最早、最发达的海滨旅游胜地，瑞士、奥地利、德国等则因靠近阿尔卑斯山而大力发展山地旅游。

美洲大陆因为南北狭长，海洋资源丰富，加勒比海沿岸是世界上继地中海之后新型的海滨旅游地，科迪勒拉山系、落基山脉等高山资源也使南北美山地旅游发展较为成熟。此外，美洲还是玛雅文化、印加文化的发源地，与之相关的旅游产业也有较大的发展。

大洋洲多火山岛和珊瑚岛，以热带、亚热带海岛风光和“活化石博物馆”而著称于世。

高耸的喜马拉雅山以及凸起的青藏高原是亚洲山地旅游的标志，我国的“五岳”、日本的富士山等名山也大大促进了亚洲山地旅游的快速发展。

非洲则因其丰富的动植物资源、尼罗河、古埃及撑起了整个大陆的旅游业。

由此可知，山地旅游在世界旅游业中占据主导地位。

资料来源：杨光. 山东省山地旅游资源的开发及对策. 山东师范大学，2014.

三、山地生态旅游资源的特点

山地生态旅游资源是以山体为载体的各种旅游资源的聚合体，有广义和狭义之分。狭义的山地生态旅游资源是指以山体景观为主的山水景观资源类型，广义的山地生态旅游资源是指以地文景观为载体，多种旅游资源组合而成的旅游综合体，不仅包括山地本身，还包括与之相关的生物景观、水文景观、天象景观、人文景观等。

我国山地生态旅游资源丰富多样，主要特点如下所述。

（一）资源类型多样性、复合性

山地生态旅游资源往往涵盖了多种类型、多样化景观单体，是人文景观在内的旅游资源复合体，几乎所有的景观资源类型在山地都有表现，特别是有关冰川、高山动物、原始森林以及各种特色景观是平原、海洋所不具备的。峰、石、洞、峡、瀑、潭、溪、山地花卉、天象变化等自然景观种类繁多，寺观、摩崖石刻、石窟等人文景观丰富多彩。山地旅游资源几乎成了自然旅游资源的代称，同时又拥有丰富的人文景观依存，因而山地旅游资源成为旅游开发中非常重要的一种资源。

（二）资源聚集性

从人类发展历史及人类对资源开发的情况看，低山丘陵地区接近人类活动中心，人类活动较早。山体自古是文人墨客舞文弄墨、居士僧道隐居修行、达官贵人纷至沓来的地方，以及贵族故居、墓穴选择的风水宝地，因而留下了大量的文化遗迹，增加了山体景观的多样性和文化内涵。自然与人文景观相结合，尤其是山地人文景观多呈群聚特点，十分有利于成片开发和形成品牌；深山地区则自然生态条件保留较好，对现代人更具吸引力。山地已成为区域旅游资源最富集地区，加上开发基础好，景区建设比较成熟，十分有利于形成综合旅游景区和旅游产业集群。

（三）资源多面性

山地景观神秘莫测，变幻无穷，不同季节、不同视角、不同层面，都会有不同的感觉，而且不同人、不同的心境对山体的感知更是千差万别。山地旅游资源开发的多面性和复杂性，也为山地旅游资源开发提供了巨大空间。在山地旅游资源开发中，必须重视对山地旅游资源多角度、多层面理解，进行多方案综合创意，以达到最佳开发路径，创造最大的开发综合效益。

（四）资源脆弱性

山地自然系统是大自然在长期地质历史演化过程中形成的，具有独立性和唯一性。相比其他地貌类型而言，山地生态系统更复杂多样，但由于其自然上的过渡性质，山体生态系统尤其脆弱，以山地为载体的山地旅游景观最易遭到破坏，而且一旦出现受到干扰和破坏，往往出现生态系统逆向演替，导致难以恢复的结局。我国一些山体的破坏性开发的教训是十分沉痛的，重视山地生态系统的保护是山地旅游资源开发中必须解决的问题。

任务二　我国山地资源的分布和代表性山地景观

我国山地资源的分布规律

一、我国山地资源的分布规律

由于自然条件的制约，山地资源的分布具有明显的地带性特征，这些地带性特征包括水平地带性（水平地带性又包括纬度和经度地带性）和垂直地带性。

（一）水平地带性特征

纬度地带性特征是指由于太阳辐射随纬度不同发生有规律的变化，导致地球表面热量由赤道向两极逐渐变少，因而产生地球表面的热量分带，从赤道向极地依次为热带、温带、寒带，细分又有亚热带、暖温带、寒温带等，从而使气象气候、地貌、土壤、植被、水文等自然生态系统依纬度也产生规律性的变化。山体受纬度地带性影响，由热带地区的浑圆状山体过渡到有角锋、刃脊、冰斗等棱角分明的地貌景观。地表颜色也从热带红色、亚热带棕色、温带黄褐色、寒温带黑色到极地白茫茫的冰原等。从旅游资源的角度理解，山地景色由热带的秀丽多姿，依次过渡到温带的温和宜人再到寒带的刚毅冷峻。

经度地带性特征主要是受水分分布的影响。我国处于太平洋西岸，属季风气候，大陆自海岸线到内地降水量依次减少，最终在甘肃河西走廊以西形成沙漠气候。景观从森林景观变成沙漠景观，地貌景观类型也从海岸地貌、冲积平原、山地、高原到荒凉的沙漠地貌景观。

（二）垂直地带性特征

垂直地带性特征主要是受海拔高度的影响。由于温度随海拔增高而降低的特征，自然景观也随海拔高度的变化呈现出明显的地带性分布规律，这就是山地旅游景观的垂直地带性变化规律。只要山地有足够的高度，相对高差足够大，即可以自上而下形成一系列垂直自然地带。表现在植被依次出现热带雨林、常绿阔叶林与落叶阔叶混交林、落叶阔叶林、针阔叶混交林、针叶林、高山灌丛、高山草甸、高山冰雪冻土带。在山地的迎风坡与背风坡，阳坡和阴坡，同一个山体不同山坡垂直景观带谱也不同，“一山有四季，十里不同俗”正是山地景观地带性明显的真实写照。

专栏 8-2

我国的地质构造带与山地旅游资源

我国境内有六大地质构造带，东西有地形的三大阶梯，南北有三大纬向构造带。它们纵横成网，控制着我国的基本地貌类型，成为我国山地旅游资源最集中分布的地区。

南北走向的第一级阶梯与第二级阶梯交接区域，即青藏高原的边缘过渡区的昆仑山脉-阿尔泰山脉-祁连山脉-横断山脉，主要的国家级风景名胜区有：鸣沙山月牙泉、敦煌石窟、麦积山石窟、九寨沟、黄龙寺、剑门蜀道、四姑娘山、青城山-都江堰、西岭雪山、峨眉山、玉龙雪山、三江并流区、腾冲地热火山、瑞丽江-大盈江、西双版纳等著名景区。

在第二级阶梯和第三级阶梯交界过渡区，即大兴安岭-太行山-巫山-雪峰山一线，主要分布着五大连池、承德避暑山庄、八达岭-十三陵、恒山、五台山、华山、林虑山、王屋山、云台山、白云山、洛阳龙门石窟、嵩山、伏牛山、武当山、神农架、长江三峡、武陵源、漓江等著名景区。

第三级阶梯向沿海过渡区的山脉主要分布在长白山山脉-千山山脉-武夷山脉一线，著名景区有镜泊湖、松花湖、长白山天池、鸭绿江、凤凰山、千山、金石滩、胶东半岛海滨、泰山、九华山、黄山、齐云山、三清山、千岛湖、武夷山等景区。

中国由北向南分布着三大纬向地形构造带，每个间隔约 8 个纬度，这是中国旅游资源的富集区。居北的是天山-阴山-燕山山脉，重要旅游资源如天山天池、博格达峰、吐鲁番、长城、西夏王陵、秦皇岛北戴河。居中的是昆仑山-祁连山-秦岭-大别山，其中的重要旅游资源有昆仑山、祁连山、华山、武当山、大洪山、鸡公山、崆峒山等。居南的是南岭，著名的景区如丹霞山。

资料来源：冯德显. 山地旅游资源特征及景区开发研究. 人文地理，2006 (6)：67－70.

二、我国代表性山地景观

(一) 泰山

泰山自然和文化遗产保护区位于山东省泰安市和济南市境内，1983 年经国务院批准列入国家重点风景名胜区，1987 年 12 月 11 日联合国教科文组织世界遗产委员会第 11 届全体会议正式接纳为世界自然文化遗产，总面积 24 200 公顷。泰山山地是山东丘陵中最高大的中山山地，地层为华北地台典型基底和盖层结构区，南部上升幅度大，盖层被风化掉了，露出大片基底——泰山杂岩，即太古界泰山群地层，其绝对年龄 25 亿年左右，是我国最古老的地层之一。北部上升幅度小，盖层保存着典型的华北地台上发育的古生代地层。泰山已发现高等植物 1 136 种，植被覆盖率为 78%，常绿乔木有

我国代表性山地景观 (1)

银杏、油松、赤松、华山松、黑松、麻栎、栓皮栎、侧柏、花楸、白檀、刺槐、梓树等。泰山100年树龄以上的古树名木有34个树种，共有1万多株，如“唐槐”“汉柏”“六朝松”等渗透着上千年历史文化的内涵，成为生命的文物，是珍贵的遗产。泰山药用植物资源丰富，有448种，其中何首乌、黄精、杏叶参和紫草被誉为“泰山四大名药”。泰山动物兽类有11种，鸟类140多种，昆虫800多种。泰山乃五岳之首，又名岱宗。自然景观雄伟绝奇，有数千年精神文化的渗透渲染和人文景观的烘托。

（二）黄山

黄山雄踞风景秀丽的安徽南部，是我国最著名的山岳风景区之一。黄山的山体伟特，玲珑巧石，千姿百态，有“天下第一奇山”“天开图画”之称。风景区内重峦叠嶂、争奇竞秀，有千米以上高峰77座。三十六大峰，巍峨峻峭；三十六小峰，峥嵘秀丽。莲花峰、光明顶、天都峰三大主峰，均海拔1 800米以上，鼎足而立，高耸云外，被称为“三天子都”。黄山美在奇松、怪石、云海、温泉、冬雪。这里春、夏、秋、冬四季景色各异，无愧“人间仙境”之美誉。山中林木茂密，古树繁多，森林覆盖率达86.6%，有植物近1 500种、动物500多种。

（三）华山

华山，古称“西岳”，是我国著名的“五岳”之一，位于陕西省华阴市境内。它南接秦岭，北瞰黄渭，扼守着大西北进出中原的门户，素有“奇险天下第一山”之称。华山有东、西、南、北、中五峰，虎踞龙盘，气象森森，因山上气候多变，形成“云华山”“雨华山”“雾华山”“雪华山”，给人以仙境美感，其中南峰海拔2 154.9米，是华山最高峰，也是“五岳”最高峰。华山是中华民族文化的发祥地之一，据清代著名学者章太炎先生考证，“中华”“华夏”皆因华山而得名；《史记》中也有黄帝、尧、舜华山巡游的事迹；秦始皇、汉武帝、武则天、唐玄宗等十数位帝王也曾到华山进行过大规模祭祀活动。华山山脉的植被面积约130万亩，其植被特性是“针叶林、落叶阔叶疏林区”。华山的植物有近80科、100多属、200多种。华山的脊椎动物多达204种，昆虫1 500种。金雕、豹、黑鹳是华山的3种一级保护动物，二级保护动物则达20种。

（四）庐山

庐山，又称匡山或匡庐，位于江西省九江市庐山市境内，北靠长江，南傍鄱阳湖。南北长约25千米，东西宽约20千米。大部分山峰在海拔1 000米以上，主峰汉阳峰海拔1 474米，云中山城牯岭镇海拔约1 167米。庐山雄奇秀拔，云雾缭绕，山中多飞泉瀑布和奇洞怪石，名胜古迹遍布，夏天气候凉爽宜人，是我国著名的旅游风景区和避暑疗养胜地，于1996年被列入《世界自然与文化遗产名录》。古人云“匡庐奇秀甲天下”，自司马迁将庐山载入《史记》后，历代诗人墨客相继慕名而来，陶渊明、谢灵运、李白等1 500余位诗人相继登山，留下了许多珍贵的名篇佳作。苏轼所写的“横看成岭侧成峰，远近高低各不同。不识庐山真面目，只缘身在此山中”形象描绘了庐山的景色，成为千百年来脍炙人口的名篇。

（五）五台山

五台山位于山西省忻州市，平均海拔1 000米以上，最高点北台叶门峰海拔3 058米，被称为“华北屋脊”。因五峰如五根擎天大柱，拔地崛起，巍然矗立，峰顶平坦如台，故名五台。又因山上气候多寒，盛夏仍不知炎暑，故又别称清凉山。五台山寺庙始建于汉明帝，唐代因“文殊信仰”的繁盛，寺院多达 360 多处。五台山五座台顶合围的地区，称为台内，其外围则称台外。五台山是驰名中外的佛教胜地，又以其建寺历史之悠久和规模之宏大，而居佛教四大名山之首。五台山是一个融自然风光、历史文物、古建艺术、佛教文化、民俗风情、避暑休养为一体的旅游区。

我国代表性山地景观（2）

（六）峨眉山

峨眉山是我国的四大佛教名山之一，位于四川中南部，四川盆地西南边缘的峨眉境内。峨眉山高出五岳，秀甲天下。在我国的游览名山中，峨眉山可以说是最高的一个，最高峰万佛顶海拔 3 099 米。山体南北方向延伸，绵延 23 千米，面积 115 平方千米。长久以来，峨眉山以其秀丽的自然风光和神话般的佛教胜迹而闻名于世。其山脉绵亘曲折、千岩万壑、瀑布溪流、奇秀清雅，故有“峨眉天下秀”之美称。

（七）长白山

长白山位于吉林省东南部，森林覆盖率 87.7%，堪称茫茫 500 里林海，是我国重点自然保护区之一，也被联合国确定为自然生态环境重点保护区。受地质变迁及气候影响，区内从低到高海拔相差 1 900 多米，分针阔叶混交林、针叶林、岳桦林、高山苔原 4 个垂直植物带，形成独特的植物区系。著名的长白 16 峰海拔均在 2 500 米以上，主峰白云峰海拔 2 691 米。山顶有由火山喷发形成的高山湖——天池，在群山环抱之中，成为松花江的源头。天池呈椭圆形，南北长 4.5 千米，东西宽约 3.5 千米，平均水深 201 米，最大水深 373 米，为我国最深的高山湖泊。

（八）武夷山

武夷山位于福建省西北部，属典型的丹霞地貌，发育典型的丹霞单面山、块状山、柱状山临水而立，千姿百态。“三三秀水清如玉，六六奇峰翠插天”，构成了奇幻百出的武夷山水之胜，素有“奇秀甲东南”之称。景区内还有约 3 800 年前高插于悬崖峭壁之上的船棺，宋代朱熹创办的紫阳书院，元代御茶园以及历代摩崖石刻等名胜古迹。武夷山集道、佛、儒教于一身，是一座历史悠久的文化名山。

三、世界地质公园和中国国家地质公园

地质公园是以具有特殊地质科学意义、稀有的自然属性、较高的美学观赏价值，具有一定规模和分布范围的地质遗迹景观为主体，并融合其他自然景观与人文景观而构成的一种独特的自然区域。地质公园既为人们提供具有较高科学品位的观光旅游、度假休闲、保健疗养、文化娱乐的场所，又是地质遗迹景观和生态环境的重点保护区，地质科学研究与普及的基地。

地质公园的概念是在 20 世纪 90 年代中期提出的，建立地质公园的目的是保护地质遗迹及环境，促进科普教育，合理开发地质遗迹资源，促进地质公园所在地区的社会经济可持续发展，利用地学的理论和方法，吸收其他学科的精华，为旅游资源调查、评

价、规划、开发、管理及保护工作服务，进而促进旅游事业的发展。目前，我国地质公园主要包括世界地质公园和中国国家地质公园。

（一）世界地质公园

世界地质公园，是指经联合国教科文组织认定，拥有全球或者国际意义的地质遗迹和丰富的自然与文化资源，边界清晰且面积适当的可持续发展区域。世界地质公园是以其地质科学意义、珍奇秀丽和独特的地质景观为主，融合自然景观与人文景观的自然公园。为了响应联合国教科文组织建立世界级国家地质公园的倡议，我国从 2003 年开始申报世界地质公园，2004 年 2 月 13 日联合国教科文组织世界地质公园专家评审会在法国巴黎宣布，中国黄山等 8 处地质公园首批入选世界地质公园名单，截至 2025 年 4 月，全球共有 229 个世界地质公园，分布在 50 个国家和地区。我国有 47 个世界地质公园，数量居全球首位，成为全球世界地质公园计划实施最成功、最具实效的国家之一。

世界地质公园的徽标（见图 8－1）整体呈圆形，图案下部的“GEOPARKS”是新创造的英文名词，译为“地质公园”。标志的图案象征着地球是一个由已形成人们环境的各种事件和作用构成的不断变化着的系统；5 条曲线分别代表地球的圈层：地幔与地核、岩石圈、水圈、生物圈和大气圈。整个标志的寓意是在 UNESCO 的保护伞之下，世界地质公园是地球上选定的，其地质遗产已受到保护，并为可持续发展服务的特别地区。

图 8－1　世界地质公园徽标

（二）中国国家地质公园

中国国家地质公园是以具有国家级特殊地质科学意义，较高的美学观赏价值的地质遗迹为主体，并融合其他自然景观与人文景观而构成的一种独特的自然区域。由国家行政管理部门组织专家审定，由国家林业和草原局正式批准授牌的地质公园。国土资源部于 2000 年 8 月成立了国家地质遗迹保护（地质公园）领导小组，以及国家地质遗迹（地质公园）评审委员会，制定了有关申报、评选办法。截至 2024 年年底，国家林业和草原局、原国土资源部公布了十批共 283 处国家地质公园。

中国国家地质公园的徽标为正圆形（见图 8－2），圆徽上缘半圆为“中国国家地质公园”，下缘半圆为英文“NATIONAL GEOPARK OF CHINA”。其主题图案由代表山石等奇特地貌的山峰和洞穴的古汉字“山”，代表水、地层、断层、褶皱构造的古汉字“水”，代表古生物遗迹的恐龙等组成，表现了主要地质遗迹（地质景观）类型的特征，地质遗迹是在地球形成、演化的漫长地质历史时期，受各种内、外动力地质作用，形成、发展并遗留下来的自然产物，它不仅是自然资源的重要组成部分，更是珍贵的、不可再生的地质自然遗产。徽标体现了博大精深的中华文化，是一个简洁醒目、科学与文化内涵寓意深刻、具有中国文化特色的图徽。

图 8-2　中国国家地质公园徽标

专栏 8-3

中国的地学旅游

地质遗迹保护和地质公园建设在全国乃至世界越来越受到重视和关注，地学旅游也在地质公园建设中得到发展与推广。

我国一些学者最早提出地学旅游，地学旅游在我国已发展了近 30 年，现在已成为一个初具规模的科学体系和人才培养体系。中国地质大学（北京）田明中教授认为，地学旅游主要是研究旅游业中所涉及的地理学与基础科学的问题，重点是推动旅游业开始走向科学旅游。在他看来，地学旅游经历了 4 个发展阶段：

一是孕育阶段。1979 年，改革开放推动了我国旅游业的起步。当时，地学界便积极运用地球科学知识为旅游业服务，但还处在摸索阶段。1985 年之后，我国先后召开了全国旅游地学研讨会，成立了中国旅游地学研究会筹委会。

二是初创阶段。一系列的学术年会召开，建立了省级地学旅游组织，制定编写旅游地学概论等，对培养我国旅游业人才发挥了重要作用。

三是成长阶段。1992 年，中国旅游地学研究会成立；1996 年第 30 届国际地质大会在北京召开，向与会的 120 多个国家的 6 000 多名地学家介绍了地学旅游。在此阶段，我国培养出首批地学旅游硕士、博士，并积累了地学旅游的理论知识及人才，为建立我国地质公园体系奠定了基础，并促成了我国国家地质公园的诞生。

四是开拓阶段。我国开始申报和建设国家地质公园，世界级地质公园开始在中国诞生和发展。2005 年，中国旅游地学研究会正式更名为中国地质学会旅游地学与地质公园研究分会，全面为旅游业提供服务，更加注重为地质公园的健康发展服务。这个阶段是我国国家地质公园发展的里程碑。

对于地质公园中的地学旅游线路设计，田明中教授认为，“要能反映这个公园地质遗迹特色和价值的地学旅游，保证安全性、可达性、科学性、特色性、系统性和可持续性。”

资料来源：刘艾瑛. 让地质遗迹“活起来”：聚焦我国地质公园建设. 中国矿业报，2015-10-28.

任务三　山地生态旅游产品设计

山地生态旅游产品设计

山地生态旅游是一种欣赏和认识自然的旅游活动，它所倡导的是人与自然的和谐统一。山地旅游，使旅游者崇尚自然、尊重自然、热爱自然，进一步增强自然保护意识和责任感。山地生态旅游产品项目包括：观光游览、避暑消夏、度假疗养、登山探险、科考研修等传统旅游项目，以及山地徒步旅行、野营、山地自行车、攀岩、滑雪、滑草等。

一、山地观光旅游产品

山地具有最丰富的景观类型，其中观光资源占据了很大的比重。观光旅游是我国发展最早也是最成熟的旅游活动形式。奇峰怪石、平湖深涧、天象奇观、宗教建筑、生物景观等丰富多彩的观光资源成为山地旅游重要的吸引物。

二、山地科普旅游产品

山地本身就是一个内容丰富、景象万千的自然和人文博物馆，山地资源是人类最大的知识宝库。利用山地旅游资源可以开展各类科普教育旅游产品，通过各类科普教育产品的开发，可将山地旅游与教育紧密结合，融教育于游乐之中。

三、山地体验旅游产品

山地生态旅游产品的开发必须重视旅游者的参与性，以山地生态旅游资源为依托，可以为旅游者提供山地环境体验、山野劳作体验、山地文化体验等各类体验产品。

四、山地度假疗养旅游产品

山地有别于其他旅游地的显著之处在于其优良的原生性生态环境，特殊而复杂的立体类型使山地拥有清新的空气、宜人的气候、优美的景观、洁净的水体等各种类型的疗养度假资源，立足于这些资源可以提供具有健身、度假、疗养、保健等多种功能的疗养度假旅游产品。

五、山地运动旅游产品

随着现代工业社会和旅游业的发展，越来越多的人向往在环境优越的野外环境参加各类运动，山地正是开展运动旅游的优良场所，可开展攀登、滑雪、探险、野外生存、户外拓展等各类运动项目。

六、山地生态文化旅游产品

山地文化旅游产品主要包括三个方面：一是宗教文化旅游产品，我国众多名山大川与佛教和道教关系紧密，构成了丰富的宗教旅游文化胜地，是山地文化旅游产品重点之一；二是农耕文化旅游产品，山地中散布着相对原始的村落，保存了传统的农耕劳作习俗，是开展农耕文化旅游的重要资源；三是民俗文化旅游产品，山地是部分少数民族的聚居地，独特的民族文化和生活习俗是山地文化旅游的重要内容。

七、山地特色旅游产品

山地具备许多其他环境不存在的特色资源，根据这些特色资源可以开发多种山地特色旅游产品。例如，利用特殊的海拔和气候条件可开展冰雪项目，利用陡峭的地势条件可开展野外攀岩项目等。

专栏 8-4

山地旅游产品创新

面对如今各种新兴的旅游形式，相对传统的山地旅游应从多方面考虑，找到新的突破口，创造一些新颖的旅游产品及新型的旅游形式。

1. 特色餐饮

特色餐饮的概念很广，既包括当地的特色小吃，也包括在山地景区当中打造的养身餐饮、山水酒吧、农家饭等，把山水与餐饮结合起来，能丰富山水新的乐趣，吸引特定人群。以养生餐饮为例，现代人越来越讲究养生保健，而以优美的自然生态为背景开展的养生餐饮，市场受众规模就非常庞大了，如很多道教名山都开设有道教养生色彩的系列养生餐饮。

2. 康体养生

随着物质生活水平的提高，人们追求健康长寿的愿望越来越强烈，这种要求与山地旅游相结合，使得山地养生休闲成为潮流。自然山水景区生态环境佳，将康体项目引入并与山水休闲结合起来，已经成为市场发展的热点和潮流，并形成了巨大的消费需求和驱动力，山水休闲旅游突破了原有山水的局限，成为养生康体休闲产业的一个组成部分，市场空间非常广阔。具体项目包括冷泉、温泉以及各种养生泡浴、山野瑜伽、山水养生会馆、生态养生、文化养生等。

3. 运动休闲

在山地旅游中，少不了运动休闲要素的存在。适合在山地开展的运动休闲的项目很多，有的只能作为景区发展的补充，起到提升景区休闲功能的作用，如登山、普通的山野娱乐项目，有的是可以独立支撑起景区发展的，如滑雪、高尔夫、漂流等。在山水之间，比较适宜的运动项目有：徒步、漂流、森林野战、森林氧吧氧浴、森林探险、滑雪、穿越、溯溪、露营、骑马、射箭、滑草、山地摩托、草地滚球、高尔夫、探洞、峡谷探幽、攀岩、速降、越野定向、观鸟、垂钓等。

4. 文化包装

根据山地固有的特点，可考虑利用文化包装手法打造名山。俗话说“山不在高，有仙则名”。利用民间传说、神话赋予山地灵性，赋予文化内涵以提高知名度。传统的佛教名山、道教名山到如今也有着巨大的吸引力，这正是宗教文化赋予其独特的生命力，此外还有历史文化名山及红色文化名山，前者的代表有皇帝登山封禅所到的泰山，后者的代表则是红色名山井冈山。文化的范围宽广、内容博大。21 世纪又被旅游界称为文化旅游的世纪，把文化融入山水中，其结果是为山水旅游找到自己的特色和增添更为旺盛的生命力。

5. 旅游房地产

近几年，我国旅游房地产日渐升温，在旅游界和房地产界引起极大关注。旅游房地产的分类很多，其中，山野房地产是能够启动山水旅游景区的一种模式，山野休闲商业房地产一般以餐饮休闲、娱乐休闲为主，表现形式为商业街、酒吧街等，其代表发展趋势的产品为山水酒吧等。

资料来源：王军，等. 浅谈山地旅游产品的开发. 绿色科技，2009 (6)：64-66.

拓展案例

案例：阿尔卑斯山“山地运动-养生”开发

阿尔卑斯山景色十分迷人，贯穿法国、瑞士、德国、意大利、奥地利和斯洛文尼亚六个国家，是世界著名的高山风景区和山地养生旅游胜地，被世人称为“大自然的宫殿”“冰雪运动的圣地”“高山疗养的乐园”。

阿尔卑斯山脉是欧洲最高大、最雄伟的山脉，平均海拔达到 3 000 米。据研究，海拔 1 500 米以上的高山或高原，气候凉爽，能使人体阳气内敛，耗散减少，生物钟节律变缓；高山地广人稀，环境幽静，能使人的情绪稳定，气血和畅；高山空气清新，阳光充足，湿度恰当，独特的景观设计适合疗养度假。在高山兴建疗养院，已成为一种时尚。高山养生尤其适合慢性病患者，特别是患有呼吸系统、神经系统及过敏性疾病的人。

阿尔卑斯的高山养生根据独特的环境和地域特征，融合山地运动、瑜伽养生、森林养生和温泉养生，形成一种复合型养生模式：以高山小镇高端度假设施为依托，开创运动类、温泉类、疗养类等多种休闲体验型旅游产品，衍生出高山滑雪、山地自驾、徒步远足、山地越野、马术训练、森林雾浴、高山瑜伽等众多景观设计的养生项目。

达沃斯——欧洲著名高山疗养胜地。达沃斯小镇以空气清新闻名，是瑞士经典火车路线——冰川快车必经的一站，拥有世界第一条高山雪橇道、第一条高山滑雪索道、第一个高山高尔夫球场，以及欧洲最大的高山滑雪场、欧洲最大的天然冰场，是世界十大滑雪胜地之一。世界经济论坛总部所在地达沃斯小镇拥有众多头衔：世界知名的温泉度假、会议、运动休闲胜地，国际冬季运动中心，世界锦标赛（花样滑冰、速度滑冰、冰球、滑雪、阿尔卑斯滑雪、跨国滑雪等）举办地。

圣莫里茨——贵族气息的“水晶小镇”。圣莫里茨位于阿尔卑斯中心地带，被誉为“水晶般纯净的小镇”，是世界四大著名旅游滑雪胜地之一、世界著名冬季运动中心。曾两次举办冬奥会，可开展 150 多种户外运动和文化活动：冰上高尔夫球、冰上马球、雪地赛马、赛狗、板球、戏剧节、英国古典车展示和恩嘎丁音乐会等。圣莫里茨也是全球著名的王宫贵族度假胜地，拥有瑞士最多的五星级饭店，各大名牌商店、哥特式酒店、国王夜总会等。知名手表欧米茄（Omega）每年都会邀请各国知名艺人相聚于此，使这里洋溢着“奢华与昂贵”的气息。

采尔马特——没有汽车的“冰川之城”。采尔马特素有“冰川之城”的美称，位于阿尔卑斯山群峰之中，是世界著名的无汽车污染的山间旅游胜地，城中没有汽车，只有电瓶车。采尔马特也是世界顶级滑雪胜地。这里雪质优良，除了绝佳的登山健行步道与滑雪场，还有冰川飞渡椅、欢乐滑雪座、单腿蹬滑板等雪上旅游运动项目。

奥茨山谷——高山温泉理疗中心。奥茨山谷拥有阿尔卑斯知名的高山温泉理疗中心Aqua Dome。其透明的建筑和附近的高山风光被评为欧洲最现代的温泉理疗中心。水温40℃左右的温泉对风湿性疾病、减缓衰老、治疗和减轻伤口疼痛都具有显著疗效。Aqua Dome还设有一个医疗中心，专门从事体育医学、运动器械和疾病预防的研究。医疗中心还通过身体机能检测、骨密度测量和营养咨询为顾客量身定制健康计划。

项目小结

本项目深入探讨了山地生态系统的多样性、独特性及山地生态系统在生态旅游中的潜在价值。任务一主要介绍了山地的定义，以及山地生态旅游的概念和山地生态旅游资源的特点，强调山地的独特价值和生态旅游在保护山地环境中的重要性，为理解山地的重要性和如何合理利用山地资源提供了基础。任务二详细描述了中国山地资源的分布情况和主要山地类型。通过对不同地区山地景观的介绍，展示了中国山地的多样性和生态旅游资源的潜力，帮助学生了解中国山地资源的现状和保护的重要性。任务三探讨了山地生态旅游产品设计的主要思路和方法，为实际的山地旅游开发提供了指导和灵感，同时也强调了在旅游开发中保护山地生态环境的重要性。

思考题

1. 山地旅游资源的特点是什么？
2. 描述我国山地的分布规律。
3. 举例说明我国的代表性名山及其核心资源特色。
4. 简要介绍中国国家地质公园。
5. 山地生态旅游产品主要有哪些类型？
6. 设计1～2个山地生态旅游产品，并说明设计思路及开发注意事项。

项目九 海洋生态旅游资源

项目导读

本项目旨在深入探讨海洋生态系统的特性、功能和海洋生态旅游的潜力。项目内容涵盖了海洋的定义、分类，海洋生态旅游的概念、特点和旅游资源。通过介绍中国海洋资源的分布和代表性海洋景观，展示了中国海洋的多样性和独特性。同时，项目还介绍了国家海洋公园的建设和管理，以及海洋生态旅游产品的设计与开发。通过本项目的学习，学生可以全面了解海洋生态旅游资源的价值，掌握海洋生态旅游的开发与管理知识，为海洋资源的可持续利用和保护提供科学指导。

学习目标

知识目标	1. 了解海洋及其功能，包括供给功能、调节功能和文化功能； 2. 理解海洋生态旅游的概念、特点和发展趋势； 3. 掌握我国海洋生态旅游资源的分布和代表性海洋景观； 4. 熟悉我国海洋公园的概念、类型和建设情况； 5. 了解不同类型海洋生态旅游产品的设计和开发思路。
能力目标	1. 能够识别和评价不同类型的海洋生态旅游资源； 2. 能够分析和比较不同海洋生态旅游产品的优缺点； 3. 能够初步设计海洋生态旅游产品，并提出开发建议。
素养目标	1. 树立海洋生态保护意识，认识到海洋生态环境的重要性； 2. 培养热爱海洋、亲近自然的情感，积极参与海洋生态旅游活动； 3. 增强环境保护意识，为保护海洋生态环境贡献自己的力量。

案例引入

红滩绿苇 鸥鹭齐飞——“锦州市大凌河口生态修复”位列 2023 年海洋生态保护修复典型案例榜首

为深入学习贯彻党的二十大精神，加快推进海洋生态文明建设，充分发挥优秀典型案例示范引领作用，自然资源部国土空间生态修复司组织开展了2023年海洋生态保护修复典型案例征集活动。这些案例具有突出的生态效益，兼具良好的社会效益和经济效益，具有示范借鉴价值，“锦州市大凌河口生态修复”位列榜首。

锦州市坚持以习近平生态文明思想为指导，尊重自然、顺应自然、保护自然，科学规划，统筹兼顾，持续推进海洋生态保护修复工作。在2018年至2020年开展的渤海综合治理攻坚战生态修复工作中，锦州市在中央财政的支持下，投入2 100余万元实施了锦州市大凌河口生态修复项目。项目从大凌河口滨海湿地生态问题出发，因地制宜地采取养殖围堰拆除、地形重塑、盐沼植被修复、海堤生态化等修复措施，有效改善了大凌河口滨海湿地生态环境，生态修复效果显著。如今的大凌河口重现了“红滩绿苇、鸥鹭齐飞”的生态景观。

大凌河发源于辽宁省与河北省接壤地区，全长447公里，流域面积2.33万平方公里，年均径流量17.91亿立方米，是辽宁省西部最大的河流，是辽西人民的母亲河。大凌河入海口地处辽河三角洲湿地西部，域内滩涂广袤、芦苇和碱蓬壮阔、生物群落丰富多样，是我国河口湿地的典型区域。

大凌河入海口两侧原为芦苇和翅碱蓬交替出现的滨海湿地。随着区域围海养殖的大规模发展，养殖围堰占用了滨海湿地，割裂了河口天然潮沟，导致滨海湿地海水交换受阻，盐沼植被逐渐退化，自然湿地生态系统功能受损。针对修复区域的生态问题，项目以恢复河口湿地生态功能为重点，坚持目标导向、问题导向，按照“保障生态安全、突出生态功能、兼顾生态景观”的次序，科学选取技术模式，保障修复效果。

湿地地形重塑。拆除围海养殖围堰3 670米，恢复滨海湿地，因地制宜进行地形改造，疏通潮沟水系，重塑了芦苇-碱蓬湿地生境；潮沟清淤疏浚。开展河口潮沟清淤疏浚，疏通养殖围堰外围潮沟9 317米，恢复河口滨海湿地的水动力条件，修复滨海湿地190公顷，改善河口生境质量；盐沼植被恢复。在地形重塑的基础上，选择芦苇、翅碱蓬等当地植物进行补植，恢复盐沼植被37公顷，打造鸟类栖息适宜生境，恢复典型河口滨海湿地生态景观。

生态修复成效显著。项目实施养殖围堰拆除及潮沟清淤疏浚后，首先恢复了原有滩涂及Ⅰ级潮沟，修复了滩涂潮沟的水动力条件，改善了滩涂径流及潮流的交互过程，并在潮沟清淤疏浚后的自然演化作用下，促进Ⅲ至Ⅳ级潮沟系统发育，形成天然的滩涂潮沟水文动力环境。其次，通过滩涂生境改善及盐沼湿地植被种植等措施，逐渐恢复大凌河口芦苇-碱蓬生态系统景观。

2021年8月22日，中国野生动物保护协会在修复区附近1天内观察到鸟类34种，种类涉及中型涉禽、小型涉禽、中型游禽和中小型猛禽，其中国家一级保护野生动物有黑脸琵鹭、黄胸鹀、黑嘴鸥3种，国家二级保护野生动物有翻石鹬、阔嘴鹬、大杓鹬、白腰杓鹬、大滨鹬、小天鹅、白腹鹞、白尾鹞、短耳鸮9种，保护修复效果显著。生态效益持续显现。项目通过拆除养殖围堰、开展盐沼植被种植，遏制了大凌河口滨海湿地植被的退化趋势，改善了湿地生态环境，提升了湿地生态系统自我恢复和纳污自净能力，实现了湿地生态系统可持续循环。经济价值逐步体现。引来众多久未谋面的珍稀濒危鸟类回归，带动众多摄影、观鸟爱好者到当地打卡、留念，促进了当地旅游、民宿的发展。示范效应显著。项目采取的养殖围堰拆除、地形重塑、盐沼植被恢复、潮沟清淤疏浚、护岸生态化改造等措施，修复成效显著，对同类项目具有示范意义，为河口滨海湿地修复相关的科研、教育提供了可复制、可推广的优秀范例。

资料来源：红滩绿苇　鸥鹭齐飞——“锦州市大凌河口生态修复”位列2023年海洋生态保护修复典型案例榜首．辽宁自然资源，2023（11）：43.

思考：

1. 为什么海洋生态环境对我们很重要？

2. 海洋有什么功能？

任务一　认识海洋生态旅游

一、海洋及其功能

海洋是地球上最广阔的水体的总称，总面积约3.6亿平方千米，约占地球表面积的71%，海洋中含有13.5亿立方千米的水，约占地球总水量的97%。地球上四个主要的大洋为太平洋、大西洋、印度洋和北冰洋。

海洋生态系统的功能包括供给功能、调节功能、文化功能等。供给功能是指海洋生态系统为人类提供食品、原材料、基因资源等产品，从而满足和维持人类物质需要的功能。调节功能是指海洋吸收太阳的热量，通过不断移动的洋流将其传送到大气中，并分配到世界各地，产生全球气候模式，并通过吸收二氧化碳、制造氧气，使地球成为适宜居住的地方。文化功能是指海洋资源提供的精神感受、知识获取、主观印象、消遣娱乐和美学体验等，主要包括旅游价值、文化价值和科研价值等功能。

二、海洋生态旅游

海洋生态旅游是指以海洋生态系统为主要载体，在保护生态环境的前提下，围绕海洋资源开展的观光游览、休闲度假、康体疗养、运动探险等旅游活动。海洋生态旅游主要在海滨地区、近海、海岛、大洋、海底等区域进行。海洋是一个完整的生态系统，海洋生态旅游的内容十分丰富，从单纯的观光向休闲度假转变，旅游产品逐渐形成了涵盖滨海、海面、空中、海底的立体式格局。除了传统的滨海旅游项目，人们既可以挑战热气球、探险等空中项目，也可以体验游泳、潜水等海中项目，还可以尝试潜水艇观光等海底项目，更可以进行海岛旅游等离岛项目和邮轮、游艇等远洋项目。

三、海洋生态旅游资源的类型和特点

海洋生态旅游资源是指能对旅游者产生吸引力的近海、中海、远海等自然资源和人文资源的综合，包括海滩、海岸、礁石、海岛、海港、海滨等。

（一）海洋生态旅游资源的类型

我国海岸线曲折绵长，岸外岛屿众多，海岸地貌类型齐全，海岸带南北纵跨三个气候带，自然风光各异，拥有许多旅游价值很高的风景区。我国历史悠久，海洋文化积淀丰厚，海岸带人文景观也非常丰富。概括起来，我国海洋生态旅游资源大体可分为下述五类。

1. 海岸

海岸是地球上陆地和海洋两大自然体系的衔接地带，是海洋生态旅游中最基本也是最有魅力的景观。浩瀚的大海和各式各样的海岸地貌，构成一幅幅壮丽的图画，让人流连忘返。海岸带的山地岩石往往被海水侵蚀成各种奇特造型，有较高的观赏价值。

2. 海岛

海岛耸立海面，风光绚丽，宛若仙山。我国海岛成因多样，类型众多：大陆岛，如北方的长山群岛、庙岛列岛，南方的舟山群岛、海坛岛、湄州岛、台湾岛、海南岛等；沙岛，如崇明岛；珊瑚岛，如南海的西沙群岛、南沙群岛；火山岛，如澎湖列岛、兰屿、涠州岛。同时，部分海岛上还有一些珍稀、独特的生物群落，具有很高的观赏价值和科研价值。众多的海岛景观对旅游者有着很大的吸引力。

3. 海滨山岳

中国名山很多，不过坐落在海滨的名山实为难得。青岛崂山兼有奇峰、异洞、怪石、茂林、飞瀑、流云之美，更以“山海奇观”著称天下，素有“泰山虽云高，不如东海崂”之说。我国海岸带上的名山还有大连老铁山、连云港云台山、舟山普陀山、福建太姥山等。

4. 海底

有些近岸海湾，海水清澈透明，海底渔礁跌宕，各种各样的鱼群、五光十色的贝类、千姿百态的藻类、婀娜多姿的珊瑚等，构成色彩斑斓的海底世界，适合开展潜水旅游和建立海底游乐宫。

5. 滨海城市

包括城市繁华街道、宏伟建筑、文化娱乐场所、购物中心等。

（二）海洋生态旅游资源的特点

1. 独特的空间完整性

与广袤的大陆相比，海洋生态旅游资源是相对完整和独特的。特别是部分海岛远离大陆，地域空间十分有限。一些人迹罕至的海岛保持了原始的自然风貌，生态旅游资源十分独特。

2. 较强的季节性

由于地理位置和所处纬度不同，各种海洋生态旅游资源在一年中的变化十分显著，如海洋气候旅游资源、海洋生物旅游资源、滨海旅游资源等随着季节的变化而变化。由于气候季节性的影响，海岛人文生态旅游资源开发利用也在不同程度上受到季节的影响。

3. 显著的景观差异性

由于滨海及周边海域自然环境存在差异，海洋自然生态景观的分布形态和构成状态等也千差万别。我国海洋生态旅游资源丰富，数量多，分布广，类型齐全，包括了世界海洋资源分类的所有组成，景观差异性显著。沿海居民靠海为生，长期的海洋生活使他们形成了特有的渔家风俗等文化。很多海岛位处边疆，多为海防前线，保留有独特的军事建筑和军事文化，留下了丰富的历史遗迹，是海洋文化的重要组成部分，与陆地上的人文景观资源有较大不同。

4. 突出的生态脆弱性

海洋生态旅游资源的生态脆弱性突出，极易受到破坏，保持海洋生态系统平衡与协调，对于维持海洋生态旅游资源的稳定性至关重要。因此，对海洋旅游资源的开发必须保护优先，遵守严格保护、科学管理、合理开发、永续利用的原则，特别是对于稀有、不可再生的海洋旅游资源，应以保护为主，严格控制开发力度。

任务二　我国海洋资源的分布和代表性海洋景观

一、我国海洋资源的分布

我国海域分布广泛，近海海域从北到南分别是渤海、黄海、东海和南海，其中渤海是内海，其他三海为边缘海。根据人们已经熟知的海区名称，可将中国海岸划分为 5 个海滨旅游带：环渤海湾海滨旅游带、长三角海滨旅游带、海峡西岸旅游带、珠三角海滨旅游带、海南岛海滨旅游带。

（一）环渤海湾海滨旅游带

环渤海湾海滨旅游带是我国北方海滨的代表，是以大连、秦皇岛、青岛为中心的山东半岛、辽东半岛、渤海湾海滨旅游带。该地区海滨旅游在气候上具有一定的优势，虽然每年的枯水期很短，但冬无严寒、夏无酷暑，非常适合海滨度假。

（二）长三角海滨旅游带

长三角海滨旅游带是以上海、连云港、宁波、杭州等城市为中心形成的苏沪浙海滨旅游带。该旅游带上有知名度高的国际大都市——上海，有我国的历史文化名城——杭州、宁波，区域内宗教文化、民俗文化风情等人文旅游资源非常丰富。

（三）海峡西岸旅游带

海峡西岸旅游带是以福州、厦门、泉州等城市为中心形成的旅游带。该地区是我国海滨旅游资源最为丰富的地区之一，山海一体的自然旅游资源，丰富的宗教文化、民俗文化等人文旅游资源，是海滨旅游开发的坚实基础。

（四）珠三角海滨旅游带

以香港、澳门、广州、深圳、珠海、汕头、湛江、北海等城市为中心的珠江三角洲海滨旅游带，简称珠三角海滨旅游带。该地区的海滨旅游资源较为丰富，而且每年的适游期很长。从地理区位来看，这里与东南亚和大洋洲相距不远，有着明显的区位优势。

（五）海南岛海滨旅游带

海南岛是我国保持着热带自然风貌的地方，又是一个巨大的天然热带动植物园，热带风光格外吸引人。与我国其他海滨地区相比，热带气候条件是海南岛的最大优势。从海滨旅游资源来看，海南岛的沙滩、海水和阳光，在全国都是一流的，而且与世界上其他地方相比也不落下风，素有“东方夏威夷”之称。

二、我国代表性海洋景观

（一）海南三亚亚龙湾

亚龙湾位于三亚市，是海南最南端的一个半月形海湾，海湾面积达 66 平方千米。8 千米长的海滩宽阔平缓，浅海区宽达 50～60 米，沙粒洁白细腻，自然资源国内绝无仅有，可与国际上任何著名的热带滨海旅游度假胜地相媲美，可同时容纳十万人嬉水畅游，数千只游艇游弋追逐。亚龙湾的海水清澈见底，海底资源丰富，有珊瑚礁、各种热带鱼、名贵贝类等。亚龙湾年平均气温 25.5℃，海水温度 22℃～25.1℃，终年可游泳，被誉为“天下第一湾”。亚龙湾集中了现代旅游五大要素：阳光、沙滩、海洋、绿色、新鲜空气，适宜四季观光、度假、游泳和开展各类海上运动。

（二）广东阳江海陵岛东方银滩

东方银滩坐落在广东省阳江市海陵岛，位于闸坡镇海滨大道东，地理位置得天独厚，北隅大角山，南面浩瀚的南海，西临鹰嘴角，东面是一望无际的“十里银滩”。可同时容纳两万多游客游乐，水清沙洁，环境优美。景区风格独具特色，是一个集大型生态海滨浴场、观海听涛、宾馆住宿、海鲜餐饮、茶艺厅、演艺吧等于一体的多功能旅游风景区。

（三）广东深圳大鹏半岛海滩

大鹏半岛东临大亚湾，与惠州接壤，西抱大鹏湾，遥望香港新界，陆域面积 294.18 平方千米，海岸线长 133.22 千米，森林覆盖率 76%，拥有独特的山海风光、旅游资源、丰富的人文资源、明显的区位优势和巨大的发展潜力。由于生态资源得到严格保护，大鹏半岛成为深圳市目前面积最大、保存最为完好的生态乐土。

（四）广西北海银滩

北海银滩位于广西北海市，西、南、北三面环海，面积超过烟台、青岛、大连、北戴河沙滩面积的总和，水质为国家一级标准，海水退潮快、涨潮慢，游泳安全系数很高，一年中九个月可下海游泳。在阳光的照射下，洁白、细腻的沙滩会泛出银光，故称银滩，北海银滩因其“滩长平、沙细白、水温净、浪柔软、无鲨鱼、无污染”的特点，被誉为“天下第一滩”。

（五）厦门鼓浪屿

鼓浪屿位于福建省厦门岛西南隅，与厦门市隔海相望。岛西南有海蚀洞，受浪潮冲击，声如擂鼓，人们称之为“鼓浪石”，鼓浪屿因此而得名。由于历史原因，中外风格各异的建筑物在此地被完好地汇集、保留，有“万国建筑博览”之称。小岛还是音乐的沃土，人才辈出，钢琴拥有密度居全国之冠，又得美名“钢琴之岛”“音乐之乡”。鼓浪屿的楼房鳞次栉比，掩映在热带、亚热带林木里，日光岩奇峰突起，群鸥腾飞……组成一幅美丽的画卷。

（六）山东青岛金沙滩

青岛金沙滩南濒黄海，呈月牙形东西延展，全长 3 500 多米，宽 300 米。这里属于暖温带季风气候，空气湿润，雨量充沛，温度适中，四季分明。金沙滩东侧临山，敞开的喇叭形让从黄海上吹来的强劲海风在这里掀起的浪涛总是三五成群涌上海滩。青岛金沙滩是中国沙质最细、面积最大、风景最美的海水浴场之一，被称为“亚洲第一滩”。

（七）浙江普陀山东海岸千步沙

千步沙在普陀山的东海岸，因其长度近千步而得名，是普陀山上最大的沙滩。沙面宽坦平缓，沙质干净柔软，可与北海银滩媲美。如今，千步沙已开辟了海滨浴场和海上娱乐中心。

（八）山东荣成成山头

成山头，又称成山角或“天尽头”，位于山东省荣成市龙须岛镇，因地处成山山脉最东端而得名。成山头三面环海，一面接陆，与韩国隔海相望，仅距 94 海里，是最早看见海上日出的地方，自古就被誉为“太阳启升的地方”，有“中国的好望角”之称。

（九）河北昌黎黄金海岸

美丽的秦皇岛黄金海岸位于渤海岸边，海岸线全长 52.1 千米，具有沙细、滩软、水清、潮平的特点，是进行海水浴、阳光浴、沙浴、森林浴、空气浴的理想地点。黄金海岸最吸引人的运动就是滑沙了，旅游者可先乘坐索道缆车直达沙顶，沿途只见一道道沙山连绵不断，风光独特，坐在竹木制成的滑沙板上，从几十米高的沙山上呼啸而下，速度越来越快，冲到平地后由于惯性的作用，还会继续向前滑出几十米远，感觉既刺激又安全。

（十）大连棒棰岛

棒棰岛位于大连市滨海路东段，大连市东南约 5 公里处，是一处以山、海、岛、滩为主要景观的风景胜地。这里三面环山，一面濒海；北面为群山环绕，南面是开阔的海域和平坦的沙滩。远处的三山岛云遮雾罩，空蒙迷离，传说是“三山五岳”中的三座仙山。

专栏 9-1

中国十大最美海岛

2015 年中国“十大美丽海岛”评选，东山岛、南三岛、南麂列岛、涠洲岛、刘公岛、菩提岛、觉华岛、连岛、海陵岛、三都岛等 10 个海岛获得荣誉称号，永兴岛、洞头岛、特呈岛、大长山岛、蚂蚁岛、上下川岛、哈仙岛、一江山岛、海驴岛、葫芦岛等获得 2015 年“十大美丽海岛”特别提名。

东山岛有南门湾、马銮湾、乌礁湾、澳角湾、宫前湾等 7 处月牙形海湾，绵延 30 千米。岛内有铜山古城、铜陵关帝庙、黄道周故居、九仙岩郑成功水操台、征台戍台将士墓园等人文古迹。

南三岛生态环境优良，岛上有成片红树林。岛内生态保护良好，光明坞湿地是候鸟和海鸟的安居场所。南三岛东面沿海拥有南北长 20 多千米、宽约 200 米的沙滩，沙质洁白、幼细。

涠洲岛是广西北部湾地区最大的海岛，由四纪火山喷发、堆积、沉积形成，是中国最大、最年轻的火山岛，被评定为国家地质公园。

刘公岛位于山东半岛最东端黄海之滨的威海湾内，拥有中国甲午战争博物馆、刘公岛国家森林公园等，荣获全国首批海洋生态国家级特别保护区和国家级海洋公园、全国海洋意识教育基地等称号。

菩提岛为华北第一大沙质生态岛，是国家海洋局确定的海岛开发与保护示范基地，有“孤悬于海上的天然动植物园”的美称。岛上自然植被覆盖率达98%以上，有潮音寺、朝阳庵等历史古迹。

觉华岛是渤海辽东湾第一大岛屿，岛上拥有千年菩提树百余棵，也是大批候鸟春秋季迁徙的“中转站”。有觉华岛国家级海洋公园、磨盘山天桥贝壳滩保护区、龙脖子与怪石崖海蚀地貌保护区等。

连岛通过中国最长的拦海大堤与连云港东部城区相连，拥有江苏最佳的天然优质海滨沙滩，以及汉代海上界域石刻等丰富人文景观，森林覆盖面积达80%，是国家级海洋特别保护区。

南麂列岛是国家级海洋自然保护区、世界生物圈保护区。南麂列岛主要有大沙澳海滨浴场、猴子拜观音等各类景观180多处，有舞渔灯习俗等丰富的军事、历史、人文资源。

海陵岛是“南海一号”古沉船分布地，是首批国家级海洋公园、中国最佳旅游度假胜地、国家水下考古基地、首批国家级中心渔港。

三都岛的官井洋大黄鱼自然保护区为全国唯一的、也是世界唯一的大黄鱼繁殖自然保护区。有西班牙天主教堂、罗马修女院、修士院、福海关，以及中国大黄鱼文化(瓜对、挂门搭)、军港风情等丰富的旅游资源。

资料来源：中国十大最美海岛．(2016-07-15)[2024-12-14]．国家海洋局网站，http://www.soa.gov.cn/xw/ztbd/ztbd_2016/10mlhd/.

任务三　我国的海洋公园

相比陆地上众多的国家地质公园、国家森林公园、国家矿山公园、国家湿地公园、国家城市湿地公园等，国家海洋公园这一概念提出相对较晚。

2005年国家海洋局发布《海洋特别保护区管理暂行办法》，建立了海洋特别保护区制度。国家海洋局在认真总结海洋特别保护区建设和管理经验、分析不足和问题的基础上，对《海洋特别保护区管理暂行办法》进行了修改完善，2010年发布了《海洋特别保护区管理办法》。

海洋特别保护区，是指具有特殊地理条件、生态系统、生物与非生物资源及海洋开发利用特殊要求，需要采取有效的保护措施和科学的开发方式进行特殊管理的区域。根据海洋特别保护区的地理区位、资源环境状况、海洋开发利用现状和社会经济发展的需要，海洋特别保护区可以分为海洋特殊地理条件保护区、海洋生态保护区、海洋公园、海洋资源保护区等类型。

（1）在具有重要海洋权益价值、特殊海洋水文动力条件的海域和海岛建立海洋特殊地理条件保护区。

（2）为保护海洋生物多样性和生态系统服务功能，在珍稀濒危物种自然分布区、典型生态系统集中分布区及其他生态敏感脆弱区或生态修复区建立海洋生态保护区。

（3）为保护海洋生态与历史文化价值，发挥其生态旅游功能，在特殊海洋生态景观、历史文化遗迹、独特地质地貌景观及其周边海域建立海洋公园。

（4）为促进海洋资源可持续利用，在重要海洋生物资源、矿产资源、油气资源及海洋能等资源开发预留区域、海洋生态产业区及各类海洋资源开发协调区建立海洋资源保护区。

2005年中国第一个国家级海洋特别保护区——乐清西门岛海洋特别保护区成立，2011年5月，国家海洋局正式公布首批国家级海洋公园，截至2025年2月，我国先后批准建立了49个国家级海洋公园。

根据《国家级海洋公园评审标准》，国家级海洋公园的评审指标由自然属性、可保护属性和保护管理基础三个部分组成，其下共分为12项具体指标：自然属性包含典型性、独特性、自然性、完整性和优美性5项指标，可保护属性包含面积适宜性、科学价值、历史文化价值、经济和社会价值4项指标，保护管理基础包含功能分区适宜性、保护与开发活动安排合理性和基础工作3项指标。

任务四　海洋生态旅游产品设计

一、游船旅游产品

游船旅游产品是指乘坐豪华游船进行的海洋旅游。随着海洋旅游业的迅速发展，乘船旅游成为时尚。新型的远洋游船（邮轮）多按豪华星级饭店标准进行装修，配备了各种娱乐休闲设施，集行、住、游、购、娱于一体，如美容厅、按摩室、蒸汽浴室、酒吧、娱乐室、游泳池、健身房、乐队、夜总会、图书馆、电影院等，为游客提供人性化服务，因此被称为“海上浮动旅馆”。

专栏9-2

世界著名邮轮

全球范围内共有大大小小的邮轮公司数十家，其中以地中海邮轮、皇家加勒比国际游轮、丽星邮轮、公主邮轮和歌诗达邮轮最为著名。

1. 海洋奇迹号

海洋奇迹号是全球豪华邮轮的领导品牌——皇家加勒比国际游轮旗下名列全球第一的

国际邮轮，造价约85亿元人民币，2022年下水，总吨位为23.7万吨，光排水量就堪比4艘辽宁舰，邮轮长362米、宽64米，总层高18层甲板，船上有2 867间客房，最多可接待6 988名宾客，为当今全球最大的豪华邮轮。

这艘超级邮轮上有郁郁葱葱、栽满绿植的中央公园，可领略世界顶级表演的水上剧场，以及10层甲板高的海上滑道和横跨中庭的高空滑索。这里的皇家大道相当于把商业街搬到了船上，集购物、餐饮和娱乐为一体，是一个移动的海上娱乐世界。

2. 安可号

安可号属于诺维珍轮船公司，它于2019年开启首航。它全长约333米，总吨位近17万吨，是一艘巨大又豪华的海上游轮。安可号可以容纳4 000名游客和1 700名船员，船上设施齐全，餐饮、娱乐应有尽有。最有趣的是在它的上层甲板上拥有一条335米长的赛车道。在游轮上赛车可以说是史无前例的。它将带你穿越高速弯道，而弯道的边缘离船舷不足4米，这想想都非常刺激。此外该邮轮还设有高级VIP区域，可以享受豪华套房和24小时的管家服务，可以在私人甲板上享受美妙的日光浴。

3. 翡翠号

翡翠号属于歌诗达邮轮公司，这是欧洲最大的邮轮之一，它的长度达到了337米，吨位18.5万吨。这艘邮轮于2019年开启首航，最多可以容纳6 500名游客和近1 700名船员。游客们在这里可以享受11家不同氛围的餐厅，还有19家别具一格的酒吧和休息室。此外，意大利美食也被带到了邮轮上，游客们每晚都能品尝到不同的意大利特色菜品。邮轮上还有水疗中心和水上乐园等，游客们可以尽情享受各种乐趣。值得一提的是，这一艘邮轮也是最早使用液化天然气驱动的邮轮之一，对减少碳排放做出了应有的贡献。

4. 海洋标志号

海洋标志号是皇家加勒比国际游轮公司最新最大的豪华游轮，它由芬兰船厂建造，历时两年完成，2024年1月开启首航。这艘游轮全长约365米，总吨位25万吨，是名副其实的巨无霸。海洋标志号共有20层甲板，最多可以容纳7 600名游客和2 350名员工。这艘邮轮上集成了海滩、休闲度假村、主题公园三大元素，游客们可以选择28种不同的住宿风格，还能享受到40多种不同风味的食品套餐。这艘邮轮完全由液化天然气作为动力，在运营过程中将显著减少排放。奢华的同时不忘环保。

5. 挪威史诗号

挪威史诗号是美国邮轮运营商“挪威邮轮公司”建造的一艘豪华邮轮。该邮轮的规模和奢华程度居世界领先地位，是世界最大邮轮之一。它重155 873吨，长330米，共有2 100个房间。

此艘邮轮于2010年首航，提供种类繁多的世界顶级娱乐，更人性化和创新的特等客舱，以及更多的露台。在船上提供多达20种用餐选择，包括特色为诱人牛排和肉块的牛排店、传统的阿根廷餐厅，还有法国餐厅，正宗的铁板烧，居家口味的意大利菜、中国菜、寿司等。

6. 迪士尼梦想（Disney Dream）号

迪士尼梦想号是迄今为止在德国建造的最大邮轮。邮轮长 1 115 英尺长，排水量达到 12.8 万吨，客舱数量为 1 250 个，拥有 14 个甲板，可以容纳 4 000 名乘客。它由德国帕本堡的梅耶尔造船厂制造，2010 年 11 月在德国启航。

梦想号是迪士尼第三艘邮轮，邮轮设计也与迪士尼故事精致交融。邮轮上有许多迪士尼卡通人物形象的挂画、全球首条水路过山车滑梯，以及全球最大迪士尼邮轮剧院，游客还可以享受独一无二的旋转餐厅，并参加邮轮上的各种派对活动。

二、海洋体育旅游产品

海洋体育旅游产品，是指旅游者以观赏和参加各种涉海体育运动为主要目的的旅行游览活动。海洋体育旅游项目多种多样，如海上跳伞、摩托艇冲浪、帆船、帆板、游泳、潜水、垂钓、沙滩排球、沙滩足球等。海洋体育旅游产品能够吸引较大范围的旅游者，同时可以利用体育比赛项目来吸引旅游者，以便最大限度地提高现有条件和设施的利用率。

三、海洋保健旅游产品

海洋保健旅游产品是指旅游者主要以疗养为目的，以治疗疾病、恢复和促进身体健康而从事的海洋旅游活动。其产品主要有疗养旅游和医疗旅游等。适当的旅游活动能够促进身体健康，特别是那些疗养价值高的旅游产品在广大旅游者中具有极大的吸引力，因此，许多海岛旅游胜地也不失时机地推出了各类具有吸引力的保健旅游产品。

四、海洋节庆旅游产品

节庆旅游是以具有鲜明主题的公众性庆典活动作为旅游吸引物而开发出来的一种现代新型旅游产品，主要包括商业类、农业类、文化类、自然景观类、休闲娱乐类等。海洋节庆旅游产品对提高区域的知名度、传播区域文化、塑造区域旅游品牌、促进对外经济合作、带动区域经济发展等发挥着重要作用。近年来海洋节庆旅游在各地都有很大的发展，如中国海洋文化节、中国舟山国际沙雕节、嵊泗贻贝文化节等。

五、海洋神秘旅游产品

海洋神秘旅游是指组织旅游者到常有奇怪现象发生或人迹罕至的海域进行的旅游活动。此种旅游产品往往以其神秘色彩对旅游者产生极大的吸引力和震撼力，如百慕大三角，这个被称为“魔鬼三角”“地球黑洞”的海域，每年吸引近百万各国旅游者。

六、海底旅游产品

海底旅游可以游览海底奇景，观赏千奇百怪的鱼类及景物，探索海底秘密，满足旅游者猎奇的心理需求。目前，海底旅游项目主要有海底洞穴旅游、潜水旅游等。如新加坡圣陶沙建有海底探秘馆，可以让旅游者在不佩戴任何潜水器具，身上不沾水的情况下，自如地进入“深海区”观看海底世界；美国佛罗里达州的奥兰多迪士尼乐园的人工海底乐园，通过一条丙烯酸塑料制造的水下走廊，把旅游者送至有240个座位的珊瑚礁餐厅，旅游者可一边用餐，一边透过餐厅四周的玻璃窗观看海底世界的奇妙景观。

七、海洋探险旅游产品

海洋探险旅游指既能够确保人身安全，又能使人产生不同程度的兴奋或刺激的旅游活动。海洋探险旅游既可以锻炼旅游者的意志和毅力，也可以增强旅游者面对各种困难的应变能力，通常针对中、青年群体开发。探险旅游一般可以增加旅游者的逗留时间而且花费也比较大。海洋探险旅游的具体活动产品主要有深海探险、海上漂流、孤岛荒岛探险等。

八、观鲸旅游产品

观鲸旅游指在船只上观察鲸鱼和其他鲸类（包括海豚、海狮等鲸类动物），或是通过诸如喂食和游泳等一些相互影响的互动行为方式来观察鲸类。观鲸旅游开辟了旅游发展新形式，效益巨大，同时可以增强人类对鲸类的保护意识，但是开展过程中需要极为规范的管理和引导，避免对鲸类产生危害。

此外，还可以结合区域综合旅游开发，对滨海城镇、乡村进行生态旅游开发。例如，依托交通便利、资源优良的有利条件，利用当地文化和产业资源优势，结合城镇建设改造，发展滨海休闲度假区，因地制宜开发富有滨海生活特色体验的旅游主题城镇。以农村社区、滩涂农渔区、风景名胜区、生态公园、滩涂运动公园等为载体，积极开发农家乐、休闲农庄、休闲农业、特色乡村等多种形式的旅游产品。开发滨海乡村种植园、养殖园、乡村客居、修学、渔村美食等形式的旅游产品。

专栏 9-3

产品丰富体验多　海洋旅游火起来

6月8日是世界海洋日暨全国海洋宣传日，2023年的活动主题为“保护海洋生态系统　人与自然和谐共生”。

近年来，海洋旅游在提升全民海洋意识、助力建设海洋强国方面发挥了越来越重要的作用。各地积极保护海洋资源，推动海洋旅游提质升级，吸引更多游客“面朝大海”，不断书写海洋经济美好篇章。

用好优势促发展

海洋旅游是海洋经济的重要方面。我国海洋资源丰富多样，海洋旅游发展势头良好。近年来，沿海省市大力发展海洋旅游，努力做大做强海洋旅游品牌。

“我国拥有众多沿海城市，南北纵跨热带、亚热带和温带3个气候带，海洋资源类型丰富多样。”中国海洋大学管理学院教授张广海表示，沿海地区经济发展相对发达，为海洋旅游发展提供了有力支撑。

"海岛以其美丽的自然风光、优良的生态环境以及独特的居民生产生活方式吸引了大量游客。"全国人大代表、浙江舟山旅游集团普陀山旅行社总经理助理谢丽表示，旅游业在带动海岛现代服务业发展中发挥了重要作用，部分海岛地区旅游业的发展促进了渔民增收致富，也在一定程度上改变了渔村的村容村貌。

产品上新拓市场

来一场海岛奇妙游、听一次"海的声音"、吃一顿海鲜大餐……海边度假成为不少游客的休闲选择。旅游景区、企业也持续上新海洋旅游产品，开发海上体育运动项目、推出深度人文游航线，让更多游客拥抱大海，解锁海洋旅游别样玩法。

大大小小的游艇、帆船正在海面上缓缓航行，游客们三五成群站在甲板上、坐在帆船上享受着大海带来的快乐。青岛奥帆海洋文化旅游区，吸引着不少游客享受惬意时光。

"目前，青岛旅游集团已开通东、西、南三个方向的8条游船航线，未来3年规划再开通航线4条。全面通航后，青岛将实现串联海岸、海湾、海岛和沿海主要景点的'一程多站'式海上旅游路线。"青岛旅游集团有关负责人介绍，近年来，集团不断丰富海上旅游业态，推出了帆船、游艇、皮划艇、桨板、尾波冲浪、水上飞人、海钓等项目，满足游客海上体育休闲需求。

维京游轮中国区董事总经理唐博文介绍，旅游业回暖复苏，中长线深度游及出境游受到市场关注。游客消费需求更加细分化、个性化、多样化，游客也更加注重旅行的深度、舒适度、独特性。"我们将继续打造差异化的高端邮轮产品，聚焦中小型豪华邮轮深度人文之旅。同时，推出全中文服务及各国餐饮体验，为中国游客打造舒适体验。"

"立体玩海"谋升级

随着旅游业复苏回暖，海洋旅游也迎来机遇期。在不断丰富海洋旅游产品设计，推动海洋旅游消费升级中，如何推动海洋旅游业从"观光看海"转向"立体玩海"是十分关键的问题。

"我国海洋旅游的产品体系日益丰富。近年来，各地旅游企业不断增强创新能力，持续推出新产品，尾波冲浪、动力冲浪板等海洋休闲运动增加了海洋旅游对游客的吸引力。"围绕旅游企业如何加强海洋旅游产品设计，海南热带海洋学院旅游学院院长黄学彬建议，要利用好新媒体营销渠道，通过短视频等方式吸引更多年轻客群。同时，结合包括VR、AR、XR等技术，开发沉浸式海洋旅游产品；结合海洋水体、生物、地貌等自然资源，创新推出旅游产品。

谢丽建议，要加强海岛旅游品牌打造。海岛旅游的开发要以市场需求为导向，针对目标市场进行可行性分析与市场预测，突出海岛特色，做好旅游景点和项目规划。同时，通过科学的营销策划，掌握吸引游客的主动权。

"要在海洋旅游产品设计中关注海洋立体空间的综合开发，包括海岸、水面、水下、海底、近海空域等，开发水下及海底观光、近海低空体验等项目，丰富游客体验。"张广海建议，可以利用海岛拓展海洋旅游，根据城市发展需要，利用人工浮岛技术，打造一些可移动或半固定式的海上旅游综合体，满足高端旅游消费市场需求。此外，还要依托海洋牧场、人工鱼礁、滨海湿地、国家海洋公园等开发海洋旅游产品。

资料来源：李金枝，肖相波．产品丰富体验多　海洋旅游火起来．中国旅游报，2023-06-08.

拓展案例

案例：马尔代夫海洋旅游开发分析

马尔代夫是位于印度洋上的一个岛屿国家，也是世界上最大的珊瑚岛国，由1 200余个小珊瑚岛屿组成，其中202个岛屿有人居住，从空中鸟瞰，就像一串珍珠撒在印度洋上。近几年来，其海岛旅游业开发获得了巨大的成功，该国立足于自身的实际特点，因地制宜地开发其丰富的旅游资源，逐渐形成了“马尔代夫模式”，为海岛开发提供了借鉴意义，其具体做法有：

1. 整岛出让，差异发展

马尔代夫在开发海岛的过程中，始终采取“四个一”的模式，即一座海岛及周边海域只允许一个投资开发公司租赁使用；一座海岛只建设一个酒店（或度假村）；一座海岛突出一种建筑风格和文化内涵；一座海岛配套一系列功能齐备的休闲娱乐及后勤服务等设施，形成一个独立、封闭、完整的度假区。由于开发所需要的资金多，据有关方面统计，从事海岛开发少则几千万美元，多则几亿美元。因此，政府对海岛开发实行国际招标，以争取那些有雄厚经济实力的集团来开发建设。各个岛屿上的建筑物均是风格各异，在建筑材料上力求自然，体现地方特色。

2. 海岛开发，规划先行

马尔代夫在海岛开发过程中特别重视海岛规划。从海岛开发之初至今，马尔代夫已制订了三个十年海岛开发计划，目前正在实施第二个海岛十年开发计划。对每一个待开发的海岛都会委托国际著名的规划公司对海岛的开发进行规划设计，经过其严格论证后，再报国家批准建设。在建设的过程中，对制定的规划进行严格的执行，不能随便脱离。

3. 环保意识，无处不在

在马尔代夫，无论是政府官员还是普通民众都具有强烈的环保意识，与此同时马尔代夫政府对投资经营者和游客都提出了环境保护方面的要求。在海岛开发、环境承载力确定上都要服从环境保护。马尔代夫海岛开发采用“三低一高”原则，即低层建筑、低密度开发、低容量利用、高绿化率。另外，马尔代夫政府还为每一个度假岛屿制定了严格的、详细的环境控制措施，严禁砍伐树木，设置废物处理系统，禁止游客采集珊瑚、贝壳甚至岩石，以及用渔叉或枪支捕鱼等。同时为了营造静谧的气氛，要求游客不能在岛上喧哗吵闹等。由于岛上的环保政策执行得非常严格，各度假区的环境优美、宁静，海水、沙滩没有受到污染，海洋生态环境得到了很好的保护。

4. 统一管理，加强监督

在管理方面，马尔代夫于1982年建立了专门的海岛旅游管理机构，1988年发展成为旅游部，1984年又成立了旅游咨询机构，以加强对海岛开发的管理。在马尔代夫，旅游部的权力极大，在海岛的开发方面上实行极为严格的审查制度。旅游部既可以制定旅游法规，又可以代表政府对外出租海岛，同时还负责组织审查海岛开发规划。旅游部门每年进行两次监督检查，对不达标的度假区进行罚款或者责令关闭，以维护整个海岛地区的信誉和秩序。

5. 特色经营，优质服务

马尔代夫的海岛经营管理由国际著名的经营管理公司负责。度假区实施封闭式的管理，非旅游人士（包括本国公民）未经允许不得进入旅游度假村和旅游海域。岛上除旅游服务人员外，其他全部为游客，既节约了经营管理的成本，同时也使游客处于一个相对安全、宁静、宽松的环境之中。海岛开发项目种类繁多，如酒吧、舞厅、帆船、潜水等项目，此外，自助餐厅食品丰富，可以满足游客的不同需求。

项目小结

本项目深入地探讨了海洋生态系统的多样性、独特性及海洋生态系统在生态旅游中的潜在价值。任务一主要介绍了海洋生态系统的功能，海洋生态旅游的概念和特点，以及海洋生态旅游资源的类型和特点，强调了海洋生态系统的独特价值和生态旅游在保护海洋环境中的重要性，为理解海洋的重要性和如何合理利用海洋资源提供了基础。任务二详细描述了中国海洋资源的分布情况和主要海洋类型。通过对不同地区海洋景观的介绍，展示了中国海洋的多样性和生态旅游资源的潜力，帮助学生了解中国海洋资源的现状和保护的重要性。任务三探讨了国家海洋公园的分类和管理办法。通过对中国海洋公园的介绍，展示了海洋公园在保护海洋生态系统和提供生态旅游服务中的重要作用，为理解海洋公园的重要性和如何参与海洋公园的建设和管理提供了指导。任务四探讨了海洋生态旅游产品设计的主要思路和方法。通过本项目的学习，能够更好地理解海洋生态旅游的复杂性，以及如何平衡旅游发展与生态保护的关系，为实现海洋资源的可持续利用和生态旅游的高质量发展做出贡献。

思考题

1. 海洋的功能主要有哪些？
2. 我国海洋资源的地域分布情况如何？
3. 举例说明我国的代表性海洋景观。
4. 海洋生态旅游产品主要有哪些类型？
5. 分小组设计海洋生态旅游产品，并说明设计思路及开发需注意的问题。

项目十 国家公园

项目导读

本项目旨在深入理解国家公园的概念、特征及国家公园在全球和中国的实践。通过学习不同国家公园的基本情况、建设意义以及生态旅游的开展方式，学生将获得对国家公园在生态保护、科学研究、环境教育和可持续发展中作用的全面认识。

学习目标

知识目标	1. 了解国家公园的定义、起源、特征和全球发展概况； 2. 掌握国家公园与自然保护区在设立程序、管理机制、规模等方面的差异； 3. 熟悉中国国家公园体制的提出、试点建设、《国家公园管理暂行办法》的发布以及国家公园管理局的成立等关键历史节点； 4. 详细了解三江源、大熊猫、东北虎豹、海南热带雨林和武夷山五个国家公园的基本情况、建设意义和生态旅游开展方式。
能力目标	1. 培养对生态系统保护重要性的认识，理解生态平衡对人类社会的影响； 2. 通过参与国家公园的生态教育活动，提升向公众传达环保信息的能力； 3. 掌握如何在保护生态环境的同时，合理利用资源，促进当地经济发展。
素养目标	1. 增强对环境保护的责任感，认识到每个人都是国家公园和环境保护的参与者； 2. 培养跨学科的综合素养，包括地理、生物、环境科学等； 3. 理解和尊重国家公园内的历史文化遗产，学习如何保护和传承这些文化； 4. 通过比较不同国家国家公园的管理模式和保护策略，培养国际化的视野和合作精神。

案例引入

第一批国家公园正式设立，将带来怎样的期待？

中国国家公园是以保护具有国家代表性的自然生态系统为主要目的，实现自然资源科学保护和合理利用的特定陆域或海域。2021 年 10 月 12 日，习近平主席在以视频方式出席《生物多样性公约》第十五次缔约方大会领导人峰会并发表主旨讲话时指出，中国正式设立三江源、大熊猫、东北虎豹、海南热带雨林、武夷山等第一批国家公园，保护面积达 23 万平方公里，涵盖近 30%的陆域国家重点保护野生动植物种类。

近年来我国国家公园发展进程明显加快，离不开持续推进生态文明建设的国内大环境。而此时正式设立第一批国家公园，也是中国进一步加大力度，推进自然生态保护、保护生物多样性的切实行动。

第一批国家公园正式设立，体现了高起点和严要求，向着建立系统的国家公园体系迈出了坚实步伐。第一批国家公园，一个共同点是都具有典型的生态功能代表性，如三江源国家公园主要保护青藏高原重要生态功能区；大熊猫国家公园、东北虎豹国家公园守护着大熊猫、东北虎、东北豹等珍贵、濒危野生动物，以及以这些旗舰物种为引领的重要生态系统；海南热带雨林国家公园、武夷山国家公园则主要保护热带、亚热带重要森林生态系统。

与一般意义上单纯供游览休闲的公园不同，国家公园属于全国主体功能区规划中的禁止开发区域，纳入全国生态保护红线区域管控范围，实行最严格的保护。加快构建以国家公园为主体的自然保护地体系，逐步把自然生态系统最重要、自然景观最独特、自然遗产最精华、生物多样性最富集的区域纳入国家公园体系，就是把最应该保护的地方保护起来，努力以最大尺度空间实现可持续发展。

严格保护，并不是不要科普和游憩，而是一切都要在有效保护的前提下进行。对于老百姓来说，国家公园的设立，为人们提供了更好的科普、教育和游憩场所。国家公园的社区群众，更是可以从国家公园的生态效益中获益，逐步走出可持续发展之路。

历经多年探索，我们迎来了第一批国家公园，还有更多的国家公园在路上。未来我国将有步骤推进国家公园建设，分阶段设立更多国家公园，构建起以国家公园为主体的自然保护地体系。在这个过程中，生态保护是首要功能，任何时候都不能偏离这条主线。

第一批国家公园设立是新起点。在多年试点中，我们在生态修复、体制机制等方面都积累了不少经验，但也存在一些挑战，一些地方保护与发展的矛盾仍然尖锐。要继续探索如何更科学发挥国家公园的多种功能，走出一条符合中国国情的国家公园建设之路，让国家公园守得住绿水青山、对得起子孙后代。

资料来源：胡璐．第一批国家公园正式设立，将带来怎样的期待？新华每日电讯，2021－10－13.

思考：

1. 为什么要设立国家公园？

2. 国家公园与我国之前设立的保护区有什么区别？

任务一 认识国家公园

一、国家公园的诞生

认识国家公园

“国家公园（National Park）”的概念起源于美国，1872 年美国黄石国家公园正式设立，成为世界上最早的国家公园。它的建立不仅标志着人类对自然环境保护的新认知，也平衡了生态保护与资源开发的关系。这一模式激励了许多国家效仿，逐渐形成了全球范围内的国家公园体系。

二、国家公园的概念和特征

（一）国家公园的概念

国家公园是指国家为了保护一个或多个典型生态系统的完整性，特意划定的自然区域。这些区域旨在为生态旅游、科学研究和环境教育提供场所，同时确保自然环境的特殊保护和可持续利用。国家公园在管理上既不同于严格的自然保护区，也不同于一般的旅游景区，强调生态系统的保护与人类活动的平衡。

（二）国家公园的特征

1. 天然性和原始性

国家公园的自然环境通常以天然形成的地貌和生态系统为基础。国家公园内的主要景观是由自然力量塑造的，人工建筑和设施仅为方便游客而设，尽量减少对自然环境的影响。

2. 珍稀性和独特性

国家公园内的景观资源往往是该国所罕见的，具有独特的生态或地质特征。它们在国内和国际上具有重要的保护价值，承担着不可替代的生态和文化影响。

3. 生态保护与可持续利用

国家公园旨在维护生态平衡，保护生物多样性，防止环境退化。同时，它们提供了可持续旅游的机会，使游客能够在享受自然之美的同时，理解和参与生态保护。

4. 科学研究与教育

国家公园为科学研究提供了重要场所，促进生态学、地质学等领域的研究与探索。同时，通过教育活动提高公众的环保意识，增强社会对自然保护的理解与支持。

5. 多样化的生态系统

国家公园通常包含多种生态系统，如森林、草原、湿地和山脉等，这些多样化的生态系统提供了丰富的栖息地，支持多样的动植物群落，使得生态链更为复杂和稳定。

三、世界上知名的国家公园

（一）黄石国家公园（美国）

黄石国家公园是世界上第一个国家公园，成立于 1872 年，主要位于怀俄明州，部分位于蒙大拿州和爱达荷州，面积约 8 983 平方千米。它以丰富的地热现象（如老忠实间歇泉）和多样的野生动物（如灰熊和野牛）而闻名，公园内的壮观湖泊和峡谷展示了大自然的瑰丽，吸引着无数游客前来探索和欣赏。

（二）塞伦盖蒂国家公园（坦桑尼亚）

塞伦盖蒂国家公园是东非最大的国家公园之一，面积约 14 763 平方千米，以其每年大规模的动物迁徙而闻名。这里栖息着大量的野生动物，包括狮子、猎豹和非洲象，公园的草原、森林和河流形成了丰富的生态系统，使其成为生物观察爱好者的天堂。

（三）大峡谷国家公园（美国）

大峡谷国家公园位于亚利桑那州，成立于 1919 年，面积约 4 927 平方千米，以其深达 1 600 米的壮观峡谷和独特的地质结构而著称。公园提供众多观景点和徒步小径，让游客能够尽情享受壮丽的自然风光，同时也是漂流和探险的理想场所。

（四）班夫国家公园（加拿大）

班夫国家公园是加拿大第一个国家公园，成立于 1885 年，位于落基山脉，面积约 6 641 平方千米。以冰川湖泊（如露易丝湖）和壮观的山脉而闻名，公园内提供滑雪、徒步和温泉等多种户外活动，吸引着自然爱好者和探险者。

（五）瑞士国家公园（瑞士）

瑞士国家公园成立于 1914 年，是瑞士唯一的一个国家公园，面积约 174.2 平方千米，位于瑞士东部的阿尔卑斯山脉中。公园以其壮丽的山脉、深邃的峡谷和丰富的生物多样性而著称，是众多徒步旅行者和自然爱好者的理想目的地。这里栖息着多种野生动物，如阿尔卑斯山羊、红狐和多种鸟类，公园内的自然景观保持了原始的生态环境。游客可以在众多步道中漫步，体验大自然的宁静与美丽，同时参与生态保护和教育活动，深入了解该地区的生态系统。

（六）富士箱根伊豆国立公园（日本）

富士箱根伊豆国立公园于 1936 年被指定为国家公园，面积约 1 218.5 平方千米，涵盖日本最高峰富士山。富士山不仅是日本的象征，还具有深厚的文化意义。公园内丰富的植被、湖泊和温泉为游客提供了绝佳的观光和户外活动体验。

任务二　国家公园与保护区体系

国家公园与保护区体系

一、我国的保护区体系

1956 年，距离黄石国家公园的设立已经过去了 84 年，此时保护自然生态的理念已经散播到了世界各地，结出不同样貌的果实。刚成立 7 年的新中国也在一批有着远见卓识的科学家的提议下，从以往朴素的自然保育走向了现代的生态保护。当时的国际环境让中国走上了不同于大部分国家的自然保护道路——以自然保护区而非国家公园为主体的保护区体系。

自然保护区的“鼻祖”——鼎湖山国家级自然保护区，成立于1956年，是中国第一个自然保护区，它的建立标志着中国现代生态保护的开始。鼎湖山自然保护区被誉为“北回归沙漠带上的绿色明珠”，是中国自然保护区建设历史的起点。从1956年鼎湖山自然保护区的建立开始，中国的保护区体系逐步完善。截至2021年，全国各级各类自然保护地总数达1.18万处，其中国家级3 766处，总面积约占陆地国土面积的18%以上。

中国的保护区体系包括自然保护区、风景名胜区、森林公园、地质公园、湿地公园、沙漠公园、海洋公园等多种类型，形成了一个多元化的保护网络。

二、国家公园与自然保护区的区别

国家公园与自然保护区在设立程序、管理机制、面积规模、生态完整性和保护原则上都有明显区别。国家公园更侧重于全面的生态保护和合理利用，管理机制更加多元化，而自然保护区则更多地聚焦于特定生态环境或物种的保护。两者共同构成了我国生态保护体系的重要组成部分。

（一）设立程序方面

国家公园设立程序较为严格，通常需要经过科学评估、公众咨询及专家论证等多个环节，最后由国家层面批准。国家公园的设立旨在保护重要的自然资源和生态系统，具有较高的国家战略意义。

自然保护区设立程序相对简单，地方政府或相关部门可根据需要直接设立，适用性更广，主要针对特定的生态环境或物种进行保护。

（二）管理机制方面

国家公园的管理遵循保护第一、科学管理、合理利用、多方参与的原则。国家林业和草原局（国家公园管理局）负责全国国家公园的监督管理工作，各国家公园管理机构负责自然资源资产管理、生态保护修复、社会参与管理、科普宣教等工作。强调多方参与的管理机制，涉及公众、社区和社会组织的广泛参与。管理目标包括生态保护、科学研究和可持续利用。

自然保护区通常由地方政府或生态环境部门管理，管理方式相对单一，主要侧重于资源的保护与监控，各方参与程度相对较低。

（三）面积规模与生态完整性方面

国家公园通常面积较大，涵盖多种生态系统，设立时注重生态连通性和完整性，以保护广泛的生物多样性。国家公园通常具有更高的保护标准和更强的生态恢复能力。

自然保护区面积可以较小，通常针对特定的生态环境、物种或自然景观进行保护，适用性更灵活，但可能在生态完整性方面有所欠缺。

三、我国国家公园的发展历程

党的十八届三中全会首次提出建设国家公园体制，开启了我国自然资源保护的新篇章。2015年我国启动国家公园体制试点建设。2016年，我国首个国家公园——三江源国家公园在青海启动试点，迈出了体制改革的第一步。

2021年10月12日，习近平主席在《生物多样性公约》第十五次缔约方大会领导人峰会上，宣布中国正式设立三江源国家公园、大熊猫国家公园、东北虎豹国家公园、海南热带雨林国家公园、武夷山国家公园等第一批国家公园。同年，国家公园管理局成立，专门负责全国范围内的国家公园建设和管理，标志着国家公园管理的专业化和系统化。

2022 年，《国家公园空间布局方案》发布，确定了 49 个国家公园候选区（含正式设立的 5 个国家公园），总面积达到 110 万平方千米，为全国国家公园体系建设提供了战略指导。计划到 2025 年建立统一规范的管理体制，到 2035 年基本完成国家公园的空间布局，形成全球最大的国家公园体系。

2022 年，《国家公园管理暂行办法》发布，为国家公园的管理提供了制度保障。

2018 年，国家林业和草原局启动国家公园立法，全力推进法律制定。2024 年 9 月 10 日，《中华人民共和国国家公园法（草案）》首次提请全国人大常委会会议审议。2025 年 3 月 8 日，《2025 年全国人民代表大会常务委员会工作报告》提出，2025 年围绕完善生态文明制度体系，继续推进生态环境法典编纂工作，制定国家公园法等。

任务三　我国已批准设立的五个国家公园

三江源国家公园

一、三江源国家公园

三江源位于青海省南部、青藏高原腹地，地形地貌以山原和高山峡谷地貌为主，平均海拔 4 500 米以上，是长江、黄河、澜沧江的发源地，有“中华水塔”“亚洲水塔”之称。

（一）基本情况

三江源国家公园总面积 19.07 万平方千米，占三江源总面积约三分之一，包括冰川雪山、河湖和湿地、草地和林地等。

三江源国家公园包括长江源、黄河源、澜沧江源 3 个园区。

长江源园区以俊美的高山冰川著称，包括可可西里国家级自然保护区、三江源国家级自然保护区索加-曲麻河保护分区。园区内，荒漠生态系统和高寒草原、湿地生态系统生物多样性丰富，有藏羚羊、野牦牛、藏野驴、岩羊、藏原羚、白唇鹿、雪豹、棕熊、狼、雕、鹫等重点保护动物，有长江裸鲤、长丝裂腹鱼等受保护土著鱼类，被称为“野生动物天堂”。重点保护长江源头雪山冰川、高寒江河湿地、草原草甸和野生动物，特别是藏羚羊、雪豹、藏野驴等国家重点保护野生动物的重要栖息地和迁徙通道。

黄河源园区包括三江源国家级自然保护区的扎陵湖-鄂陵湖和星星海 2 个保护分区。黄河源园区河流纵横、湖泊星罗棋布，扎陵湖和鄂陵湖是黄河上游最大的两个天然湖泊，与星星海等湖泊群构成黄河源“千湖”景观；高寒湿地、草地生态系统形态独特，藏野驴、藏原羚、棕熊、雪豹、狼和黑颈鹤、雕、赤麻鸭、斑头雁等野生动物及花斑裸鲤、厚唇重唇鱼等土著鱼类广泛分布。重点保护源头湖泊、湿地生态景观，维育高寒草甸、草原生态系统健康，维护生物多样性。对黑土滩、沙化土地等加强修复。开展黄河探源和自然生态体验，展现高原千湖景观，近距离观览野生动物，追寻领悟黄河文化和藏族历史文化，体验藏族传统生活和民族风情。

澜沧江源园区包括青海三江源国家级自然保护区果宗木查、昂赛 2 个保护分区。园区以江源高原峡谷为主，高寒森林、灌丛、草原、草甸镶嵌分布，藏羚羊、野牦牛、藏野驴、盘羊、岩羊、白唇鹿、马鹿、麝、棕熊、狼、雕、鹫、藏马鸡等保护动物和裸腹叶须鱼、前腹裸裂尻鱼等土著鱼类种类丰富，是全球雪豹分布最密集地区；地域民族文化历史悠久。重点保护江源区冰川雪山、冰蚀地貌、高山峡谷林灌木和野生动物。强化有害生物的综合防控和退化生态系统修复。打造澜沧江大峡谷览胜走廊，塑造国际河流源区探秘胜地。

（二）建设意义

三江源国家公园是中国乃至东南亚的重要水源涵养区、气候格局的稳定器，是国家重要的生态安全屏障。三江源是生命之源、文明之源，保护好三江源，对中华民族发展至关重要。

三江源国家公园的建立有利于创新体制机制，实行最严格的生态保护，加强对“中华水塔”、地球“第三极”和山水林田湖草沙重要生态系统的永续保护，筑牢国家生态安全屏障，也是中国为全球生态安全做出贡献的伟大行动，是道路自信、理论自信、制度自信和文化自信的具体体现。

（三）开展生态旅游的主要方式

1. 特许经营机制

三江源国家公园实施特许经营机制，通过授权当地牧民参与生态体验服务和生态巡护研学服务，让当地社区直接从生态保护中获益。

2. 生态管护公益岗位

实施“一户一岗”政策，为每户牧民提供一个生态公益岗位，每年补助资金 3.7 亿元，使 17 200 多名牧民成为生态管护员，既保护生态又改善民生。

3. 生态体验与自然教育

开展生态体验和自然教育活动，如“黄河寻源计划”，让游客参与生态保护活动，体验生态管护员的日常工作，同时通过 VR、AR 技术展示特有动物野外活动，提升生态教育效果。

4. 绿色发展与社区参与

推动生态保护、民生改善、绿色发展、和谐稳定的有机结合，鼓励当地社区居民开办牧家乐、民间演艺团体、民族手工艺品等特许经营项目，并给予政策扶持。

5. 数字技术应用

利用数字技术构建精准感知、智慧管控的协同治理体系，实现对生态管护员巡山巡护、野外监测、环境整治等活动的远程监管，提升国家公园监管能力。

二、大熊猫国家公园

大熊猫国家公园

（一）基本情况

大熊猫国家公园规划范围跨四川、陕西和甘肃三省，涉及岷山片区、邛崃山-大相岭片区、秦岭片区、白水江片区，总面积为 2.2 万平方千米。

大熊猫国家公园地处秦岭、岷山、邛崃山和大小相岭山系，在地质构造上处于滇藏地槽区的松潘-甘孜皱褶系和昆仑-秦岭地槽区的秦岭皱褶系的交界带，西北高、东南低，地形呈现山大峰高、河谷深切、高低悬殊、地势地表崎岖等特点，常见相对高差1 000米以上的深谷，是全球地形地貌最为复杂地区之一。大部分山体海拔在1 500～3 000米之间，最高海拔5 588米，最低海拔595米。

大熊猫国家公园涉及的自然保护地较多，主要有四川卧龙国家级自然保护区、四川千佛山国家级自然保护区、四川王朗国家级自然保护区、陕西太白山国家级自然保护区、陕西佛坪国家级自然保护区、甘肃白水江国家级自然保护区等。

四川卧龙国家级自然保护区：始建于1963年，面积20万公顷。保护区内共分布着100多只大熊猫，还有金丝猴、羚牛等50多种其他珍稀濒危动物。

四川千佛山国家级自然保护区：始建于1993年，面积17 740公顷，主要保护对象是大熊猫、川金丝猴等珍稀野生动物及其栖息地。

四川王朗国家级自然保护区：始建于1965年，面积33 297公顷，是中国最早的四个大熊猫自然保护区之一。保护区内野生大熊猫数量位居全国之首，被称为“熊猫的故乡”。

陕西太白山国家级自然保护区：位于陕西省太白、周至、眉县三县交界处，始建于1965年，面积为56 325公顷，是大熊猫分布的最北界。

陕西佛坪国家级自然保护区：位于陕西省汉中市佛坪县境内的秦岭中段南坡，面积为29 240公顷，是1978年经国务院批准建立的以保护大熊猫及其栖息地为主的森林和野生动物类型自然保护区。

甘肃白水江国家级自然保护区：位于甘肃省最南部，在文县和武都区境内，始建于1978年，面积183 799公顷，是甘肃省面积最大的大熊猫自然保护区。

唐家河国家级自然保护区：始建于1978年，面积为4万公顷从伐木场变成自然保护区，主要保护对象为大熊猫及森林生态系统，是大熊猫国家公园最出名的片区之一。

（二）建设意义①

大熊猫是中国特有物种，建立大熊猫国家公园，有利于增强大熊猫栖息地的连通性、协调性和完整性，实现大熊猫种群稳定繁衍；有利于加强大熊猫及其伞护的生物多样性和典型生态脆弱区整体保护，打造国家重要生态屏障，维护国土生态安全；有利于创新体制机制，解决好跨地区、跨部门的体制性问题，实现对山水林田湖草沙重要自然资源和自然生态系统的原真性、完整性和系统性保护；有利于促进生产生活方式转变和经济结构转型，全面建成小康社会，形成生态保护与经济社会协调发展、人与自然和谐共生的新局面。

（三）开展生态旅游的主要方式

1. 自然教育营地

在四川荥经县的龙苍沟国家森林公园内，建立了熊猫森林国际探索学校这一自然教育营地，通过“大熊猫保护”主题的活动设计，让参与者深入探索森林，增强对大自然

---

① 国家林业和草原局（国家公园管理局）. 大熊猫国家公园总体规划（2023—2030年）.

的热爱和保护意识。

2. 自然教育线路与活动

大熊猫国家公园都江堰管护总站依托龙溪-虹口国家级自然保护区瓦子坪宣教中心，设计了11条自然教育线路，涵盖动植物科普、野外观鸟、自然体验等功能。

3. 智慧中心平台

瓦屋山景区借助智慧中心平台，通过高清探头等监测设施采集影像数据，以户外大屏、线上沙龙、网红直播等形式展现公园植物多样性和野生动物的日常活动，让访客远程观测到大熊猫国家公园的实时动态。

4. 特色解说径与步行道

瓦屋山景区规划了森林康养、杜鹃赏花、避暑纳凉、赏雪戏雪等8条自然教育特色解说径，开拓了18条康养步行道，打造了多个自然教育载体，形成了立体化、系统化的自然教育布局。

5. 自然教育体验设施

陕西片区研究布局青木川自然教育基地，推动建设科普展示馆、宣教长廊、生态步道等基础设施，吸引周边社区中小学生及游客前来研学、参观。

6. 生态体验项目

邓池沟的大熊猫国际溯源营地提供了溯源剧场、戴维咖啡馆、熊猫树栖屋、熊猫会客厅、熊猫工坊等生态体验项目，并通过访客预约、溯源讲解、“沉浸式”体验的方式，让访客深度了解大熊猫的文化起源。

7. 访客登记制度

在大熊猫国家公园内率先试行访客登记制的自然教育基地，将游客变访客，让走马观花的大众旅游变为由营地导师提供服务的深度参与。

8. 自然教育嘉年华

开展大熊猫国家公园自然教育嘉年华系列活动，包括主题研讨会、自然教育主题活动等，以多种形式开展自然教育。

三、东北虎豹国家公园

（一）基本情况①

东北虎豹国家公园地处中国吉林、黑龙江两省交界的老爷岭南部（珲春—汪清—东宁—绥阳）区域，东起吉林省珲春市林业局青龙台林场，与俄罗斯滨海边疆区接壤，西至吉林省大兴沟林业局岭东林场，南自吉林省珲春市林业局敬信林场，北到黑龙江省东京城林业局三道林场，总面积为140.65万公顷。东北虎豹国家公园行政区域涉及吉林省珲春、汪清、图们3个县（市）的17个乡镇，黑龙江省东宁、穆棱、宁安3个县（市）的9个乡镇。

东北虎豹国家公园地处长白山支脉老爷岭南部，以中低山、峡谷和丘陵地貌为主，盆地、平原、台地等均有分布，地貌类型复杂多样。公园海拔在1 500米以下，大部分

① 国家林业局，等. 东北虎豹国家公园总体规划（2017—2025年）.

山体海拔在 1 000 米以下，相对高度多为 200～600 米，最高峰老爷岭海拔 1 477.4 米。南部、北部为山谷和低山地，地势从公园中部向四周逐渐降低。受珲春河、嘎呀河、绥芬河、穆棱河等上游水系深切的影响，形成众多熔岩峡谷。公园山峦起伏，沟壑纵横，坡面侵蚀微弱。

东北虎豹国家公园内主要有 12 个自然保护地类型的景点，包括 7 个自然保护区、3 个国家森林公园、1 个国家湿地公园和 1 个国家级水产种质资源保护区。其中，黑龙江老爷岭东北虎国家级自然保护区成立于 2011 年，面积为 71 278 公顷。2011 年 12 月，该保护区被批准为省级保护区，2014 年 12 月晋升为国家级自然保护区。吉林兰家大峡谷国家森林公园由金岭松涛景区、五棵松景区、大石河景区三部分组成。公园规划面积 10 927 公顷。吉林汪清嘎呀河国家湿地公园位于吉林省延边州汪清县天桥岭林业局北部的八人沟林场，北部与吉林天桥岭东北虎保护区相邻、南接天桥岭镇响水村北部、东西主要以公路及农田等标志物为界，总面积 1 161 公顷。

植物资源：东北虎豹国家公园森林覆盖率 93.32%，植被类型主要是温带针阔叶混交林，分布有高等植物 150 科、406 属、666 种，其中国家Ⅰ级保护野生植物 2 种，为东北红豆杉和长白松，国家Ⅱ级保护野生植物 9 种，包括红松、钻天柳、水曲柳等。

动物资源：东北虎豹国家公园内分布有野生脊椎动物 270 种，其中国家Ⅰ级保护野生动物 10 种，包括东北虎、东北豹、紫貂、原麝、梅花鹿、金雕、白头鹤、丹顶鹤等，国家Ⅱ级保护动物 43 种，包括棕熊、亚洲黑熊、猞猁、马鹿等。截至 2025 年 3 月，东北虎豹国家公园新增东北虎幼虎 20 只以上、种群数量达到 70 只左右，新增东北豹幼豹 15 只以上，种群数量达到 80 只左右，东北虎幼崽存活率从试点初期的 33%提升到目前的 50%以上。

（二）建设意义

东北虎豹国家公园的建立是为了保护以东北虎、东北豹为旗舰物种的生态系统，实现生态保护与经济社会协调发展，人与自然和谐共生。公园内完整、原真的亚洲温带针阔叶混交林生态系统，使其成为目前中国境内唯一的野生东北虎和东北豹繁殖种群的栖息地，是中国国家公园系列中重要的自然资产。

公园的建立有效恢复和保护了稳定的东北虎豹野生种群，并保护生态系统内的其他珍稀物种。目前稳定生活在公园内的野生东北虎豹数量由成立之初的 27 只、42 只左右分别增长至 70 只、80 只左右，实现了“虎豹增倍”。

东北虎豹国家公园是推动建设人与自然和谐共生的先行示范区，通过保护虎、豹等顶级捕食者，维护了生态系统的健康和平衡。

（三）开展生态旅游的主要方式

1. 自然科普馆体验

珲春东北虎豹自然科普馆为游客提供了沉浸式的科普体验，通过展示珍稀动物标本和温带森林生态系统的造型景观，让游客深入了解东北虎豹国家公园的生态保护成果。

2. “天空地一体化监测系统”体验

东北虎豹国家公园建立了“天空地一体化监测系统”，游客可以通过这个系统实时了解野生种群分布信息，体验科研保护工作的飞跃。系统末端分布的上万台智能红外相机捕捉的“东北虎打盹儿”“虎妈带娃巡山”等画面，为游客提供了远处山林里的勃勃生机的直观感受。

3. 生态旅游和环境教育活动

东北虎豹国家公园成功举办了中国珲春首届国际东北虎豹节和“吉林生态日”宣传周活动，提高全社会对东北虎豹的保护意识，打造东北虎豹文化名片。

4. 生态田项目

在镇安岭村等地区，东北虎豹国家公园支持建立生态田，打造山林与村民之间的生态屏障，为野生动物提供食物来源，同时根据生态田被野生动物取食程度，给予农户相应的生态赔偿（补助）。

5. 虎豹主题民宿体验

在镇安岭村，东北虎豹国家公园支持建造了虎豹主题民宿，提供了接待参加生态体验、研学活动的人员设施，在为村民改善居住条件的同时，也为村民增加了收入。

6. 巡山体验活动

东北虎豹国家公园提供巡山体验活动，让游客跟随护林员体验巡山工作，近距离感受公园内的生物多样性。

四、海南热带雨林国家公园

海南热带雨林是世界热带雨林的重要组成部分，是热带雨林和季风常绿阔叶林交错带上唯一的“大陆性岛屿型”热带雨林，是我国分布最集中、保存最完好、连片面积最大的热带雨林，拥有众多海南特有的动植物种类，是全球重要的种质资源基因库，是我国热带生物多样性保护的重要地区，也是全球生物多样性保护的热点地区之一。

（一）基本情况

海南热带雨林国家公园位于海南岛中部山区，东起吊罗山国家森林公园，西至尖峰岭国家级自然保护区，南至保亭县毛感乡，北至黎母山省级自然保护区，总面积 4 269 平方千米，约占海南岛陆域面积的 1/7。范围涉及五指山、琼中、白沙、昌江、东方、保亭、陵水、乐东、万宁 9 个市县，涵盖并连通了五指山、鹦哥岭、尖峰岭、霸王岭、吊罗山 5 个国家级自然保护区和黎母山、猴猕岭、佳西、俄贤岭 4 个省级自然保护区，尖峰岭、霸王岭、吊罗山、黎母山 4 个国家森林公园，南高岭、子阳、毛瑞、猴岭、盘龙、阿陀岭 6 个省级森林公园及毛瑞、卡法岭、通什等国有林场。

海南热带雨林国家公园内海拔超过 1 400 米的山峰主要有五指山、鹦哥岭、猴猕岭、黑岭、三角山、尖峰岭、黎母山等。公园气候类型为热带海洋性季风气候，年均气温 22.5℃～26.0℃，多年平均降水量为 1 759mm，是南渡江、昌化江、万泉河等海南主要水系的发源地。

海南热带雨林国家公园森林覆盖率为 95.56%，植被有热带雨林、南亚松林、橡胶林、桉树林、马占相思林、加勒比松林等类型。有野生维管束植物 220 科、1 142 属、3 577 种，其中有国家一级保护植物坡垒、伯乐树、海南苏铁、葫芦苏铁、龙尾苏铁、台湾苏铁等 6 种，有国家二级保护植物桫椤、土沉香、降香黄檀、海南紫荆木、蝴蝶树等 34 种，特有植物有尖峰青冈、霸王玉兰、吊罗山萝芙木、五指山含笑、海南菊、海南翠柏、雅加松等 428 种。

海南热带雨林国家公园有脊椎动物 5 纲、38 目、145 科、414 属、627 种，其中有国家一级保护动物海南长臂猿、坡鹿、云豹、蟒蛇、圆鼻巨蜥、海南山鹧鸪、海南孔雀雉、鼋 8 种，有国家二级保护动物猕猴、水鹿、黑熊、中华穿山甲、小爪水獭、原鸡、白鹇等 67 种，海南特有动物有海南长臂猿、鹦哥岭树蛙、霸王岭睑虎、海南山鹧鸪、海南孔雀雉、海南新毛猬等 33 种。

（二）建设意义

海南热带雨林国家公园的建设是筑牢海南绿色生态屏障的关键举措，对于保护岛屿型热带雨林生态系统的原真性和完整性至关重要。该公园的建立是保护热带雨林生态系统原真性和完整性的有效途径，通过整合现有自然保护地，创新保护管理体制，实现统一规范高效的管理。

海南热带雨林国家公园的建设是拯救我国热带珍稀濒危野生动植物资源的迫切需要，特别是对于海南长臂猿等旗舰物种的保护具有重要意义。

公园的建设有利于正确把握生态保护与经济发展的关系，增强生态系统服务功能，健全生态保护补偿制度，促进当地走出一条生态优先、绿色发展的新路子。

（三）开展生态旅游的主要方式

1. 自然教育与体验活动

公园设立了自然教育基地，提供丰富的自然教育课程和活动，游客可以参与野外探险、动植物观察等，深入了解热带雨林的生态系统和保护的重要性。

2. 生态体验路线

打造多条生态体验步道，游客可以在专业护林员的带领下，探索热带雨林的独特景观，如根抱石等自然奇观。

3. 文化与艺术活动

举办“雨林与您”体验活动，结合实景演出和文化展览，展示热带雨林的生态价值和文化底蕴，吸引游客参与。

4. 社区参与和特许经营

鼓励当地居民参与生态旅游的特许经营活动，如民宿、生态餐饮等，促进社区经济发展，同时增强居民对生态保护的参与感。

5. 数字化体验与科技应用

利用数字技术建设智慧雨林管理平台，提供实时监测和互动体验，提升游客的参与感和体验质量。

6. 生态产品推广

开发和推广生态产品，如热带雨林特色食品和手工艺品，吸引游客购买，增加当地居民的收入。

五、武夷山国家公园

武夷山国家公园，是世界人与生物圈保护区，又是世界自然和文化双遗产的国家公园。

（一）基本情况

武夷山国家公园总面积为 1 280 平方千米，位于闽赣交界的武夷山脉北段，跨越福建省和江西省两个省份，涉及南平市、上饶市两个地级市，以及武夷山市、建阳区、光泽县、邵武市、铅山县五个县级行政区。

武夷山国家公园范围内有福建武夷山国家级自然保护区、武夷山国家级风景名胜区、武夷山国家森林公园、武夷源森林生态旅游区、武夷天池国家森林公园等。

地质地貌：公园内主要分布有前震旦系和震旦系的变质岩系，中生代的火山岩、花岗岩和碎屑岩。中生代晚期，武夷山经历了强烈的火山喷发活动和大规模的花岗岩侵入，形成了典型的亚洲东部环太平洋带的构造特征。白垩纪晚期的红色砂砾岩是形成丹霞地貌的主体。

气候情况：武夷山国家公园属于中亚热带季风气候型，具有气候垂直变化显著、温暖湿润、四季分明、降水丰富等特点。年均气温 17℃～19℃，年均降水量 1 684～1 780 毫米，主峰黄岗山年均降水量高达 3 400 毫米。

植物资源：武夷山国家公园内自然环境多样，发育着多种多样的植被类型，有 210.70 平方千米原生性森林植被未受到人为破坏。公园内共记录高等植物 261 科、2 866 种，包括苔藓植物、蕨类植物、裸子植物和被子植物等。

动物资源：武夷山国家公园共记录野生脊椎动物 5 纲、37 目、148 科、420 属、690 种，包括哺乳类、鸟类、爬行类、两栖类和鱼类，表现出丰富的物种多样性。此外，还记录昆虫 6 913 种。

水生生物资源：武夷山国家公园拥有丰富的水生生物资源，包括高等水生植物 139 种、浮游动物 67 种、鱼类 104 种，以及中华鳖、大鲵等水生动物。

历史与文化遗产资源：武夷山是座历史文化名山，拥有丰富的历史文化遗产，包括古越人的葬俗遗存、历代摩崖石刻、书院遗址等。

（二）建设意义

武夷山国家公园是中国唯一一个既是人与生物圈保护区，又是世界文化与自然双遗产的保护地。它整合了武夷山国家级自然保护区、武夷山国家级风景名胜区、九曲溪光倒刺鲃水产种质资源保护区、国家森林公园等多种类型保护地，旨在保护和传承珍贵的自然和文化遗产。

武夷山国家公园是中国生物多样性热点地区和亚热带中山森林保存完好的交汇地带，是中国陆地 11 个具有全球意义的生物多样性保护的区域之一。公园内记录有丰富的高等植物和野生动物种类，是中亚热带野生动植物的种质基因库。

武夷山国家公园位于武夷山脉北部，闽江上游地区，拥有山地、河流、森林、湿地、草地、农田等生态系统，构成了完整的生态结构和生态过程，这些生态系统在水土保持、涵养水源、调节气温等生态效益方面发挥着重要作用。

（三）开展生态旅游的主要方式

1. 徒步与登山旅游

武夷山国家公园设有多条徒步旅行路线，游客可以在专设的步道上深入自然，欣赏独特的地貌和丰富的生物多样性，沿途设有多个观景点，游客可以在合适的位置俯瞰武夷山的自然风光，享受与自然亲密接触的体验。

2. 生态体验活动

公园组织生态导览活动，邀请专业讲解员带领游客观察和了解当地的植物、动物及其生态环境，并通过摄影比赛和展览，鼓励游客记录和分享武夷山的美丽景观和生物多样性。

3. 文化与教育活动

定期举办生态保护与自然科学的讲座，提高游客的环保意识和生态知识。结合武夷山的茶文化，开展茶园参观和茶艺表演活动，展示当地独特的文化魅力。

4. 水上活动

利用武夷山的水系，提供漂流、划船等水上活动，游客可以在安全的条件下享受水域自然风光。

5. 志愿者与社区参与

招募志愿者参与生态保护、植树和环境清理活动，增强游客的参与感和责任感，与当地社区合作，推广生态旅游项目，确保经济收益惠及当地居民。

项目小结

本项目通过对国家公园的概念、特征及全球和中国的实践案例的深入探讨，使学生对国家公园在生态保护、环境教育、科学研究和可持续发展中的关键作用有了全面的认识。通过学习不同国家公园的具体情况，学生不仅能获得丰富的知识，还能够培养生态保护意识，提升环境教育能力、科学探究能力和可持续发展实践能力。

思考题

1. 描述国家公园的定义，并解释国家公园对全球环境保护的意义。
2. 详细说明国家公园与自然保护区在管理机制和保护原则上的主要区别。
3. 概述中国国家公园体制的发展过程，并讨论其对生态保护和经济发展的影响。
4. 分析三江源国家公园在生态保护和水源涵养方面的重要性，并讨论其对当地社区的影响。
5. 探讨大熊猫国家公园开展生态旅游的主要方式，并评估这些方式对保护大熊猫及其栖息地的有效性。
6. 评价东北虎豹国家公园在保护东北虎和东北豹等旗舰物种方面的成效，并讨论其对生物多样性的贡献。
7. 描述海南热带雨林国家公园的生物多样性，并讨论其在全球生物多样性保护中的地位。
8. 分析武夷山国家公园的文化和自然价值，并讨论如何在保护这些价值的同时进行可持续的生态旅游开发。

项目十一 生态旅游资源调查与评价

项目导读

本项目旨在深入探讨生态旅游资源的调查与评价，这是生态旅游规划和管理的基础工作。本项目涵盖了生态旅游资源调查的依据、内容、步骤和方法，以及生态旅游资源评价的依据、原则、标准和方法。通过本项目的学习，学生将能够掌握如何科学地调查和评价生态旅游资源，为生态旅游的可持续发展提供决策支持。本项目强调在生态旅游开发中保护环境的重要性，并介绍了多种评价方法，以确保评价结果的客观性和科学性。

学习目标

知识目标	1. 了解生态旅游资源调查的基本要求、环境条件、资源类型和开发条件； 2. 掌握调查准备、野外调查和整理总结的具体步骤； 3. 掌握资料收集法、野外考察法、询问调查法、观察调查法、分类分区法、大数据分析法和GIS分析法； 4. 理解评价的国家标准和规范，以及评价应遵循的原则； 5. 熟悉定性和定量评价标准，以及打分法、模糊数学法和层次分析法。
能力目标	1. 能够独立进行生态旅游资源的调查，收集和整理相关数据； 2. 能够运用所学方法对生态旅游资源进行科学分析和评价； 3. 能够根据调查和评价结果，参与生态旅游规划和决策制定； 4. 能够编写详细的旅游资源调查报告，包括区域地理概况、资源情况、评价和开发建议。
素养目标	1. 树立在生态旅游资源开发中保护环境的意识； 2. 培养科学、客观、准确的调查和评价态度； 3. 培养系统性思维，理解生态旅游资源的复杂性和相互依赖性。

案例引入

河北省旅游资源普查工作圆满收官　绘就旅游业高质量发展“底图”

旅游资源是旅游业发展的载体，旅游资源普查是一项十分重要的基础性工作。为贯彻落实文化和旅游部关于开展旅游资源普查的工作部署，进一步摸清旅游资源家底，提高保护利用与管理水平，河北省文化和旅游厅于2023年5月正式启动新一轮全省旅游资源普查工作，并于2024年底圆满收官，为全省旅游业高质量发展绘制好“底图”。

本次普查工作历时18个月，共有200余名专业技术人员、600余名文旅行政管理部门人员参与相关工作，对全省11个设区市和辛集市、定州市、雄安新区的167个县（市、区）的旅游资源进行了详尽调查。

在此期间，组织召开了全省旅游资源普查工作动员培训会，开展了各级旅游资源普查试点工作，制定了《河北省旅游资源普查详细方案》《河北省旅游资源分类方案》《河北省旅游资源普查技术规程》等标准文件，形成了省、市、县三级《旅游资源名录表》，整理制作了《旅游资源单体普查表》、资源单体照片和五级资源视频，填写了市、县两级《普查区实际资料表》，编制了省、市两级《旅游资源普查报告》，绘制了《旅游资源图册》，形成了丰富的可视化资源数据库。

本次资源普查以保护利用为导向，全面普查综合性、重要性、利用价值高的旅游资源，共普查出资源单体13 864个，涵盖了8个主类，27个亚类和123个基本类型，其中五级旅游资源227个、四级旅游资源1 008个、三级旅游资源3 482个。与上一轮普查结果相比，资源单体总数增加3 214个，增长30.18%；五级资源增加132个，优良级资源占比由18.66%增加到34.02%。旅游资源总量和优良级资源占比均实现较大提升。

本轮普查对接旅游资源新国标、旅游市场新趋势、旅游发展新成果，有以下几方面创新：

一是旅游资源理念创新。随着文旅发展的全域化、融合化、要素独立化等趋势，旅游资源的范畴也在不断扩大。创新旅游资源发展观，将近几年出现的重要旅游吸引要素，以及符合当前市场需求的新业态新场景，均纳入本次资源普查范围。

二是普查工作机制创新。本次普查充分联合联动省市县三级有关部门、相关科研技术力量，采用“统一指导、省负总责、分级协调、分区实施”的方式进行，构建了由行政协调组、普查技术组和专家顾问组组成的工作团队。普查队伍充分吸纳旅游规划单位、当地院校旅游专业院系、科研院所、勘查大队、地质大队等方面的专业人员，明确了各层级的责任和工作，建立了沟通联络机制和工作进度统计督促机制，为资源普查工作提供了强有力的组织保障。

三是普查技术应用创新。在旅游资源前期梳理、实地调查、成果集成等环节，充分运用大数据、地理信息系统、遥感技术、北斗卫星定位系统、地理测绘、航拍摄影等新技术手段，提高旅游资源普查工作效率和工作质量。

四是普查成果内容创新。按照《旅游资源普查操作规程》，形成了省市县三级、九大成果。在传统资源盘点分析的基础上，以创新性思维结合旅游市场需求和旅游资源保护新思路，提出了具有前瞻性、落地性、可操作性的意见与建议，为动态管理旅游资源、制定旅游规划、实施旅游资源科学有效的保护和合理开发提供了重要依据。

下一步，河北省将充分利用好旅游资源普查成果，处理好保护与开发的关系，科学保护，合理开发，发挥社会效益和经济效益。通过多种形式进行宣传推介，促进全省优质旅游资源向优质旅游产品转化，助推旅游强省建设。

资料来源：河北省文化和旅游厅资源开发处．河北省旅游资源普查工作圆满收官　绘就旅游业高质量发展“底图”．(2025-02-18)[2025-02-20]．https://whly.hebei.gov.cn/c/2025-02-18/579895.html.

思考：

1. 旅游资源调查的依据和内容是什么？

2. 谈一谈旅游资源调查的步骤和方法。

任务一　生态旅游资源调查

一、生态旅游资源调查的依据和内容

生态旅游资源调查

生态旅游资源调查是开展生态旅游资源评价和进行生态旅游规划的基础。目前，我国并没有专门的生态旅游资源调查的标准和规范，一般采用《旅游资源分类、调查与评价》（GB/T 18972－2017）标准中的一些基本要求，即保证成果质量，强调整个运作过程的科学性、客观性、准确性，并尽量做到内容简洁和量化。充分利用与旅游资源有关的各种资料和研究成果，完成统计、填表和编写调查文件等工作。

生态旅游资源调查的内容主要包括：调查区的环境条件（自然环境、社会环境、市场环境、环境质量及文化背景等）；调查区的生态旅游资源状况（资源类型、数量、规模、结构、级别和成因等）；调查区的开发条件（可进入性、已知旅游区和外围资源及重点新景区等开发条件）。

二、生态旅游资源调查的步骤

生态旅游资源调查主要有以下步骤：

（一）调查准备

（1）成立调查组。调查组成员应具备与该调查区旅游环境、旅游资源、旅游开发有关的专业知识，一般应吸收旅游管理、环境保护、地理学、生态学、建筑、园林、历史文化等方面的专业人员参与。根据调查的具体要求，对调查组成员进行技术培训。

（2）准备实地调查所需的设备，如定位仪器、简易测量仪器、影像设备等。

（3）准备多份《旅游资源单体调查表》。

（4）收集资料。资料收集范围包括与旅游资源单体及其赋存环境有关的各类文字描述资料；地方志、乡土教材、旅游区与旅游点介绍、规划与专题报告等；与旅游区生态环境密切相关的环境监测数据、动植物分布数据、相关研究报告等；与旅游资源调查区有关的各类图形资料，重点是反映旅游地理环境与旅游资源的专题地图；与旅游资源调查区和旅游资源单体有关的各种照片、影像资料。

（二）野外调查

1. 确定调查区内的调查小区和调查线路

为便于运作和满足此后旅游资源评价、旅游资源统计、区域旅游资源开发的需要，将整个调查区分为若干个“调查小区”。调查线路按实际要求设置，一般要求贯穿调查区内所有调查小区和主要旅游资源单体所在的地点。

2. 选定调查对象

选定下述单体进行重点调查：具有旅游开发前景，有明显经济、社会、文化价值的旅游资源单体；集合型旅游资源单体中具有代表性的部分；代表调查区形象的旅游资源单体。

对下列旅游资源单体暂时不进行调查：明显品位较低，不具有开发利用价值的；与国家现行法律、法规相违背的；开发后有损于社会形象的或可能造成环境问题的；影响国计民生的；某些位于特定区域内的。

3. 填写《旅游资源单体调查表》

对每一个调查单体分别填写一份《旅游资源单体调查表》，填写要求如下：

（1）单体序号，由调查组确定的旅游资源单体顺序号码。

（2）单体名称，旅游资源单体的常用名称。

（3）“代号”项，代号用汉语拼音字母和阿拉伯数字表示。

（4）“行政位置”项，填写旅游资源单体所在地的行政归属，从高到低填写行政区单位名称。

（5）“地理位置”项，填写旅游资源单体主体部分的经纬度。

（6）“性质与特征”项，填写旅游资源单体本身个性，包括单体性质、形态、结构、组成成分的外在表现和内在因素，以及单体生成过程、演化历史、人事影响等主要环境因素。

（7）“旅游区域及进出条件”项，填写旅游资源单体所在地区的具体部位、进出交通、与周边旅游集散地和主要旅游区（点）之间的关系等。

（8）“保护与开发现状”项，填写旅游资源单体保存现状、保护措施、开发情况等。

（9）“共有因子评价问答”项，填写旅游资源单体的观赏价值、历史文化科学艺术价值、珍稀或奇特程度、规模丰度与概率、完整性、知名度和影响力、适游期和使用范围、污染状况与环境安全。

专栏 11-1

旅游资源单体调查表

（单体序号　　　单体名称　　　）

基本类型：

代号	；其他代号：①　　　；②
行政位置	
地理位置	东经　°　′　″，北纬　°　′　″
性质与特征（单体性质、形态、结构、组成成分的外在表现和内在因素，以及单体生成过程、演化历史、人事影响等主要环境因素）：	
旅游区域及进出条件［单体所在地区的具体部位、进出交通、与周边旅游集散地和主要旅游区（点）之间关系］：	

续表

保护与开发现状（单体保存现状、保护措施、开发情况）：			
共有因子评价问答（你认为本单体属于下列评价项目中的哪个档次，应该得多少分数，在最后的一列内写上分数）			
评价项目	档次	本档次规定得分	你认为应得的分数
单体为游客提供的观赏价值，或游憩价值，或使用价值如何？	全部或其中一项具有极高的观赏价值、游憩价值、使用价值	22～30 分	
	全部或其中一项具有很高的观赏价值、游憩价值、使用价值	13～21 分	
	全部或其中一项具有较高的观赏价值、游憩价值、使用价值	6～12 分	
	全部或其中一项具有一般观赏价值、游憩价值、使用价值	1～5 分	
单体蕴含的历史价值，或文化价值，或科学价值，或艺术价值如何？	同时或其中一项具有世界意义的历史价值、文化价值、科学价值、艺术价值	20～25 分	
	同时或其中一项具有全国意义的历史价值、文化价值、科学价值、艺术价值	13～19 分	
	同时或其中一项具有省级意义的历史价值、文化价值、科学价值、艺术价值	6～12 分	
	历史价值、文化价值、科学价值、艺术价值具有地区意义	1～5 分	
物种是否珍稀，景观是否奇特？此现象在各地是否常见？	有大量珍稀物种，或景观异常奇特，或此类现象在其他地区罕见	13～15 分	
	有较多珍稀物种，或景观奇特，或此类现象在其他地区很少见	9～12 分	
	有少量珍稀物种，或景观突出，或此类现象在其他地区少见	4～8 分	
	有个别珍稀物种，或景观比较突出，或此类现象在其他地区较多见	1～3 分	

续表

评价项目	档次	本档次规定得分	你认为应得的分数
如果是个体，有多大规模？如果是群体，其结构是否丰满？疏密度怎样？各类现象是否经常发生？	独立型单体规模、体量巨大；组合型旅游资源单体结构完美、疏密度优良级；自然景象和人文活动周期性发生或频率极高	8～10分	
	独立型单体规模、体量较大；组合型旅游资源单体结构很和谐、疏密度良好；自然景象和人文活动周期性发生或频率很高	5～7分	
	独立型单体规模、体量中等；组合型旅游资源单体结构和谐、疏密度较好；自然景象和人文活动周期性发生或频率较高	3～4分	
	独立型单体规模、体量较小；组合型旅游资源单体结构较和谐、疏密度一般；自然景象和人文活动周期性发生或频率较小	1～2分	
是否受到自然或人为干扰和破坏？保存是否完整？	保持原来形态与结构	4～5分	
	形态与结构有少量变化，但不明显	3分	
	形态与结构有明显变化	2分	
	形态与结构有重大变化	1分	
在什么范围内有知名度？在什么范围内构成名牌？	在世界范围内知名，或构成世界承认的名牌	8～10分	
	在全国范围内知名，或构成全国性的名牌	5～7分	
	在本省范围内知名，或构成省内的名牌	3～4分	
	在本地区范围内知名，或构成本地区的名牌	1～2分	
开发旅游后，多少时间可以旅游？或可以服务于多少游客？	适宜游览的日期每年超过300天，或适宜于所有游客使用和参与	4～5分	
	适宜游览的日期每年超过250天，或适宜于80%左右的游客使用和参与	3分	
	适宜游览的日期超过150天，或适宜于60%左右的游客使用和参与	2分	
	适宜游览的日期每年超过100天，或适宜于40%左右的游客使用和参与	1分	

续表

<table>
<tr><th colspan="2">评价项目</th><th colspan="4">档次</th><th>本档次规定得分</th><th>你认为应得的分数</th></tr>
<tr><td colspan="2" rowspan="4">单体是否受到污染？环境是否安全？有没有采取保护措施使环境安全得到保证？</td><td colspan="4">已受到严重污染，或存在严重安全隐患</td><td>－5 分</td><td></td></tr>
<tr><td colspan="4">已受到中度污染，或存在明显安全隐患</td><td>－4 分</td><td></td></tr>
<tr><td colspan="4">已受到轻度污染，或存在一定安全隐患</td><td>－3 分</td><td></td></tr>
<tr><td colspan="4">已有工程保护措施，环境安全得到保障</td><td>3 分</td><td></td></tr>
<tr><td>本单体得分</td><td></td><td>本单体可能的等级</td><td>级</td><td>填表人</td><td></td><td>调查日期</td><td>年　月　日</td></tr>
</table>

（三）整理总结

整理总结工作包括以下步骤：

（1）整理资料、照片、录像、录音等，将其转换为文字或者加上文字说明。

（2）编制图件，如旅游景点分布图、旅游资源分布图、旅游资源评价图、旅游资源交通联系图等。

（3）编写旅游资源调查报告，从区域地理概况、旅游资源的情况、旅游资源评价、旅游资源的开发途径和开发步骤等方面编写翔实的调查报告。

（4）资料的管理和更新，利用计算机技术对调查资料进行整理，以利于资料存储、检索、更新和分析处理。

三、生态旅游资源调查的方法

（一）资料收集法

收集地理和生态环境、社会经济状况、旅游资源等第二手资料，并对其加以系统整理，从中摘取与资源调查项目有关的内容，进行统计、分析和研究的一种调查方法。

（二）野外考察法

野外现场踏勘测量是一种最基本的调查方法。通过对调查区进行实地综合考察，对分布在一定的地域范围内的旅游资源的位置、变化规律、数量、特色、类型、结构、功能、价值等进行调查，获得第一手资料。

（三）询问调查法

询问调查法是通过访谈询问的方式了解旅游资源情况的一种方法，包括走访和开座谈会等形式。

（四）观察调查法

观察调查法是调查者在现场对被调查事物和现象进行直接观察或借助仪器设备进行

记录，以获得旅游资源信息资料的调查方法。

（五）分类分区法

该方法把调查区的旅游资源，按其形态特征、内在属性、美感、吸引性等加以分类，与同类型或不同类型的旅游资源区域进行比较、评价，得出调查区旅游资源种类、一般特征与独特特征、质量以及调查区内旅游资源的差异，以利于调查区内各种旅游资源的差异性开发。

（六）大数据分析法

应用互联网大数据可以建立信息资料库，方便旅游资源的建档、分类和信息储存，不仅资料收集全面，而且通过这种方法测算的数据更具直观性和说服力。

（七）GIS 分析法

该方法是应用 GIS 技术，通过对卫星照片、航空照片、无人机航拍照片的解译，对旅游资源进行定性定量分析，同时还能发现一些野外考察不易发现的潜在旅游资源。

任务二　生态旅游资源评价

生态旅游资源评价

一、生态旅游资源评价的依据和原则

（一）生态旅游资源评价的依据

生态旅游资源的评价主要依据《旅游资源分类、调查与评价》（GB/T 18972－2017）。此外，《国家公园管理暂行办法》、《国家生态旅游示范区建设与运营规范》（GB/T 26362－2010）、《生态旅游基本概念与术语》（GB/T 27979－2020）、《国家公园建设标准》（GB/T 39395－2020）、《自然保护区管理规范》等国家标准和规范也是生态旅游资源评价的重要依据。

（二）生态旅游资源评价的原则

生态旅游资源评价应遵循以下原则：

1. 突出生态旅游的综合效益

旅游资源评价的最终目的是开发利用。生态旅游资源开发的社会效益和生态效益远远高于经济效益本身的价值。因此，在进行生态旅游资源评价时，要考虑资源的潜力，强调综合效益，以确定适宜的开发程度。没有综合效益的资源开发，即使是非常具有特色的旅游资源，也不宜开发或暂时不宜开发。

2. 现状分析与动态发展相结合

旅游资源及其存在条件是客观事物，因此生态旅游资源的评价工作，要从客观实际出发，运用环境科学、地理学、生态学、林学、经济学、美学、建筑学、民俗学等相关理论和知识，科学分析资源现状，并与同类资源相比较，做出恰如其分的评价。另外，生态旅游资源会随着时间和发展政策有不同的变化，评价时要与动态发展相结合。

3. 单要素分析与全面系统评价相结合

旅游资源开发实质是对某一地域旅游资源综合体的评价和环境综合体的评价。生态旅游资源种类繁多，价值与功能多样，评价时必须运用系统论的方法，根据单要素的特点、运动规律、功能作用等，全面完整地进行系统评价，准确地反映生态旅游资源的整体价值。

4. 定量分析与定性分析相结合

生态旅游资源开发评价是一项复杂的工程，仅采用定量或定性的方法均不够客观全面。首先借鉴目前已日趋完善的旅游资源评价方法，对旅游资源及其存在条件的性质进行分析，这是定性评价；然后在此基础上，尽量通过定量和半定量评价，将有关生态旅游资源的各评价因子予以客观量化处理，并要求在不同调查区尽量采用统一定量评价的标准，使评价更科学可靠。

二、生态旅游资源评价的标准

（一）定性评价标准

生态旅游资源的定性评价标准是宏观的总体的标准，主要包括品位和特色两个方面：品位是从总体上看，凭借经验与同类生态旅游资源相比是确定的，用文字表述如“国内少有的”“省内唯一的”“具有境外吸引力的”等；特色则是从总体上对资源特殊性的描述，例如，福建周宁鲤鱼溪体现人鱼亲善，清代的“禁伐碑”及“风水林”体现传统的生态文化等。

（二）定量评价标准

生态旅游资源定量评价标准体系确立的基础是评价指标的选择。以层次分析法为例，首先，征集和筛选评价因素，这个过程既要征求专家和旅游者的意见，还要经过实践检验。其次，构建分层评价体系，通常分为项目层和因子层。再次，对评价体系进行赋值，采用比较矩阵来确定分值。最后，采用加法与乘法相结合的计算方法，确定综合分值。

三、生态旅游资源评价的方法

目前，生态旅游资源评价的方法有多种，常见的方法有打分法、模糊数学法和层次分析法。

（一）打分法

打分法是生态旅游资源评价最常用的方法。这种方法是对已选的各级评价因素进行打分，并采用简单数学加权、加总，最后按总分高低确定资源的级别。

（二）模糊数学法

这种方法是利用模糊方程表达式，进行矩阵运算，测算出旅游资源不同质量等级的隶属度和总评分值，依此划分生态旅游资源的等级。这种方法能够克服评价时的主观性，将模糊因素量化，使生态旅游资源评价更加客观科学。

(三) 层次分析法

这种方法将生态旅游资源评价看成一个系统，根据资源内部的隶属关系，将其分解为有条理的有序层次，以层次递进图直观地反映系统内部因素之间的相互关系。即先将复杂系统分解为相对简单的子系统，求解，然后再逐级地进行综合。这种方法尤其适合多目标、多层次、多因素的复杂系统的决策，使生态旅游资源评价更具系统性、灵活性、实用性。

项目小结

本项目深入探讨了生态旅游资源的调查与评价流程，包括调查的依据、内容、步骤、方法以及评价的原则和标准。通过学习，学生能够了解生态旅游资源调查是评价和规划的基础，需要科学、客观、准确地进行。项目强调了在生态旅游开发中，保护环境的重要性，并介绍了多种评价方法，以确保评价结果的客观性和科学性。通过学习，学生可以更好地理解生态旅游资源的价值，为生态旅游的可持续发展提供决策支持，并在保护环境的同时，合理开发利用生态旅游资源。

思考题

1. 为什么生态旅游资源调查被视为生态旅游规划和管理的基础工作？

2. 简述生态旅游资源调查的步骤和方法。

3. 在生态旅游资源调查的准备阶段，哪些因素是必须考虑的？

4. 生态旅游资源评价应遵循哪些原则？

5. 在生态旅游资源评价中，如何平衡突出生态旅游的综合效益与其他评价原则？

6. 在生态旅游资源评价中，定性分析和定量分析如何结合使用？

7. 打分法、模糊数学法和层次分析法在生态旅游资源评价中各有什么优势和局限性？

8. 在生态旅游资源的开发过程中，如何确保环境保护不受影响，甚至得到加强？请提出你的策略。

项目十二 生态旅游资源开发流程

项目导读

本项目旨在深入探讨生态旅游资源开发的概念、原则、内容以及开发方式与程序。通过本项目的学习，学生将理解生态旅游资源开发的核心理念，掌握生态旅游资源开发的科学方法，并认识到生态旅游资源开发与生态环境保护之间的辩证关系。本项目强调在保护生态环境的前提下，合理开发和利用生态旅游资源，实现生态效益、社会效益和经济效益的协调发展。

学习目标

知识目标	1. 了解生态旅游资源开发的定义、目的和总体目标； 2. 掌握永续利用、保护性开发、特色、多样性和协调性原则； 3. 熟悉生态景观建设、旅游地交通安排、旅游配套设施建设、生态旅游产品设计、生态旅游商品开发、生态旅游市场开拓和专业旅游人才培训等方面的知识； 4. 了解兴建、利用、提高、改造、修复等开发方式，以及生态旅游资源开发流程； 5. 理解生态旅游资源开发与环境保护的关系。
能力目标	1. 能够对生态旅游资源进行全面调查和评估，并制定合理的开发规划； 2. 掌握旅游区生态环境监督和监测的方法，能够对旅游活动对生态环境的影响进行评估； 3. 培养生态旅游项目的管理和运营能力，包括市场分析、产品开发、营销策略制定等。
素养目标	1. 树立可持续发展的观念，认识到生态旅游资源开发的长远意义和代际责任； 2. 培养生态伦理意识，尊重自然、保护环境，理解生态旅游资源开发的生态伦理要求； 3. 培养创新思维和适应性，能够根据市场变化和环境反馈，不断优化生态旅游资源开发策略。

案例引入

黄山特色"旅游+"

旅游是综合性产业，是拉动经济发展的重要动力。新常态下，旅游业整合要素资源、拉动相关产业、促进多业融合、催生效益延展的作用越来越明显。国家旅游局在2015年8月提出"旅游+"战略，这是一个把握旅游发展阶段性特征、充分发挥旅游业催化集成作用、提升其发展水平和综合价值的大战略。实施"旅游+"，其本质是全面拓展旅游深度和广度，大力发展全域旅游，形成多点支撑、多业融合的大旅游格局，进而产生"1+1>2"的效果。

黄山市2015年游客接待量约4 650万人次、旅游总收入超过400亿元，以旅游为主的服务业增加值250亿元，占全市GDP的44%。但与旅游发达地区相比，游客逗留时间不长、消费不足等问题客观存在，旅游业已处在一个酝酿突破的关键期。如何突破瓶颈、解决这些问题，实施"旅游+"是必然选择。黄山市拥有中国山岳风光代表——黄山等3处5A级旅游景区、56处A级旅游景区在内的优美山水，拥有与敦煌文化、藏文化并称为中国三大地域文化的徽文化，拥有森林覆盖率达82.9%的绝佳生态，拥有地处长三角"后花园"的独特区位。这些既形成了吸引游客的强大磁场，也构成了实施"旅游+"的核心动能。

为构建具有黄山特色的"旅游+"产业格局，黄山市从以下几个方面开展工作：

一是"旅游+农业"，着力壮大乡村旅游。黄山市有700多个村，应结合美好乡村建设大力发展乡村旅游，基础建设注意满足游客进入需要、房屋修缮注意植入接待功能、产业开发注意吸引游客参与、环境美化注意扣住景区标准，不少地方"一个村庄就是一个景区"。全市7个区县均进入安徽省旅游强县（区）行列，乡村旅游专业村188个、农家乐专业户近千户，乡村旅游接待量占全市接待总量的六成以上。逛乡村、摘水果等日常琐事已成为黄山"旅游+"的重要发力点。把全市作为乡村旅游目的地进行整体打造，完善乡村旅游质量标准体系，系统开发徽州民宿、农事体验等多元业态。

二是"旅游+工业"，着力开发特色旅游商品。黄山历史上就有徽州四雕、徽墨歙砚等文化商品，有茶叶、干笋等特色农产品，还有臭鳜鱼、毛豆腐等徽州名菜名小吃，将其科学加工和包装必将形成很好的卖点。按照"旅游+工业"的思路，设立徽文化产业园，积极推进徽州特色旅游商品规模化生产。加快培育旅游商品龙头企业和专业村、专业户，使旅游购物消费占旅游收入的比重明显提高。

三是"旅游+文化"，着力发掘徽州文化内涵。黄山是徽商故里、徽文化发祥地，拥有世界文化遗产地两处，国家历史文化名城名镇名村名街20处，中国传统村落68处，各类古建筑近4 000处，国家和省非遗近百项，这些是"旅游+文化"不竭不尽的魅力源泉。比如，我们整合徽州古城等5家景区组建古徽州文化旅游区，并成功创建5A；推出文化演艺，精心打造《徽韵》《宏村阿菊》两台大戏；发展文化采风，建成塔川秋色等166处摄影点。未来将以更宽广的视野推进"旅游+文化"，把黄山打造成传习文明、加强政德教育、践行社会主义核心价值观的重要基地。

四是“旅游＋体育”，着力发展体育产业。黄山市地表水水质100％达到优良标准，空气质量优良率常年保持在95％以上，是天然的“生态运动场”。近年来，黄山市致力于打造和承办国际龙舟公开赛、国际登山大会等一批品牌赛事，开发水上运动、绿道骑行等一批运动休闲产品，建设东黄山户外拓展、奇瑞黄山宿营、太平湖水上运动等一批特色运动基地，体育旅游正在成为一个新的增长点。在欧美成熟的体育国家有一句名言：“拥有一项赛事，就相当于拥有一个印钞机。”未来将进一步发掘体育旅游的巨大红利，努力打造国际体育城。当前，我们要加快推进“黄山168”国际徒步探险基地建设，开发一条串联黄山市山脉、古道、古村落等户外资源的徒步探险顶级线路。

五是“旅游＋休闲度假”，着力丰富新兴业态。黄山市结合徽州古建筑保护利用，探索古民居产权流转试点，推出猪栏酒吧、法国家庭旅馆等20余家“田园风光＋文化村落＋乡居生活”的徽州民宿；结合生态文明建设，构建高尔夫、温泉养生、旅居养老等休闲产品体系；结合新型城镇化，加大购物、餐饮等旅游消费市场开发力度，打造了屯溪老街、黎阳IN巷、湖边古村落等一批休闲消费街区。国务院出台《关于进一步促进旅游投资和消费的若干意见》，我们将以“慢生活、慢旅游”为主题，系统开发“旅游＋教育研学”“旅游＋健康养生”“旅游＋新型养老”“旅游＋户外运动”等业态，以不断满足休闲消费快速增长需求。

六是“旅游＋互联网”，着力发展智慧旅游。近几年，黄山市抓基础建设，公共热点区域和3A级以上旅游景区、乡村旅游重点村基本实现无线网络覆盖，并将客流密集节点和景区的人流疏导、安全监管以及迎客松等古树名木保护纳入互联网范畴；抓平台搭建，重点与科大讯飞联合组建“讯飞爱途”，已上线运营；抓业态创新，全市80％以上旅游企业通过电商合作销售旅游产品。下一步，将抓好智慧旅游试点、旅游物联网设施建设、发展在线旅游新业态等十个重点行动，推动“旅游＋互联网”跨产业融合，着力支持“讯飞爱途”发展壮大，将其打造成全国知名的旅游电商平台。

七是“旅游＋国际化”，着力提升旅游国际化水平。黄山市旅游发展目标是建成世界一流旅游目的地。坚持国际视野，在资源保护、规划建设、产品开发等各方面紧盯行业领先水平；引领国际标准，积极参与制定《世界优秀目的地（景区）评价指标体系》，掌握国际话语权；融入国际格局，加入世界自然保护联盟、世界旅游业理事会等国际组织；拓展国际市场，开辟首尔等6条境外航线，提高入境游客增幅；创建国际品牌，获得联合国教科文组织等颁发的荣誉30余项。下一步，要以国际化标准抓好大黄山国家公园建设，加快发展具有国际竞争力的旅游产品，加快打造融入国际大循环的旅游精品线路，加快培育具有国际经营实力的领军企业。

资料来源：黄山特色“旅游＋”．中国旅游报，2015－12－11.

思考：

如何合理利用生态旅游资源，实现生态效益、社会效益和经济效益的协调发展？

任务一　生态旅游资源开发的概念、原则与内容

一、生态旅游资源开发的概念

旅游资源开发是对旅游资源及其相关方面进行综合建设的过程，开发的目的是发掘、改善和提高旅游资源的吸引力。生态旅游资源开发是在保护的前提下，通过生态旅游资源调查、生态旅游资源评价、生态旅游规划和建设等系统的人为活动，达到发掘、改善和提高生态旅游资源吸引力的目的，并实现生态效益、社会效益和经济效益相统一的一项系统工程。

生态旅游资源开发的总体目标是区域可持续发展，开发成功的标志是生态效益、社会效益和经济效益相统一的协调发展，这是与传统大众旅游最大的区别。生态旅游资源开发要在自然环境和生态文化保护的前提下，既满足旅游者的需要，又照顾当地居民的利益，促进区域经济社会发展。这种目标具体表现是：自然和文化环境得以保护、当地居民生活水平得到提高、生态旅游者获得高质量体验。

二、生态旅游资源开发的原则

生态旅游资源开发首先是一项旅游经济活动，必须遵循旅游经济活动规律。同时，生态旅游资源开发也是一项系统工程，必须具有科学性。因此，生态旅游资源开发要遵循以下原则。

（一）永续利用原则

永续利用是指生态旅游资源的开发，不仅要满足当代人的经济需求，还要不损害后代人的利益，当代人要用最小的代价获得最大的利用率，并造福后代。在具体开发中，永续利用原则体现在：在旅游开发的理念模式、环境承载力的设计、游客流量的控制和调整、旅游设施建设、旅游产品的设计等方面，充分考虑子孙后代的利益，尤其是他们享有的良好生态环境的利益。

专栏 12-1

奥地利萨尔茨堡生态旅游资源永续利用开发

萨尔茨堡州位于奥地利，本州居民约有 50 万人，是世界著名音乐大师莫扎特的故乡，以其富丽堂皇的宫殿和雄伟壮观的大教堂闻名于世。萨尔茨堡州是奥地利最有吸引力的国际旅游目的地之一，近年来，年均接待游客高达 2 500 万人次。

旅游业的迅速发展带给当地巨大经济利益的同时也产生了一系列问题。部分地区的风貌和风俗习惯受外来文化的影响而改变特色；部分地区由于旅游活动的干扰和破坏，自然环境被破坏，如野生动植物减少、空气和水源被污染、地下水位降低、噪声增大、垃圾废物成堆……

为了旅游资源的永续利用，1985年，州旅游局重新制定了市场营销目标，强调改善旅游吸引物的质量和内涵，向游客提供一个良好的、有益于身心健康的自然和社会环境。1989年，州旅游局制定了“绿色市场营销规划”，更好地体现了永续利用原则，主要内容包括以下4个方面：

一是减少使用私人交通工具。主要措施是：对乘火车或其他公共交通工具前来旅游的游客给予优惠票价；修建步行街和自行车道；提供更多廉价有效的公共交通工具。

二是控制各类旅游设施的扩建。政府通过严格的手段限制旅游设施的建设。1998年颁布的新城镇和乡村规划法规中就包括了限制旅馆建设的条例，目的是防止增加旅游景区内旅馆密度，保护小型建筑物，将旅馆的床位数保持在2万张之内。此外，政府还决定10年内禁止开发新的滑雪索道。

三是调整旅游旺季的游客流量。绿色市场营销规划的目标是增加旅游淡季的吸引力，减轻旅游旺季的压力。为此，一些旅行社推出了秋季自行车团队游、春季滑雪度假游等新产品，并对淡季来滑雪的团队游客给予特别的价格优惠，提供低价的住宿设施。

四是支持和鼓励具有环境意识的行为。州政府采取许多方法促使旅馆行业提高环境保护意识，实施环境保护措施。例如，在有条件的乡村地区建立集中供热系统，以减少空气污染；组织有意义的竞赛活动；建立环保奖励基金，实行无浪费早餐，安装燃烧锯木屑的供热系统，向前来投宿的客人发放环保宣传品等；限制可能造成环境污染的游乐活动，例如，禁止开展直升机运送游客上山滑雪的活动；对山区自行车旅游活动规定线路和区域；游客的散步活动要沿着特定的道路，绕开环境易损地区等。

通过以上行之有效的措施，萨尔茨堡的旅游环境得到了改善和保护，旅游业走上了永续发展的道路。

资料来源：张建萍. 生态旅游理论与实践. 北京：中国旅游出版社，2001.

（二）保护性开发原则

保护是相对于生态旅游资源开发提出来的。生态旅游资源开发和保护的关系体现为：开发服从保护，在保护的前提下进行开发；开发促进保护，当开发与保护出现矛盾时，保护对开发有绝对否决权。

（三）特色原则

生态旅游资源的生命力体现在特色上。生态旅游资源多偏居一隅，地处偏远山区，如果不是生态环境良好、景色优美、极具特色，就很难吸引生态旅游者不辞辛劳地前去旅游。因此，在生态旅游资源开发中，应遵循特色原则，努力开发有特色的旅游产品。

（四）多样性原则

生态旅游资源类型丰富多样，有条件开发多样化的生态旅游产品，因此在开发过程中应遵循多样性原则。例如，既可设计科考探险、观鸟露营、徒步穿越等专业性较强的生态旅游产品，又可设计垂钓、游湖、农家乐等绿色休闲的大众旅游产品，专业性和大众性产品有机组合，满足游客的不同需求。

（五）协调性原则

生态旅游资源开发须遵循协调性原则，与整个区域的生态环境相协调。生态旅游资源开发与环境相协调，既有利于突出旅游资源的特色，又可以集聚旅游资源形成整体美。因此，旅游线路和设施建设的规划布局要尽力做到不破坏自然景观，不污染环境，不影响物种生存和繁衍，保护和维护生态系统的安全与完整。

三、生态旅游资源开发的内容

生态旅游资源开发不能仅局限在资源本身的开发上，而是在永续利用的原则下，生态、社会和经济三大效益相统一的基础上，系统地对旅游点或旅游地的接待条件、人力资源和市场潜力等进行综合开发和建设。具体来说基本开发内容有以下几个方面。

（一）生态景观建设

生态旅游资源开发的首要目的是吸引旅游者，因此开发的核心内容是建设有吸引力的生态景观，即按照生态旅游区（景区、景点）的旅游规划，通过一系列建设、改造活动，使生态旅游资源具备对旅游者的吸引力。这里说的建设是广义上的概念，不仅指新景点的兴建和传统景点的改建，更强调对生态旅游资源的保护性开发。

（二）旅游地的交通安排

旅游活动具备异地化的特征，因此生态旅游资源的开发，首先应解决交通问题。这里的交通安排包括交通线路的设计、交通设施的配套、交通工具的选择等方面。生态旅游区一般地处偏远山区，交通状况恶劣，可进入性较差，所以，开发时对交通线路的通达性，以及交通方式的舒适性、便捷性和安全性等都提出了较高的要求。在旅游道路系统的设计与建设上，在交通工具的选择和使用上，都必须体现生态化原则，并且着力提升游客的参与性。

（三）旅游配套设施建设

成功的生态旅游资源开发需要对旅游所需的配套设施进行统筹规划和建设，完善旅游地的旅游环境。旅游配套设施范围很广，涉及旅游者的食、住、行、游、购、娱等方面。在生态旅游资源开发时，一定要注重旅游配套设施的“绿色化”和“生态化”。

（四）生态旅游产品设计

生态旅游产品设计应以生态旅游资源为本底，以市场为导向，在时间和空间两个维度上综合考虑，设计既符合旅游者需求又符合当地特色的生态旅游产品。生态旅游产品设计的时间维度即程序，通常可以分为设想、选择、样品、总结和检验等五个阶段；生态旅游产品设计的空间维度即内容，包括旅游地域的开发、旅游线路的设计与组合及旅游景点的开发建设等内容。

（五）生态旅游商品开发

购物是旅游经济效益的重要组成部分。旅游商品具有种类繁多、多重性能（纪念性、艺术性、地方性和实用性等）、附加值高及针对性强等特点，这既给生态旅游商品开发带来了难度，同时也创造了机会。因此，生态旅游商品开发必须坚持市场导向的原则，深入挖掘商品文化内涵，强调绿色生态，细分市场并生产适销对路的商品。

（六）生态旅游市场开拓

市场是生态旅游资源开发的导向。生态旅游资源开发要取得预期的经济、社会和环境效益，就应该注重旅游市场的需求和变化。因此，生态旅游资源开发应依据本地旅游资源的特色和优势确定其开发的目标市场，进行有针对性的开发和市场营销，努力扩大客源和开拓旅游市场，然后进行市场调研和预测，确定合适的市场营销组合，最终开发出高质量的旅游产品，满足旅游市场的需求。

（七）专业旅游人才培训

旅游管理水平和服务质量的高低在一定程度上会影响旅游资源的吸引力。因此，生态旅游资源开发应该培养专业生态旅游人才，对专业人才定期进行培训，真正把旅游资源保护落到实处，这样才能保证规范的、高质量的生态旅游的良性循环发展，进而保证生态旅游资源的可持续利用。

任务二　生态旅游资源开发的方式与程序

一、生态旅游资源开发的方式

生态旅游资源开发的方式应该因地制宜，在资源本底的基础上合理选择开发方式，主要可选择的方式有以下几种：

生态旅游资源开发的方式与程序

（一）兴建

兴建是指创造性地建设新的生态旅游吸引物，如在生态旅游区内，新建生态博物馆、科普展览馆等设施。

（二）利用

利用是指利用原有的非旅游资源，使之成为旅游吸引物，如利用露天煤矿开采区开展工业生态旅游。

（三）提高

提高是指利用原有生态旅游资源，开发新的旅游活动项目，提高其整体质量和吸引力，以达到丰富内容、加强特色、提高效益的目的。如利用原有的生态文化资源策划旅游实景演出。

（四）改造

改造是指投入人力、物力、财力，对已有的生态旅游资源进行全部或局部改造，使其符合旅游需要，成为旅游吸引物。如对生态旅游区内的植被进行更新。

（五）修复

修复是指由于生态环境受到破坏，需要通过对其进行生态修复，使之重新成为可供开发的生态旅游资源。

二、生态旅游资源开发的程序

生态旅游资源开发程序包括资源调查与评估、开发可行性论证、确定开发导向和定位、规划设计与产品开发、基础设施建设与环境改善、运营管理与市场营销、持续监测与评估、风险管理与应急响应。

（一）资源调查与评估

对生态旅游资源进行全面的调查和评估是生态旅游资源开发的首要工作。生态旅游资源调查的主要内容包括生态旅游资源的种类、丰度、特色、档次、成因、结构、分布及区位条件、社会环境、经济结构、历史沿革等。在对自然类生态旅游资源进行调查时，应科学解释资源的成因和演变，在对人文类生态旅游资源进行调查时，应追本溯源，查清其历史文化和艺术价值。最后在定性和定量分析的基础上形成生态旅游资源的调查和评价报告。①

1. 资源普查

对区域内的自然资源（如森林、湿地、珍稀物种）和人文资源（如历史遗迹、民俗文化）进行全面普查。例如，在云南省的普洱市，普查发现了丰富的热带雨林生态和多个少数民族文化村落，为后续的生态旅游开发奠定了基础。

2. 资源评价

评估资源的独特性、多样性、完整性和可持续性，以确定区域旅游价值。在评估过程中，可参考联合国教科文组织对世界遗产的评判标准。

3. 数据收集

收集与资源相关的地理、气候、生物多样性、社会经济和文化背景等数据。可以通过问卷调查、实地考察和遥感技术等多种方式进行。

4. 报告编制

编制详细的资源调查和评价报告，为后续规划提供基础。例如，某湿地公园的评估报告指出其生态系统的健康状态和潜在的旅游吸引力。

（二）开发可行性论证

可行性论证是生态旅游资源开发成败的关键，通过可行性论证确定开发在经济上是否合算、技术上是否达标、效益上是否统一。可行性论证主要包括经济可行性分析、技术可行性分析、社会环境可行性分析及风险评估。

1. 经济可行性分析

经济可行性分析是可行性论证的关键。一方面要对客源市场的需求和发展趋势进行科学预测和缜密分析；另一方面还要实事求是地就旅游投入和产出作综合评价和概算。

---

① 梁朝信．旅游资源开发．郑州：郑州大学出版社，2006.

例如，在桂林进行的市场调研显示，随着国内旅游需求的增长，景区客流量预计将逐年增加。

2. 技术可行性分析

技术可行性分析是要分析生态旅游资源开发的技术要求和施工难度，对每一阶段的施工条件、施工设备、施工技术和施工进度进行评估和统筹安排。例如，在开发某海岸线旅游区时，需评估对海洋生态的影响及施工技术的适用性。

3. 社会环境可行性分析

社会环境可行性分析主要是评估旅游地的政治、经济、法律、社会文化环境等旅游资源开发的外部环境，对生态旅游资源开发可能导致的资源和环境破坏程度要有充分的认识并提出科学的解决方案。通过与当地社区的沟通，了解居民的态度和需求，确保旅游开发与社区利益一致。

4. 风险评估

识别项目可能面临的风险，包括市场风险、财务风险和环境风险。通过案例分析，确定有效的风险控制措施。

（三）确定开发导向和定位

确定旅游开发导向就是解决旅游资源开发的方向问题。目前我国旅游资源的开发正在由资源导向模式向市场导向模式转变。市场导向模式就是依据市场需求进行开发，将旅游资源的筛选、加工、再创造朝着市场所切实需求的方向进行。例如，在浙江安吉，生态旅游从传统的自然观光转向注重游客体验的综合性旅游。旅游开发导向模式包括三大体系：基础形象导向、总体功能导向和市场功能导向。

旅游开发定位是旅游资源开发者为了适应旅游者心目中的某一特定地位而设计旅游资源的开发方案及营销组合的行为，进行定位的目的是将区域（或旅游企业）的营销策略与竞争者区分开来，其实质是制定一种比竞争者能更好地为目标市场服务的营销策略。例如，某山地旅游区可将其定位为“生态探险与文化体验”相结合的旅游目的地。旅游资源开发定位按营销管理层次可以分为开发目标定位、旅游功能定位和旅游形象定位三个层次：目标定位应当切实可行；旅游功能定位应当是可信的；形象定位必须是独一无二的。

生态旅游资源的开发定位一般要经过 4 个步骤才能完成：首先，找出旅游资源具有竞争优势的市场领域；其次，选择目标市场；再次，制定出旅游资源定位策略；最后，把旅游资源开发定位观念传递给目标市场。

（四）规划设计与产品开发

生态旅游资源规划是在调查与评价的基础上，本着旅游资源开发规划的原则和已作出的定位策略，确定开发内容和旅游规模，拟定旅游区的空间布局、功能分区和总体艺术构图，最终制定旅游资源开发规划设计的总体方案。

1. 规划原则

依据资源评估和市场定位，制定旅游资源开发规划原则，如可持续性、生态友好性。

2. 空间布局

设计旅游区的空间布局，包括功能分区、旅游线路和交通网络。例如，在某国家公园内，设计了多条徒步路线，以引导游客探索不同的生态景观。

3. 产品开发

开发与资源相匹配的旅游产品，如生态徒步、文化体验、自然教育等。例如，在海南开发了热带雨林探险和水上运动相结合的旅游产品。

4. 总体方案

制定旅游资源开发的总体方案，包括短期和长期开发计划，确保资源的可持续利用。

（五）基础设施建设与环境改善

1. 基础设施

建设必要的基础设施，如游客中心、步道、停车场和厕所等，确保游客舒适和便利。

2. 环境保护

采用环保材料和技术，保证对生态环境的影响最小化。例如，某生态村采用可再生能源和雨水收集系统，降低对环境的负面影响。

3. 服务设施

提供旅游服务设施，如住宿、餐饮、解说系统等，提升游客的整体体验。

（六）运营管理与市场营销

1. 运营策略

制定运营管理策略，确保旅游区高效运转。例如，采用先进的管理信息系统来优化运营流程。

2. 营销计划

制订市场营销计划，包括品牌建设、广告宣传和市场推广，通过社交媒体、旅游展会等多种渠道吸引游客。

3. 客户服务

提供优质的客户服务，包括旅游咨询、投诉处理和游客反馈，提升游客的满意度和忠诚度。

（七）持续监测与评估

1. 环境监测

定期监测旅游活动对生态环境的影响，确保生态平衡。例如，某湿地公园通过水质监测和生物多样性调查，持续评估生态健康状况。

2. 效益评估

评估旅游开发的经济、社会和环境效益，包括就业创造、收入分配和社区参与。

3. 持续改进

根据监测和评估结果，不断优化旅游产品和服务，提升游客体验，形成良性循环。

（八）风险管理与应急响应

1. 风险识别

识别旅游开发和运营过程中可能遇到的风险，包括自然灾害、市场波动和法律变化。

2. 应急预案

制定应急预案，包括自然灾害、健康危机和安全事故，确保应对措施的有效性。

3. 应急演练

定期进行应急演练，确保快速有效的应急响应，保障游客安全和维护生态环境。

任务三　生态旅游资源开发与生态环境保护

一、生态旅游资源开发与环境保护的关系

生态旅游资源的合理开发能促进环境的美化，创造的收益可以为环境保护提供经济基础，但随着生态旅游资源的开发，环境污染、文化冲击等都会对生态环境造成不同程度的破坏。因此，生态旅游资源开发与环境保护既相互联系又相互矛盾。

（一）二者相互联系、相互依存

1. 环境保护是生态旅游资源开发的前提

生态旅游环境是生态旅游的生命线，生态旅游发展必须依托生态旅游环境。近年来，生态环境已经被提升到生态旅游资源的核心地位，生态环境甚至成为生态旅游的绝对吸引因素。如太湖旅游度假区，是国务院首批批准建立的国家级旅游度假区之一，其度假区内的重点项目苏州太湖国家湖滨生态湿地公园是太湖景观的重要标志。随着太湖生态环境的改善，旅游观光和休闲度假客源不断增多，也催生了旅游地产的迅猛发展。因此，对生态环境的保护是旅游资源开发和旅游业发展的前提，是生态旅游发展的依托和生命线。

2. 生态旅游资源开发促进生态环境保护

从可持续发展的角度看，生态旅游资源的可持续开发，推动了生态环境保护。生态旅游本身是一种特殊形式的旅游，生态旅游资源是具备生态保护色彩的特种旅游资源，开发和使用这类生态旅游资源要以生态伦理学和可持续发展思想为指导。因此，在进行生态旅游资源开发时，一定要以可持续发展思想为指导，并坚持经济效益、社会效益、生态效益整体统一的原则。如果只顾眼前利益，忽略了生态效益与社会效益，将会使持续发展变成幻想。如有些旅游区，为了快速获得短期经济效益，兴建一些损害生态环境的旅游项目，也许短期内效益可观，但缺乏持续性和长期性，必然会走向衰弱。

3. 生态旅游资源开发实质是保护性开发

生态旅游资源的开发实质是保护性的开发。生态旅游资源的合理开发，一般会通过对自然资源的整修、历史遗迹的修复、人文资源的挖掘使生态旅游资源重新焕发光彩，延长其生命周期，因此合理开发的过程也是环境的保护过程。同时，资源开发带来的收益还可以反哺资源，促进环境的建设。从这个角度看，生态旅游资源的开发实质是保护性的开发。

因此，生态旅游资源开发和生态环境保护，两者在现实中是相互促进、不能分割的。只要坚持可持续发展的思想，合理规划、开发、利用生态旅游资源，就可以促进生态环境

的保护，在提高人们环境意识的同时，吸引更多的生态旅游者，推动旅游业的发展。

（二）二者存在着相互矛盾的关系

首先，生态旅游资源的开发不可避免地会造成某种破坏。其次，从人为角度看，一方面，生态旅游资源的开发会产生极大的破坏作用。因此，对旅游承载力的研究和应用显得尤为迫切。另一方面，旅游者的不文明行为也会对生态环境造成破坏。再次，由于生态旅游资源所具有的文化性，资源开发带来的外来文化的冲击也可能对生态旅游资源造成毁灭性打击。这些影响大多是因为生态旅游资源的不合理开发和利用导致的。这些破坏主要表现为：一是水体污染。例如，有的湖泊周围几乎所有的风景点水体都处于富营养化和失去透明度的阶段。二是植被破坏。一些生态旅游区为了追求旅游利益，景区未严格限制流量，造成了景区的超负荷，破坏了植被生存环境和土壤结构。三是垃圾污染。即便在日本这样的公众环境保护意识较强的国家，仅国立公园废罐头瓶处理费用一年就达亿日元以上。四是景观污染和文物古迹遭到破坏。在我国许多旅游区经常见到“某某一游”的刻字题名，有些已经是无法修复的，造成了永久的遗憾。五是过度城镇化、商业化的开发。大量的城镇化、商业化充斥着生态旅游区，使其原生态性遭到了巨大的破坏。

二、我国生态旅游资源开发中存在的问题

我国生态旅游资源丰富，生态旅游发展迅速，但在生态旅游资源开发的过程中，由于开发不当，造成了很多问题。我国生态旅游资源开发中存在的问题主要表现在以下几个方面。

（一）生态旅游资源的不合理开发导致生态环境遭到破坏

部分地区的旅游经营者和开发者片面追求经济效益，无视环境容量，放松旅游开发的环境保护和管理，造成了严重的生态破坏和环境污染。在生态旅游区内因开发活动不当造成的环境破坏有以下几种：

（1）违规建设，破坏自然景观。如有些单位在法律禁止开发的自然保护区域内大量建设人工景点和宾馆、酒店等其他旅游基础设施，不仅冲淡了生态旅游的主题、降低了旅游品位，还使一些区域永久地丧失了景观的连续性和生态系统的完整性，造成了无法挽回的损害。

（2）景区内饭店和宾馆产生的污染。很多生态旅游区内生活污水和垃圾得不到及时有效处理，造成环境污染。

（3）因为生态旅游路线开发不科学，索道、公路、便道等过多地伸入自然保护区域，在破坏景观的同时，影响野生动物的活动，使其栖息地破碎化，损害生态系统功能，破坏生物多样性。

（二）监管机制和执法力度不够导致生态环境遭到破坏

很多旅游者在游览过程中无处不去，许多禁止车辆随意进入的自然保护区的核心敏感区，却经常看到车辆随意进入，极易对核心区的生物多样性造成破坏，尤其是容易破坏繁殖习性种群结构，影响动物迁徙和正常生活。由于监管不到位，随意砍伐采集植

物、猎杀动物，以便建设更多的旅游基础设施，导致旅游地接待设施病态膨胀，造成建设性破坏，还可能因为旅游者践踏导致植物死亡，超负荷接待造成旅游污染，进而导致生态环境的破坏。

（三）摄取多补偿少，生态旅游区资金投入严重不足

生态旅游开发在索取资源的同时，应该有必要的生态补偿机制。但人们往往会忽略对生态旅游区进行必要的生态补偿，无法维持生态环境的可持续性。没有必要的生态补偿机制、相应的保护性投入和专业的科研管理队伍的跟进，许多自然保护区仅停留在简单看护上，交通、通信和装备等保障设施不完善，因此对于自然保护区发展所必需的环境监测、科学研究、环境教育等无法系统的开展。这种问题，在一些地域偏远、经济欠发达的地区更为突出，生态旅游发展资金的匮乏导致生态环境保护无法正常进行。

（四）环境保护意识薄弱导致生态旅游资源被破坏性开发

如果生态旅游区的管理者、旅游者及社区居民的环境保护意识薄弱，很容易导致生态旅游资源被破坏性开发。在生态旅游开发利用过程中，一些旅游者并不理解生态旅游的理念，甚至没有生态伦理道德，只知道享受生态美，却没有环境保护的意识。参与者与开发者的生态保护意识薄弱更是导致生态旅游资源严重受损甚至退化、生态功能受到极大损害的重要原因。由于旅游的季节性，有些参与者和开发者为了快速牟利，在旅游旺季对旅游资源进行破坏性的开发，严重破坏生态旅游环境。

三、统筹生态旅游资源开发与环境保护的措施

（一）树立可持续发展观

生态旅游是一种特殊的可持续性发展旅游方式。生态旅游资源开发要想持续发展，必须以保护环境为前提，与自然环境相协调，保持适度的开发速度，以保证生态旅游资源开发的可持续发展。生态旅游涉及的三个活动主体（旅游者、经营者、管理者）都应树立可持续发展的思想。

（二）进行生态伦理教育

生态伦理教育是从源头上避免生态旅游资源不合理开发的有效方式。强化相关政府部门的道德责任意识是生态伦理教育的首要任务。相关政府部门作为生态旅游资源开发主体之一，除了负有行政责任之外，还负有道德责任。强化开发企业的道德教育也是生态伦理教育的重要方面，主要是要提高开发企业管理层和企业员工的伦理素养。生态伦理教育的主要对象是旅游者。不少旅游者对生态旅游，以及生态旅游资源的本质和要求缺乏认识，缺乏生态知识和伦理意识，不懂得或不愿意保护生态旅游资源，擅自进入生态系统的核心敏感区，在与自然的接触过程中极易对生态资源系统造成损害。生态伦理教育的主体对象主要包括管理人员、导游、宾馆饭店的服务人员和旅游者。对于景区管理人员应进行系统的环境保护教育。对宾馆、饭店、旅行社的工作人员应普及生态旅游知识，提倡绿色服务。导游应在自然景观和历史文化景观的解说内容上，适时、适地对旅游者进行生态道德宣传，并在旅游者游览过程中将生态保护的思想传递给旅游者。可以通过宣传标语、环保知识小册子，以及制定旅游行为规范等形式对旅游者进行生态伦理教育。

（三）完善环境保护保障机制

在加强针对开发主体生态伦理教育的同时，还应建立一系列的外部保障机制，为合理开发生态旅游资源提供科学开发规划、制度、法律依据，以减少开发的盲目性与无序性。首先应完善科学的开发规划制度；其次应加大政府部门的监管力度，同时还应健全保护生态旅游资源的法律体系，进一步抓紧生态环境保护法律、法规、标准、政策和制度的建设，规范生态旅游开发行为。各旅游重点地区和当前问题突出的地区，应由地方政府牵头，制定地方性法规、制度、办法，在条件好的地方先行突破，然后由下而上，逐步规范。把严格保护、合理开发和科学管理纳入法治化轨道，积极探寻旅游业与社会文化、生态环境协调发展的模式，促进人与自然之间和谐共进。

（四）有序开发，强化有效管理

第一，要加强旅游区的环境容量、旅游承载力等的研究，把握生态旅游资源开发的合理度。

第二，在对生态旅游资源进行全面普查和评价的基础上，确定生态资源的特色、保护范围和市场定位，按合理布局、重点开发的原则做出科学规划。

第三，为保证生态旅游的环境质量的高品位，旅游区的有关建设必须遵循适度地有序地分层次开发的原则，不允许任何形式的有损自然的开发行动。首先，制定科学的发展规划，合理开发旅游资源。在编制旅游区总体规划时，必须对旅游区的地质资源、生物资源和涉及环境质量的各类资源进行认真调查，以便针对开展旅游活动带来的环境损害进行准备，并采取积极措施消除或减少污染源，加强对环境质量的监测。其次，强化全国统一管理，建立统一的国家公园或国家级风景名胜区的管理部门，克服目前风景区政出多门、条块分割的局面，逐步与国际的先进理念相接轨；生态风景区的开发应以保护环境为前提，按功能分区，把旅游活动和旅游开发的程度限制在各功能区许可的范围内。

（五）加强旅游区的生态环境监督和监测

加强旅游区生态环境保护监管，坚决制止新的生态环境破坏。要加大现有法律、法规、制度的执行力度，做到有法必依、执法必严、违法必究，努力防止和减少旅游区新的人为生态环境破坏。对空气、水文、噪声、动植物等进行长期的监测，这样的生态环境监测可以及时掌握旅游区环境变化的特点，明确旅游活动对生态环境的影响和自然资源的利用程度，为旅游管理者的决策提供科学依据。在开展景区长期监测的基础上，及时治理旅游区现有的环境问题，保护自然环境要素，主要是大气环境保护、噪声控制、水体保护和水土保持。

（六）动员一切社会力量参与保护和开发

环境的全球性特点与环境破坏的全球性危害决定了人类作为一个整体必须肩负的责任与义务：共同参与环境保护事业，拯救我们的地球。当生态旅游资源日益短缺，当我们周围的环境日益恶化，动员全社会的力量来保护我们的生态旅游资源与生态环境，实现生态资源与环境的可持续发展，已是势在必行。应充分发挥民间环保组织的力量，发挥新闻媒体的舆论引导与监督作用，组织社区参与生态旅游资源开发。

综上所述，生态旅游与环境保护的关系是辩证统一的，其发展的关键在于找到生态旅游开发与环境保护的平衡点。生态旅游作为促进经济发展和环境保护协调化的产物，是中国乃至世界格局下旅游发展的新趋势。生态旅游业的兴起也是各地在旅游资源匮乏的时候，刺激旅游业发展，提升旅游经济的新型绿色工业，对促进建设和谐社会、建设生态文明将起到积极的推动作用。

拓展案例

案例：张家界的"世界第一梯"引发争议

1998 年 9 月，作为我国首批列入世界自然遗产名录的风景名胜区，张家界武陵源风景区却因存在大量粗制滥造的人工建筑，被联合国遗产委员会亮出"黄牌"，尖锐提出"武陵源的自然环境已经像个被围困的孤岛，其城市化对其自然界正在产生越来越大的影响"。

然而，这一切并没有阻碍武陵源核心景区内庞大的电梯轨道钢架在世界自然遗产上攀爬、延伸。张家界武陵源区水绕四门的户外观光电梯自 2002 年"五一"试运行以来，日平均接待量达 3 000 人左右，日平均收入将近 20 万元。某旅游电梯公司总经理自豪地称这座电梯为"天下第一电梯"，当地人称之为"印钞机"，而有的媒体和专家则斥之为"景区内的一大败笔"。可谓有褒有贬，毁誉参半。

反对者：不能破坏原始风貌

的确，依山建造一座电梯，这个创意非同凡响，全世界都绝无仅有。为了建造这座电梯，建设方在水绕四门山底打通了一条长 150 米、宽 3.5 米、高 4 米的山洞隧道，游客需通过这条隧道才能坐上电梯。

质疑和争议也因此而起。北大建筑规划专家、著名教授谢凝高就是一个坚决的反对派。他认为，在世界自然遗产的核心景区内修建这样一座电梯无疑是"一大败笔"，破坏了景观的原始风貌。

有专家提出了三点意见：第一，张家界峰峦属于石英砂岩，质地强度虽高，但许多岩体的纹理竖向取直，横向趋平，有如积木粘贴而成，如果岩体受震或底部松软，就会分层剥落，这也就是"定海神针"等景点的构成方式。因此，在水绕四门建这种工程，非常危险。第二，武陵源景区已被联合国教科文组织列为世界自然遗产，而世界自然遗产的宗旨是保护其原貌而不是开发旅游，在核心景区内大动土木，与此背道而驰。第三，作为世界自然遗产，武陵源现在做的事情应该是控制游客数量，提高旅游质量，而不是再去增加设施招徕游客。

湖南省建设厅规划处一位负责同志解释说，根据张家界武陵源区原来的总体规划，省建设厅确实批复过户外观光电梯的项目。而且他们也仔细研究过电梯公司请专家做的地质勘探报告。根据报告，修建户外观光电梯的安全性应该可以保证。他同时也承认，修建这样一座电梯，对武陵源景区的景观确实有一定的破坏。建电梯破坏了一些植被，为恢复植被，种植了美国草。省建设厅规划处负责同志对此提出了批评。

国内的众多媒体也对此颇多非议。

赞同者：开发和保护相结合

赞同者坚持认为利大于弊，有人甚至提出，这是合理利用和保护的最佳结合。因为电梯的开通，使武陵源区的精品景点连为一体，并开发了袁家界这条以往的旅游冷线，使核心景区游客分流。户外观光电梯对自然的损害是一个点，而不是一条线，建设期间对山体、山地的伤害也只是皮毛而不是筋骨。户外观光电梯的建成，将大大缩短游客上下山时间，一则缓解景区内交通压力，再则缩短游客游览时间，还有利于景区内宾馆、饭店的拆迁。

根据初步计算，武陵源主要游览区内道路密集程度已经达到每平方公里 2.3 公里，而主要观景区的道路密度是这一数字的 4～5 倍。高峰时期，天子山、黄石寨索道要排几个小时的队，金鞭溪最多 1 天曾接待过 1 万多游客。开发袁家界势在必行，而观光电梯修建后，才使得这一开发成为现实。

武陵源区领导说，一个不争的事实是，几个所剩无几的猴群正向天子山、黄石寨索道下靠拢。相对坚固而封闭完整的游道、索道，实际上已成为武陵源风景名胜区内最大的生物通道。同样引起人们争议的观光电梯，洞外有高、宽各 150 多米的野地，也应该在客观上为动植物留下十分难得的天然通道。

武陵源区委、区政府在武陵源区总体规划修编大纲中提出，避免保护和开发各走极端，应该有一个原则，这就是：在保护中开发，在开发中保护；没有开发的保护，是没有根基的保护；没有保护的开发，则是不可持续的开发；保护和开发相互联系、相互制约、相辅相成，谁也离不开谁。

案例来源：张家界的“世界第一梯”引发争议.（2002－08－18）[2024－11－08]. 南方网，http://www.southcn.com/news/community/jrgz/200208180295.htm.

项目小结

本项目通过对生态旅游资源开发的概念、原则、内容以及开发方式与程序的深入探讨，强调了在生态保护的前提下进行旅游资源开发的重要性。本项目揭示了生态旅游资源开发与环境保护之间的关系，并提出了解决这些问题的策略。通过学习，学生应能够理解生态旅游资源开发的复杂性，掌握科学开发的方法，并具备在实践中平衡开发与保护的能力。

思考题

1. 生态旅游资源开发的定义和目标是什么？
2. 生态旅游资源开发应遵循哪些原则？
3. 在生态旅游资源开发中，如何实践永续利用原则？请给出具体的例子。
4. 生态旅游资源开发主要包括哪些内容？
5. 生态旅游资源开发的方式有哪几种？
6. 生态旅游资源开发的程序是什么？
7. 在生态旅游资源开发中，如何平衡开发与环境保护的需求？请提出你的策略。
8. 作为一个旅游者，如何在旅游过程中保护生态环境？

参考文献

［1］李佳，唐承财，丛丽．生态旅游学［M］．北京：高等教育出版社，2024.

［2］张晓刚．中国生态文明建设的理论与实践研究［M］．北京：中国社会科学出版社，2015.

［3］刘宝龙．生态旅游资源开发问题与对策探究［J］．旅游纵览，2024（8）：73－75.

［4］吴章文，等．生态旅游学［M］．北京：中国林业出版社，2015.

［5］张建萍．生态旅游［M］．北京：中国旅游出版社，2017.

［6］徐菲菲．生态旅游［M］．南京：东南大学出版社，2024.

［7］刘燕南，张晓刚．中国生态文明建设的成就与挑战［J］．学术研究，2019（2）：24－30.

［8］姜明，等．湿地生态学［M］．北京：高等教育出版社，2023.

［9］杨铠伊．生态旅游的可持续发展研究［M］．长春：吉林出版集团股份有限公司，2022.

［10］马耀峰，等．旅游资源开发与管理［M］．3版．天津：南开大学出版社，2013.

［11］罗琳．生态旅游论［M］．太原：山西经济出版社，2023.

［12］谢芳，张艳玲．旅游生态与环境管理［M］．北京：清华大学出版社，2010.

［13］李群，沙涛．中国生态旅游发展报告（2021—2022）［M］．北京：社会科学文献出版社，2021.

［14］国家林业局．2014中国森林等自然资源旅游发展报告［R］．北京：中国林业出版社，2015.

［15］马勇，中国旅游研究院生态旅游研究基地．中国生态旅游与绿色发展报告（2021）［M］．武汉：华中科技大学出版社，2021.

［16］邓欣．环境保护与生态旅游模式研究［M］．长春：吉林出版集团股份有限公司，2024.

［17］封雪韵．金山银山与生态旅游［M］．上海：上海人民出版社，2021.

［18］马勇．中国生态旅游与绿色发展报告（2022）［M］．武汉：华中科技大学出版社，2023.

［19］孙克勤．旅游环境保护学［M］．北京：旅游教育出版社，2010.

［20］叶露，尹微，许寿增，等．森林康养旅游产业发展路径［J］．农村经济与科技，2024，35（19）：86－89.

［21］刘曼曼．城市湿地公园生态旅游资源开发研究［J］．美与时代（城市版），2024（1）：93－95.

［22］任瀚，宋雪梅．我国生态旅游相关研究的进展与展望［J/OL］．（2025-01-11）［2025-05-05］．https://doi.org/10.16517/j.cnki.cn12-1034/f.20231008.014.

［23］张文昌．自然保护区生态旅游保护性开发策略研究［J］．农业科技与信息，2022（11）：97-99.

［24］薛群慧．心理疏导型森林休闲旅游产品的创意设计［J］．浙江林学院学报，2010（1）：121-125.

［25］王灵恩，丁佳琦．国内外滨海湿地旅游资源保护利用研究进展与展望［J］．生态经济，2024，40（1）：119-127.

［26］唐承财，范文静，朱蕾．北京野鸭湖湿地生态旅游发展模式探讨［J］．生态经济，2014（8）：132-134.

［27］艾琳，卢欣石．草原生态旅游非物质文化遗产资源的保护性开发研究［J］．干旱区资源与环境，2010（1）：189-194.

［28］党晓宏，李小乐，刘静，等．中国沙漠旅游资源开发利用现状及发展前景［J］．干旱区资源与环境，2022（7）：194-201.

［29］王杨，马媛媛，张丽娜．生态旅游资源开发［M］．北京：旅游教育出版社，2017.

［30］王怀毅，雷海，窦亚权，等．国家公园生态保护与社区协调发展的基本逻辑、实现模式与优化路径［J］．环境保护，2024，52（Z4）：76-81.